Original en coul.
NF Z 43-120-

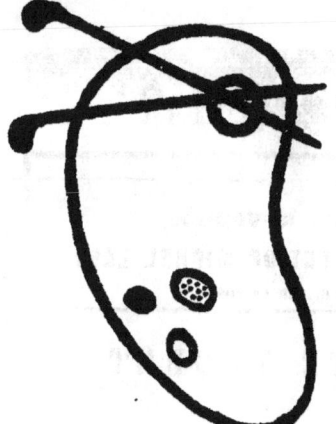

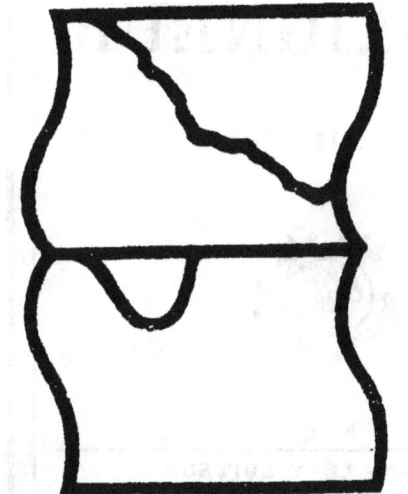

Texte détérioré — reliure défectueuse
NF Z 43-120-11

Couverture inférieure manquante

Un franc le volume
NOUVELLE COLLECTION MICHEL LÉVY
1 FR. 25 C. PAR LA POSTE

AUGUSTE MAQUET

LA MAISON DU BAIGNEUR

II

CALMANN LÉVY, ÉDITEUR
ANCIENNE MAISON MICHEL LÉVY FRÈRES
RUE AUBER, 3, ET BOULEVARD DES ITALIENS, 15
À LA LIBRAIRIE NOUVELLE

LA
MAISON DU BAIGNEUR

II

CALMANN LÉVY, ÉDITEUR

DU MÊME AUTEUR

Format grand in-18

LE BEAU D'ANGENNES . . . . 1 vol.
LA BELLE GABRIELLE . . . . 3 —
LE COMTE DE LAVERNIE . . . . 3 —
DETTES DE CŒUR . . . . 1 —
L'ENVERS ET L'ENDROIT . . . . 2 —
LA ROSE BLANCHE . . . . 1 —
LES VERTES FEUILLES . . . . 1 —

ÉMILE COLIN — IMPRIMERIE DE LAGNY

LA MAISON DU BAIGNEUR

PAR

AUGUSTE MAQUET

TOME II

PARIS
CALMANN LÉVY, ÉDITEUR
ANCIENNE MAISON MICHEL LÉVY FRÈRES
3, RUE AUBER, 3

1891

Droits de traduction et de reproduction réservés

LA
MAISON DU BAIGNEUR

CHAPITRE PREMIER

De Florentine à Castillane et réciproquement.

Depuis le pillage de l'hôtel d'Ancre, le maréchal et sa femme étaient commensaux du Louvre. Marie de Médicis avait donné asile à son amie. Mais, pareille à la lice de la fable, la désolée Léonora, tout en se nourrissant de soupirs et s'abreuvant de larmes, était devenue la véritable maîtresse de la maison. Elle y commandait de par le respect dû à l'infortune, usant de ce privilége, ou pour mieux dire en abusant envers tous ceux qui avaient le malheur d'être moins malheureux qu'elle.

Rien n'avait pu la consoler. Tant de richesses perdues à jamais, tant d'affronts subis, ne lui paraissaient, disait-elle, que le prélude des coups du sort.

En cela elle ne se trompait pas.

La reine, pleine de compassion, commandait la docilité par son exemple. Comme les dommages soufferts par la maréchale étaient bien réels, on essaya de lui donner des compensations. En ce temps de fantaisies despotiques, les princes usaient quelquefois envers leurs peuples de ménagements naïvement paternels. De simples mesures administratives faisaient peur à ceux qui peut-être n'eussent pas reculé devant une Saint-Barthélemy.

Ainsi la reine fit prier les curés de Paris de déclarer au prône qu'elle verrait avec plaisir la restitution des objets volés à la maréchale, lors du pillage de son hôtel. On engageait donc les fidèles à rapporter ce qu'ils avaient pris. On les assurait de l'indulgence divine et de la gratitude royale.

Cette prescription bizarre n'eût pas manqué son effet, sans les railleries et les avertissements de Picard le cordonnier, qui courait le quartier disant à ses voisins que jamais piége plus grossier n'avait été tendu à des rats ou à des belettes; que la restitution d'un objet volé constituait un aveu du vol, que l'aveu suffisait pour amener la condamnation du voleur, et qu'à moins d'être cent fois plus stupide qu'un quadrupède, on n'irait pas se jeter ainsi la corde au cou. Il ajoutait que sa morale était bien désintéressée, puisque, dans ce pillage, lui, Picard, n'avait rien gardé, ce qu'on savait être parfaitement exact, attendu que le cordonnier, aspirant à la gloire des vieux Romains, devait à ses modèles de réfléter quelqu'une de leurs vertus. Le désintéressement pouvait être une de ces vertus-là.

On écouta Picard. Peut-être n'avait-il pas tout à fait tort. Léonora, une fois instruite du nom de ses voleurs, eût su retrouver l'occasion de leur faire payer le dommage. Cette grande ville aux maisons barricadées, aux rues tortueuses, aux cryptes inconnues, aux logements indéchiffrables, ce vaste abîme formé d'un demi-million de petits gouffres tous plus mystérieux et plus ingénieux les uns que les autres, garda le secret des pillards et recéla les objets volés.

Cependant, au Louvre, la reine voyait grossir les nuages de mélancolie sur le front de sa favorite. Logée près de l'appartement du roi et de la jeune reine. Léonora critiquait amèrement la disposition des chambres, leur ameublement; elle discutait les moindres détails du service, se plaignait d'être une charge pour le château, affectant d'y camper; rappelant à chaque minute tel objet, indispensable à ses habitudes, que les bandits parisiens lui avaient pris, et qui n'avait pas d'équivalent au Louvre. Elle reregrettait ses reliques, ses petits autels, pleurait ses tableaux, haussait les épaules à l'aspect de ceux — fort rares, il est vrai — qui tapissaient la royale demeure. Elle querellait continuellement les capitaines de service, à cause du bruit que faisait la relevée des postes de garde. Bref, elle était insupportable à elle-même et odieuse à tous les autres.

Concini, le maréchal, affectait une conduite opposée. Il

jouait la résignation, exagérait ses pertes pour grandir sa magnanimité. Il assurait avoir laissé plus de deux millions dans les caves de l'hôtel, rue de Tournon. Ces lamentations, débitées d'un ton d'acteur tragique, désespéraient la reine, qui cherchait tout bas les moyens d'indemniser cette noble infortune.

Une bonne idée lui fut offerte, par qui? l'histoire ne nous l'a pas dit, c'est dommage. L'auteur d'une pareille invention mériterait d'être connu. On décida qu'un chariot des plus vastes parcourrait au pas, conduit par un seul charretier, les rues de la ville; qu'il ferait ce trajet vers le soir. Une petite échelle appliquée derrière permettrait aux pillards repentants de monter sur le chariot pour y déposer les plus lourds objets; les plus légers pourraient être restitués par les fenêtres. L'obscurité, la solitude favoriseraient l'acte de repentir. De cette façon, chacun pourrait soulager sa conscience sans compromettre sa sûreté.

Le moyen réussit. Un nombre raisonnable de poteries brisées, de coffres forcés, d'ustensiles de métal tombèrent dans le chariot; mais une foule de hardes, de meubles précieux, de pièces de vaisselle d'argent ou d'or furent brûlés à domicile ou jetés en miettes, moitié dans le chariot, moitié dans la boue, ou convertis en lingots, et nullement restitués. La haine qu'on portait au maréchal d'Ancre était si grande, que beaucoup de ces restitutions furent faites sous l'empire de la conscience, ou par la peur du châtiment temporel; mais faites avec de telles restrictions que mieux eût valu ne restituer rien. Les tableaux crevés et grattés, les statues tronquées, les étoffes graisseuses, les bouteilles vides, les tonneaux défoncés ou empestés, telle fut généralement la restitution faite par la ville de Paris à la maréchale d'Ancre.

Et lorsque le chariot revint au Louvre, lorsque bien seule avec ses intimes et son mari, Léonora fit tirer dehors toutes ces guenilles, tous ces débris, son cœur déjà gonflé d'amertume éclata de colère. Elle rentra dans sa chambre, au désespoir, épouvantant sur son passage tous ceux qui avaient formé les plus belles résolutions de la plaindre ou de la féliciter.

Marie de Médicis se hasarda d'entrer dans la caverne de la lionne. Mais tous ces éclairs, tout ce tonnerre de rugissements lui firent peur. Elle se réduisit à ébaucher quelques consolations banales, à formuler quelques promesses pour le moins aussi vagues.

Concini essaya aussi, non des consolations, mais des conseils. Léonora le foudroya d'un regard et le réduisit au silence. Et comme la reine lui reprochait doucement son exaspération, peut-être un peu païenne :

— Il vous est bien aisé de parler avec ce calme, dit Léonora tremblante de colère. Vous avez vos meubles, vous. On vous bâtit un palais, outre ceux que vous possédez. Entrée pauvre à Paris, très-pauvre, vous le savez, vous disposez aujourd'hui des biens de tout un peuple. Moi, qui avais amassé quelque chose à force d'ordre et de sagesse, je m'en vois dépouillée par vos gens, par vos sujets. Cependant, je vous ai donné un trône et vous ne me rendez pas même en échange la sûreté due au moindre bourgeois de vos villes. Où sont mes meubles? où sont mes joyaux, mes pierreries que vous admiriez vous-même, que vous m'avez donnés vous-même, fait monter vous-même, et auxquels, peut-être, je tenais tant à cause de cela? Car j'ai du cœur, moi, je ne suis pas une ingrate, moi, je me souviens des bienfaits, moi. Mes pauvres tableaux de Raphaël, où sont-ils? Mes bronzes de Jean de Bologne, et mon dressoir de Benvenuto? et mes reliquaires? et mes génies familiers? Les brigands ont tout volé, tout déchiré, tout vu! Ils ont vu l'intérieur de ma maison! Oh! profanation! oh! misère!... C'est dans la ville où règne une Médicis que pareille insulte a été faite à Léonora!

La reine et Concini se regardaient muets, effrayés. Marie ne songeait pas même à se mettre en colère, tant sa favorite l'avait habituée à souffrir de pareils emportements.

Mais Concini voulut venger la majesté un peu trop oubliée de sa reine.

— Il me semble, dit-il à sa femme, que vous allez trop loin dans votre douleur. Ce n'est pas à la reine qu'il faut vous en prendre, mais à Dieu... Vous êtes aussi bien la sujette de l'une que vous l'êtes de l'autre.

Léonora se redressa blême et furieuse :

— Voilà un plaisant conseiller, dit-elle, qui ose me faire

la leçon ! Le bélître oublie-t-il qui je suis et qui il est ; sous sa casaque de maréchal de France on dirait qu'il se prend au sérieux ! Concino, mon drôle ! rappelez-vous la misère, et les chausses percées que je vous raccommodais ; rappelez-vous les journées sans pain, et la main, votre main aujourd'hui couverte de bagues, que vous tendiez à toute aumône. Oh ! ne faites pas le personnage avec moi, je suis l'artisan de bien des fortunes, de la vôtre surtout. Supposez-vous qu'avec cette plate figure vous eussiez réussi à autre chose qu'à mourir de faim ? Qui vous a prôné, poussé, empêché de faire mille sottises ? Qui a soufflé dans votre cervelle creuse les quelques idées que vous avez eu l'air d'avoir ? Ah ! vous faites l'homme patient, vous ! l'homme courageux ! Qui sait ? vous avez peut-être quelque bourse secrète où puiser ; vous avez peut-être des consolations cachées ? Un si beau gentilhomme ! visage de pâte molle ; corps tordu, rompu et vaillant comme son épée de maréchal ; de belles dames vous aideront, n'est-ce pas ? Moi je suis vieille, moi je ne vaux plus la bière où vous méditez de me mettre afin de recommencer la vie. C'est qu'il y pense, le scélérat ! Je le devine bien, allez ; mais vous n'êtes pas encore où vous croyez, vous et ceux qui vous soutiennent !

En achevant ces mots, elle se jeta dans un fauteuil, inondée de larmes et déchirée par les sanglots.

La reine et Concini se regardèrent encore, tandis que la malheureuse Florentine essayait de dissimuler une douleur qu'elle taxait de honteuse faiblesse.

— Oh ! si je pleure, s'écria Léonora, c'est de fureur, ce n'est pas de chagrin.

— Il ne faut point pleurer du tout, répondit la reine, tu es avec des amis qui te chérissent.

La Florentine haussa les épaules.

— Des amis qui t'apprécient, continua Marie, et qui sauront te rendre ce que tu as perdu.

— Au centuple, dit Concini, croyant la calmer.

— Taisez-vous, maraud ! lui cria Léonora en se relevant ; tout vient de vous. Cette haine du peuple de Paris, ce n'est pas contre moi qu'elle est dirigée, c'est contre vous seul. Le peuple sait bien que je ne fais pas de mal, moi, il sait bien que je suis brave et sobre ; mais vous, il vous exècre, il vous méprise, vous un veillaque, un coureur d'aventures, à votre âge ! vous qui vous donnez des tournures de prince, des airs de roi !

Le maréchal tressaillit. La reine pâlit.

— Il n'y a de roi de France que le roi, dit-elle en se pinçant les lèvres.

— Et vous blasphémez, ajouta Concini.

— Allez au diable ! vous d'abord, riposta Léonora debout, le menaçant du regard et des ongles, vous m'agacez les nerfs, vous ; vous me faites bouillir le sang, vous ! Cela vous étonne, statue de plâtre qui n'avez que de l'eau dans les veines ! Commencez par sortir de chez moi, si vous ne voulez pas que j'achève la liste de vos vérités.

Le maréchal, soit colère, soit prudence, ne se le fit pas répéter, il sortit.

— Quant à vous, madame, reprit Léonora, vous ne me donnez pas le change avec vos protestations. Ce n'est pas cette monnaie que j'aime. Je ne m'en paye point. Je dévoue mon sang, ma vie, mon âme, et ne fais point de discours. Il est possible que vous l'ayez oublié, mais tant pis pour votre conscience!

— Vous le rappelez trop souvent pour que je l'oublie, dit enfin la reine poussée à bout. Votre caractère devient impossible à supporter. Votre mari ne le dit pas mais...

— Oh! madame, ne vous occupez pas de mon mari. Entre lui et moi seuls le débat s'agite. Si j'ai des torts envers mon mari, soyez indulgente, ne fût-ce que par mémoire. Avez-vous montré plus de patience envers le vôtre que moi envers Concini?

— Ma mie! s'écria Marie de Médicis, dont les yeux s'enflammèrent.

— Criez si vous voulez, repartit Léonora; celle de nous deux qui criera le plus fort finira, croyez-moi, par avoir raison devant le monde.

Ces mots, perfidement calculés, firent passer un frisson dans les veines de la reine mère. Elle les comprit si bien que pour n'en pas amener l'application, elle fit sa retraite, laissant Léonora triompher à l'aise.

Mais tant d'émotions finirent par dompter cette nature débile. L'âme seule avait une véritable force de résistance, le corps tomba dès que la lutte fut finie. Léonora, presque évanouie, demeura immobile sur son fauteuil, sans appeler, sans respirer trop largement, dans la crainte de faire éclater sa poitrine malade.

Un quart d'heure se passa pour elle dans cet état de prostration. Elle finit par y trouver quelque repos, quelque charme. L'univers l'abandonnait, c'était une satisfaction ; l'univers avait tort, elle seule valait quelque chose en ce monde.

Soudain, au-dessus de sa tête, elle entendit un bruit de pas, de chaises remuées, des rires étouffés par l'épaisseur du plafond.

Qui donc osait rire si près d'elle, alors qu'elle ne riait pas.

C'était dans l'appartement de la jeune reine ; le roi habitait le premier étage, tandis que la maréchale logeait aux entre-sol.

Bientôt les rires et les voix firent place à un bruit d'instruments ; les instruments mirent en mouvement des pieds agiles qui commencèrent à trépigner au-dessus de la tête de Léonora. Cette musique vive et sautillante, ces danses inopportunes réveillèrent la Florentine, qui fronça le sourcil.

Elle appelle ses femmes et les interroge. On lui apprend que la reine fait danser un fandango dont le roi a composé la musique.

L'idée qu'on rit là-haut, qu'on s'y amuse, tandis qu'elle souffre et se désespère, développe en elle une fièvre de rage dont les accès se multiplient selon la fréquence et la vivacité des passes et des ritournelles. Toute la personne de Léonora tremble comme dansent les hôtes du jeune roi. Seulement ce qui est joie et plaisir là-haut est souffrance et colère au-dessous. Ce supplice devient intolérable. Léonora, poussée au délire, appelle, appelle : tous ses gens arrivent, Corbinelli à leur tête.

— Montez là-haut, Corbinelli, commande la maréchale, et dites au roi que j'ai mal à la tête, que je souffre horriblement, et le prie de faire un peu moins de bruit pour ses voisins.

Ces mots, qu'elle a prononcés dans un paroxysme de fureur, paraissent si étranges que chacun se regarde avec épouvante. Certes, le roi de France est peu de chose en comparaison de madame la maréchale, mais tel le pense qui ne se chargerait pas de le dire en face. Corbinelli se gratte le front, hésite et recule devant l'énormité de la mission.

Toutefois Léonora veut être obéie, elle se retourne, et trouvant l'Italien cloué sur le parquet à la même place, elle lui décoche un regard qui le fait bondir jusque hors de l'appartement.

Justement, comme il cherchait un moyen de tout concilier, Corbinelli aperçut M. de Luynes qui montait l'escalier pour se rendre chez son maître. Il le happe au passage, et, avec mille grimaces d'amitié, lui glisse la commission tout enduite du meilleur miel que jamais aient distillé des lèvres italiennes; puis il s'enfuit et ferme sa porte comme le mineur qui vient de mettre le feu à un fourneau de mine et se place à l'abri de l'explosion.

Luynes, se voyant seul dans l'escalier, sourit, médita un instant, puis acheva de monter chez le roi, dont le visage exprimait une satisfaction peu ordinaire : sa musique venait d'avoir du succès.

— Tant pis pour qui n'a pas entendu! s'écria le jeune roi en apercevant son favori, à peu près du ton que Henri IV eût mis à dire : « Pends-toi, brave Crillon! nous avons combattu à Arques. »

— Où étiez-vous donc, M. de Luynes, demanda Anne d'Autriche avec un sourire, que vous n'avez pas entendu cette ravissante musique?

— Madame, j'étais allé voir mon frère Cadenet, qui est malade chez lui, répliqua Luynes.

— Il loge chez la Vienne, je crois?

— Oui, madame.

— Va-t-il mieux?

— A peu près de même, continua Luynes.

— Tu eusses pu rentrer un quart d'heure plus tôt, ajouta le roi radieux. Tu entends bien qu'on ne va pas recommencer pour toi.

— Oh! l'on recommencera, j'espère, s'écria la reine.

— J'ai été arrêté sur l'escalier, dit Luynes négligemment, sans quoi je me fusse trouvé ici avant le concert.

Cette précieuse parole n'était pas lancée pour être perdue. Elle ne le fut pas.

— Comment, sur l'escalier! demanda la reine, avertie par un regard d'intelligence. Qu'y a-t-il donc sur l'escalier?

— Il y a l'appartement de madame la maréchale, répondit Luynes.

— Que t'importe, dit le roi.

— Sire, c'est que madame la maréchale est souffrante ce soir, continua le favori, et qu'elle envoie demander à Votre Majesté de faire moins de bruit au-dessus de sa tête.

Un murmure contenu par le respect gronda autour du roi qui rougit. Anne d'Autriche, elle, devint pâle et consulta Luynes d'un coup d'œil comme s'il eût dit une chose impossible à croire. Luynes s'inclina pour toute réponse à ce coup d'œil.

Louis XIII semblait boire le calice avec sa résignation accoutumée. Lorsque toutes les nuances de la colère, de la honte et de la timidité se furent succédé sur son front et ses joues, il dit tout bas à la reine :

— Si madame d'Ancre est souffrante, nous ne recommencerons pas notre musique, qu'en pensez-vous?

— Oh !... sire, s'écria l'Espagnole bouillante de colère, en lui serrant la main de sa petite main nerveuse et blanche, je supplie Votre Majesté de ne pas répéter haut ce qu'elle vient de me dire, car je ne voudrais pas pour ma vie, pour mon salut, qu'une oreille de mon pays pût l'entendre. Je suis fille de roi ! sire !

— Et moi, ne suis-je pas fils de roi aussi bien que vous? dit Louis XIII.

— Alors, répondez autre chose, interrompit Anne d'Autriche, pour que nous ne soyons pas humiliés devant nos serviteurs.

— Faites comme il vous plaira, madame, reprit le jeune roi après un moment de silence; moi, j'ai horreur de querelles qui aboutissent toujours à ma mère.

— Votre Majesté m'autorise à répondre ?

— Vous êtes fille de roi, vous l'avez dit, faites.

Anne d'Autriche s'approcha de Luynes, qui se tenait dans un coin de la salle, épiant cette scène conjugale, sans paraître s'occuper que de la musique et des éloges qu'on en faisait.

— Monsieur, lui dit-elle, prévenez madame la maréchale que si nous la gênons au Louvre, nous qui pourtant ne sommes pas gênants, elle est libre d'aller partout ailleurs.

Luynes tressaillit, son œil intelligent et calme sembla dire à la reine que c'était là une déclaration de guerre peut-être prématurée.

— On commence toujours par l'escarmouche, répliqua Anne d'Autriche, non moins intelligente que son messager. Allez, monsieur !

Luynes sortit de l'appartement. Mais il n'avait pas descendu trois degrés que sa position lui apparut nette au point d'en être effrayante. Irait-il lui-même jeter à Léonora ces mots terribles ? Se ferait-il une ennemie de cette valeur, de ce caractère, sans avoir des protecteurs plus solides ? Il se rappela l'adresse avec laquelle Corbinelli s'était débarrassé de sa commission, et résolut de lui rendre la pareille. L'Italien, impatient du résultat, passait précisément alors une tête indiscrète hors des portes du vestibule ; Luynes l'aperçut et l'appela d'un air riant.

— Eh bien ! dit-il... j'apporte la réponse.

— Entrez ! entrez ! s'écria Corbinelli, je vais vous introduire.

— Non — inutile — le roi et la reine font dire à madame la maréchale, que puisqu'elle souffre de cette musique, elle ferait sagement d'aller coucher ailleurs.

Il s'enfuit sur ces mots. Corbinelli resta ébahi, plus embarrassé que jamais. Un coup irrité du timbre de Léonora le remit en présence de la réalité douloureuse. Il fallait s'exécuter et répondre, car en haut la musique et la danse venaient de recommencer plus enragées que jamais.

La maréchale, au reçu de la réponse royale, jeta du feu par les yeux, grinça des dents, et, dans un transport de rage auprès duquel toutes les crises précédentes n'étaient que des minauderies :

— Eh bien, oui ! s'écria-t-elle, j'irai coucher ailleurs. Tout le monde conspire contre moi ; fuyons le monde !

Elle fit jeter quelques hardes dans un coffre, commanda le silence à Corbinelli et à deux femmes de son service qu'elle désigna pour l'accompagner, et s'étant fait amener son fils qu'elle prit par la main, elle sortit du Louvre à pas précipités.

— Où allons-nous ? se hasarda de demander le tremblant Corbinelli, à qui l'air frais de la nuit et le vent de la rivière tiraient des yeux de grosses larmes.

— A l'auberge, comme des bohêmes que nous sommes, s'écria Léonora. Suivez-moi tous, je sais le chemin !

CHAPITRE II

La maison du baigneur.

Ce n'était pas peu de chose au xvii⁰ siècle que la maison d'un baigneur renommé comme la Vienne. Le luxe et la recherche du bien-être, circonscrits à un petit nombre de maisons princières, n'avaient pas moins d'attraits qu'aujourd'hui pour les esprits délicats, pour les tempéraments exigeants, et pourtant, nulle part ces pratiques du goût le plus élégant, ces minuties du sybaritisme ne trouvaient place au milieu des mœurs à peine civilisées de l'Europe, parmi les nécessités de défense personnelle auxquelles tout habitant d'une grande ville se voyait assujetti par l'absence de police, par la fréquence des querelles religieuses ou politiques, et par l'habitude des guerres civiles. Le luxe, les arts, les raffinements de la sensualité naissent d'une sécurité parfaite. Les sages prétendent même qu'ils sont les satellites de la lâcheté. Or, au xvii⁰ siècle, Paris à peine sorti de la Ligue, tout chaud encore de trois siéges et maigre de deux famines, ne connaissait que ses verrous, ses barricades, ses portes de chêne à clous de fer et ses trappes dans les maisons, et ses escaliers à vis dans lesquels un seul homme pouvait se défendre contre cinquante, et ses fenêtres basses et grillées, et ses recoins noirs, et ses caveaux, et les puits, indispensables en cas de blocus, mais qui suaient le froid dans la maison ou servaient de recéleurs à tout assassinat.

Et puis, comme les maisons, les mœurs trahissaient leur caractère. Partout terreur ou défiance. Les Parisiens se levaient à l'aube, se couchaient à la nuit, entassés pêle-mêle dans leurs rues tortueuses, pour avoir chacun plus près de soi un défenseur en cas d'attaque, se surveillant mutuellement d'un côté de la rue à l'autre par les fenêtres, qu'une planche de huit pieds jetée comme un pont suffisait souvent à réunir; mal éclairés, soit par le soleil, soit par la pauvre lampe ou chandelle du soir, que venait rogner encore le couvre-feu; ce peuple parisien, destiné à étonner l'univers par son élégance et son bien-être, ne savait pas se défendre contre les plus vulgaires misères de la vie.

Cependant il était riche, cependant il était prodigue; quand on songe aux merveilleux hôtels bâtis dans des rues de quatorze pieds de large; quand on revoit ces palais enchantés dont les abords étaient un cloaque et une fondrière, sans place possible pour le passage d'un chariot, on se demande si ces Lucullus ne jouissaient pas à l'intérieur d'une vie commode et intelligente. C'est à cette objection que répond victorieusement la maison du baigneur.

En effet, quel homme du monde, quelle femme riche et élégante quitterait de nos jours son hôtel, son boudoir pour le plus parfait appartement de la plus honorable hôtellerie? Que de biens n'y regretteraient-ils pas? Que de soupirs ne poussent-ils pas quand un voyage les y condamne? Jamais prisonnier sevré de toutes les douceurs de la vie n'a gémi plus amèrement, ni plus lamentablement regretté sa liberté et sa maison.

Cependant, au xvii° siècle, et même au xviii°, sous Louis XIV comme sous Louis XIII, la maison du baigneur offrait seule aux raffinés, aux ennuyés, aux gens de goût comme aux gens de plaisir, aux gens trop sains comme aux malades, l'accomplissement de tous les souhaits que peut former l'épicuréisme. C'était l'hôtellerie élevée à une puissance d'imagination et de bien-être que nul particulier isolé n'eût pu ni su atteindre.

On y vit des rois. Henri III, Henri IV y firent des séjours. Plus tard, Louis XIV, jeune, galant et déjà splendide, y vint furtivement, il est vrai, mais il y vint, chez un la Vienne qui, sans doute, était le fils du nôtre. Une ordonnance pleine de politesse et de générosité, un service exact, discret, des vins choisis dans tous les crus du monde connu, des cuisiniers riches des recettes de l'Allemagne, de l'Italie, héritiers des traditions bizarres, quelquefois divines, du moyen âge et de l'antiquité, des distributions intérieures exécutées pour la première fois sous l'inspiration des grands seigneurs, qui sont architectes nés, car pour être architecte, il faut connaître à fond toutes les nécessités, toutes les splendeurs, toutes les circonstances possibles de la vie; puis une position toujours heureuse dans la ville, des jardins, des bains, des étuves grecques, romaines, moresques, russes; un amas des plus exquis parfums de l'Orient, tempérés ou mélangés par la sensualité ou la prudence italienne; la solitude pour les malades et les amants; la compagnie, les musiques, les bals pour les cerveaux brûlés ou les cerveaux vides; des fleurs jetées sous les pieds comme de l'herbe; des brasiers de bois de senteur; des lambris sculptés dans le chêne ou le marbre, au choix de l'habitant, sur les dessins d'un moine ou d'un païen, d'après Titien ou d'après Arétin, *ad libitum;* enfin l'enivrement et l'ivresse, l'esprit et la matière, l'excès ou les réparations, le mal ou le remède, Éros ou Esculape, tel était le programme d'une maison de baigneur. Puissent les illustres de la profession nous pardonner du fond de leur tombeau tant d'articles omis par notre pruderie bourgeoise dans la nomenclature dont ils s'enorgueillissaient alors, et grâce à laquelle ils s'enrichissaient sans trouble de conscience, *cum privilegio.*

On comprend qu'un pareil établissement fût au centre d'un quartier ce qu'est le cœur dans une créature humaine. Tout y afflue, tout en reflue. Aussi voyait-on, pendant le jour, litières, carrosses, chevaux et mules rouler, tourner, piaffer, courir aux environs de la rue Saint-Antoine pour aboutir par des détours plus ou moins pudibonds à la maison de la rue de la Cerisaie. Et plus d'une bourgeoise, cachée derrière ses petites vitres à losange, soulevant un sombre rideau, regardait, admirait, enviait peut-être ces magnificences toujours un peu entachées d'illicitisme, ce qui ne les rendait, hélas! que plus attrayantes.

Quant à la maison elle-même, qu'on se figure un vaste triangle appuyé à deux rues et formé de bâtiments d'une architecture capricieuse, dont les seules règles étaient l'élégance qui charme l'œil et la commodité intérieure qui rend la vie facile en toute occasion. Du reste, chaque corps de bâtiment avait des entrées soit sur une des rues, soit sur le beau jardin qui s'étendait au milieu selon les dispositions de la maison romaine, ou du patio espagnol, qu'on trouve encore aujourd'hui dans toute l'Andalousie.

L'endroit le plus fréquenté de cette maison était le jardin, au centre duquel une fontaine de marbre rafraîchissait de son jaillissement éternel le plus fin et le plus verdoyant gazon. On entrait sous de grandes allées tournoyantes de sycomores, d'ormes séculaires et de mélèzes à l'abri desquels respiraient librement des lilas, des rosiers énormes, des noisetiers, des aubépines, des seringats. Les plates-bandes, entretenues avec une minutie hollandaise, renfermaient toutes les fleurs connues. La saison les y semait à pleines mains. Récoltait qui voulait. Mais nous entrons en novembre, ne parlons plus de fleurs.

Le soir était venu. La maison, si bruyante, si peuplée, commençait à s'assoupir. On n'entendait plus dans les environs ni cris de laquais, ni hennissements de chevaux, pas plus qu'à l'intérieur on n'entendait de chants et de rires. La Vienne sortit de sa chambre tout paré, tout superbe; il venait de s'occuper un peu de lui-même après s'être pendant le jour occupé de tout le monde.

Les portes fermées, les volets clos, les feux éteints, cette maison ressemblait presque à une autre. La Vienne aussi, habillé en gentilhomme parisien, ressemblait à un homme ordinaire.

Il entra dans sa cuisine qui resplendissait comme en un jour de cérémonie. C'étaient les seules flammes qu'on remarquât encore dans la maison. Mais elles se piquaient d'honneur, et jamais parfums plus provoquants ne s'en étaient exhalés, même pour flatter un odorat royal.

La Vienne parcourut chaque détail du festin qui s'apprêtait, il approuva, il corrigea, il modifia certains ordres et passa de sa cuisine en une petite salle au rez-de-chaussée qui lui servait à lui de cabinet, de salle à manger, de refuge.

Là était dressé un couvert pour six personnes ; non pas de ces maigres et mesquins services comme on les subit aujourd'hui dans l'étroitesse de nos logements, dans l'avarice de nos dépenses, mais une table longue et large. équarrie aux angles, couverte du plus fin linge de Hollande à fleurs, garnie de flacons magnifiques, de vastes plats d'argent, de faïences précieuses, meublée de hors-d'œuvre merveilleux, en attendant le corps du service. On y voyait les petites huîtres vertes de la côte picarde, engraissées et onctueuses sous leur double coquille, les olives farcies de chair de cailles, les hachis d'écrevisse et de langouste mêlés, des saucissons exquis de Lombardie.

La salle, chauffée par un grand feu clair, resplendissait de la lumière des cires roses, plus odorantes de leur seule pureté que si on les eût parfumées. Les magnificences de ce service se reflétaient dans quatre miroirs de Venise, placés dans les quatre pans coupés de la salle, et de bons siéges à dos larges et bas, d'un damas vert et or, chatoyaient en face de la flamme ou tranchaient de leur ombre vigoureuse sur la nappe étincelante de blancheur.

La Vienne était occupé à visiter pièce à pièce l'ordonnance de son couvert, quand il fut interrompu par un appel joyeux et par un coup amicalement frappé sur son omoplate, que Phidias eût trouvée un peu convexe.

— Eh! monsieur de Cadenet, serviteur, s'écria-t-il ; vous voilà exact à l'heure, c'est d'un gentilhomme courtois. Je n'attendais pas moins de la bonne amitié dont vous m'honorez.

— Mon cher la Vienne, vous avez dit huit heures ; huit heures sonnent encore.

— Profitons de ce que nous sommes seuls pour parler de votre ami blessé. Comment va-t-il ce soir ? Que dit le médecin ?

— Rien de nouveau ; ni bien, ni mal ; il dort. Mais je prétends, moi, que la nature fait sournoisement son travail, et que tout ira de mieux en mieux, sans le secours de la médecine.

— Eh! monsieur de Cadenet! le malade n'a-t-il pas pour médecin ce fameux docteur, la jeunesse ; la jeunesse, mon gentilhomme! quel savant! quel réparateur !... Du reste, cette blessure n'était pas dangereuse, hein?... Je ne vous ai pas questionné, par discrétion... Coup d'épée?... coup de pistolet... hein?...

— Un peu de l'un, un peu de l'autre, dit Cadenet en clignant l'œil avec mystère.

— Chut! dit la Vienne, je puis bien vous répondre que nul ici ne s'en doute, que pas un de mes garçons ne soupçonne un double habitant dans votre chambre, si ce n'est toutefois mon premier aide... Oh! celui-là, c'est le silence en personne. Comment nommez-vous le silence? Vous savez, le représentant du silence, un dieu grec, comme qui dirait le dieu Comus par rapport à la cuisine.

— Harpocrate, mon cher la Vienne.

— Très-bien; je tâcherai de le retenir. Eh bien, cet Harpocrate n'eût pas été plus muet que mon garçon, n'est-ce pas?

— Il a de bons exemples sous les yeux, maître, il a le vôtre. Est-ce que vous commettez jamais une indiscrétion, vous?

— Jamais! et je sais tout, cependant!

— Absolument tout; c'est là que brille votre mérite, sinon, si vous ne saviez rien, comme nous autres, simples mortels... A propos, me direz-vous au moins avec qui vous avez le projet de me faire souper? Les préparatifs sont engageants.

— Voyons, dit la Vienne se croisant les bras avec complaisance, ne devinez-vous pas un peu?

— Ma foi, non.

— Une dame! cherchez laquelle.

Cadenet soupira.

— Je sais bien laquelle ce n'est pas, dit-il. Ce n'est pas, je le gage, celle qui est venue ici plusieurs fois depuis un mois, ou qui a envoyé demander de mes nouvelles, tandis que je faisais le malade pour rester près de mon ami. Ce n'est pas elle, n'est-ce pas, la Vienne?

— Non... Mais si ce n'est pas une dame qui vient pour vous, mon gentilhomme, c'en est peut-être une qui vient pour moi.

— Pour vous, mon gros la Vienne!

— Hé hé! cela vous surprend-il à ce point?

— Oh! non! Non, répliqua civilement Cadenet, imbu des préceptes de la civilité que commande à tout convive la présence de l'amphitryon... Je vous crois fort capable de vous réjouir à l'occasion.

— Oh! ne confondons pas, dit magistralement le baigneur. Il ne s'agit point ici de se réjouir. Une femme, pour moi, signifie ma femme.

— Tu es marié?

— Parfaitement... Chut!

— Depuis quand? mon Dieu!

— Depuis dix jours.

— Tu caches donc ta femme?

— Pas encore assez!... Cache-t-on jamais assez les topazes, les émeraudes, les perles?

— Peste! voilà une femme précieuse. Où l'as-tu pêchée ta perle?

— En bon lieu, ne vous déplaise. Vous comprenez que pour m'être remarié, et remarié si vite, il faut que j'aie trouvé l'occasion belle.

— Je le crois, vous êtes difficile, la Vienne, et vous avez le droit de l'être, vous qui avez vu tant de femmes aux prises avec les périls de l'occasion, et qui connaissez la fragilité de ces charmants morceaux de verre qui veulent trop souvent passer pour diamants.

La Vienne se balançant avec aisance :

— Il me fallait, dit-il, une femme exprès pour moi, quelque chose d'inconnu, de vaporeux, sans être insipide, la candeur provinciale comme fond avec des broderies parisiennes dessus. Eh bien! j'ai trouvé cela.

— Heureux la Vienne !

— Un moment !... Dix mille pistoles de dot et le double d'espérances.

— Oh! oh! mais quelque vingt-neuf ans et onze mois.

— Dix-huit.

— Vous n'aurez pas tenu absolument à la beauté, vous êtes raisonnable, vous.

— Je n'y tenais pas, c'est vrai, mais cela s'est rencontré avec le reste.

— Quoi, jolie ?

— La tête de l'Amour sur un corps de sirène.

— Ah çà! mais, la Vienne...

— Et de l'esprit !... un démon !...

— Voyons, voyons... il faut pourtant rabattre quelque chose...

— Ajoutons, au contraire, ajoutons toujours, dit le baigneur en se frottant les mains ; car depuis dix jours que le mariage a été accompli, je ne découvre que perfections et félicités. Cordieu ! que les hommes sont bêtes ! Moi qui suis resté dix ans sans oser me remarier ! Vous avez remarqué peut-être, vous qui vivez dans la maison, que, depuis dix jours, je partais me coucher tous les soirs à neuf heures.

— Ma foi, je ne l'avais pas remarqué, mais j'avoue que je le conçois.

— Oh ! mais, ce n'est pas pour me coucher que je me retirais à neuf heures, c'était pour aller trouver ma femme, qui loge à Vincennes, en attendant de faire son entrée ici.

— A Vincennes, avec sa famille, peut-être ?

— Elle n'a pas de famille, autre chance ! elle n'a qu'un frère.

— Ah ! un frère.

— Un gentilhomme, un ami à moi.

— A merveille.

— A qui j'ai rendu un service ; entre nous, je lui ai sauvé la vie...

— Peste ! c'est un service, en effet.

— Et il m'en a récompensé en me donnant sa sœur. — Mon ami, m'a-t-il dit, rien ne saurait m'acquitter envers vous ; je vous donne ce trésor.

— Voilà un galant homme.

— Charmant ; vous allez souper ce soir avec lui.

— Bon — merci, je lui serrerai la main de grand cœur.

— Et aussi avec sa sœur, avec l'ange, avec la perle, avec madame la Vienne ; car voilà la surprise que je vous ménageais. Je vous traite en ami, excusez-moi — vous m'avez quelquefois honoré de ce nom, vous et M. votre frère de Luynes — et votre frère M. de Brantes, dont cette maison connaît bien des galantes histoires, et des vôtres, monsieur de Cadenet... Chut !...

— Bon la Vienne ! Quoi ! tu me fais l'honneur de m'offrir ainsi la primeur de ton repas de noces? Tu es un homme sans pareil.

— Je vous sais homme bien élevé, bien courtois, monsieur de Cadenet, et je ne montrerais pas ainsi ma petite femme un peu niaise et rougissante à d'autres seigneurs moins discrets. Les uns la feraient rougir beaucoup trop ; avec les autres, elle désapprendrait trop vite de rougir.

— Tu parles en garçon d'esprit. Je respecte toutes les dames, mais ta femme a droit doublement à mes respects, pour toi d'abord, pour ses mérites et vertus ensuite.

— Vertus, oui ! mérites, oui ! dites-le, répétez-le, seigneur, car j'avouerai que cette éducation-là m'a réconcilié avec les éducations de couvent.

— Ah ! madame la Vienne sort du couvent ?

— Des Feuillantines, de Boissise.

— Hein ?

— Près Melun.

— Plaît-il ?

— Dont elle était la meilleure pensionnaire et le modèle. Là, quand on a nommé Sylvie, on a tout dit.

Cadenet poussa un cri si étrange à ce nom, que la Vienne allait lui adresser une question qui eût été embarrassante ; mais un certain bruit se fit entendre dans la cour, et l'attention de la Vienne, appelée ailleurs, abandonna tout à fait l'incident.

Un garçon entra tout courant dans la salle et annonça que madame venait d'arriver.

En effet, Cadenet n'eut que le temps de se ranger derrière la porte qui s'ouvrait toute grande, et une femme couverte d'une longue mante de velours et de fourrures, sous laquelle frissonnait sa robe d'épais satin, une femme d'une tournure et d'une démarche coquettes à ravir, posa son pied cambré sur le parquet de la salle et promena un regard curieux, satisfait, sur les merveilles dont elle se voyait entourée.

C'était Sylvie des Noyers. Son frère Hugues la suivait, riant et respirant avec appétit les parfums et la chaleur.

Cadenet s'aplatit dans son encoignure ; il eût désiré vivement que la muraille fût d'argile et assez molle pour être traversée d'un bon coup d'épaule.

Avec Hugues venaient deux autres convives, bonnes figures de bourgeois de Vincennes ; la Vienne embrassa sa femme, complimenta les autres, serra dans ses bras le beau-frère, et Cadenet voyait avec angoisse approcher le moment où toutes ces politesses seraient épuisées et où l'on se souviendrait de lui pour le présenter à son tour.

Mais Hugues, en tournant autour de la table pour y glaner une olive ou une huître, se trouva tout à coup face à face avec l'ami de son ex-beau-frère. Il le vit, le reconnut, et faillit reculer jusque sur le buffet.

— Bon! pensa Cadenet; celui-là du moins aura eu le temps de se remettre; mais la pauvre femme, mon Dieu! — la perle rougissante, — quelle occasion pour devenir rubis!

Hugues, au contraire, était devenu blanc à faire pitié. Son regard, qui avait essayé d'abord de flamboyer, s'éteignait peu à peu comme une lampe tarie... L'huître tomba de sa main droite, l'olive farcie resta oubliée dans sa main gauche.

Cadenet eut pitié de cette situation.

— Me prenez-vous pour un croquant? lui dit-il à voix basse. Prévenez vite votre sœur.

Ces mots ranimèrent le capitaine; il se releva, sourit tendrement à Cadenet, respira comme un phoque au soleil, et manœuvrant avec habileté parmi les bourgeois, les chaises et les valets qui dressaient le premier service, il put arriver à Sylvie, lui prendre la main, et lui glisser à l'oreille :

— Attention!

Ce mot militaire réveilla la jeune femme comme un appel de trompette. Son œil émerillonné courut chercher le danger qu'on lui signalait, et elle vit Cadenet assez à temps pour ne pas tomber trop lourdement assise sur sa chaise. Hugues la soutenait par le poignet. La Vienne la conduisait par l'autre jusqu'à la rencontre de leur dangereux convive, qui en s'inclinant beaucoup plus bas qu'il n'eût fait pour une reine, chatouilla l'orgueil du baigneur, épargna un conflit de regards à la pauvre Sylvie, et se sauva lui-même du péril.

Néanmoins, il ne put éviter la remarque ingénieuse que fit la Vienne en lui montrant le visage enflammé de sa femme.

— Trouvez-moi à Paris, dit malicieusement le baigneur, des demoiselles qui rougissent aussi facilement que cette mariée-là !

Cadenet fut mis à table auprès de la mariée ; il avait Hugues à sa gauche. Ce dernier, dans sa reconnaissance pour le brave gentilhomme qui venait de le rassurer si bien, lui serra plus d'une fois le pied et le genou, égard intelligent, délicat, que le civil Cadenet rendit avec usure à Sylvie, pour la rassurer tout à fait sur son compte.

CHAPITRE III

Une noblesse de jambes.

Il est certain que Cadenet se trouvait dans une position difficile, non pas qu'il sût précisément tout ce que Sylvie et le capitaine pouvaient redouter qu'il sût ; mais enfin il gênait, et tout autre que lui eût été gêné à en perdre contenance.

Cadenet, réfugié derrière le code de l'urbanité française, ne perdit ni un coup d'œil ni un coup de dent. C'eût été dommage : la chère était exquise, sa voisine charmante, et, nous le savons, il ne soupçonnait rien qui la diminuât de prix à ses yeux. Cette rupture avec les des Noyers, aux Bordes, avait eu, grâce à la délicatesse de Pontis et du pauvre du Bourdet, les plus respectables motifs.

Rupture à propos de caractères ne signifie rien. Toutefois, Cadenet sentait bien qu'on en avait fait mystère à la Vienne, et quant aux commentaires tirés de cette querelle et de ce mystère, Cadenet n'était pas homme à les dire, s'il en avait fait, sachant hurler avec les loups, mais hurler galamment et en cadence.

Hugues, remis par la bonne grâce de son voisin, dépouilla l'homme maussade, il but à outrance et fit boire Cadenet. Sylvie, plus rassurée encore par la bonne humeur de son frère que par les intelligences diplomatiques qu'elle sentait se nouer sous la table, affectait une belle humeur que peut-être elle n'avait pas aussi complète, car la vue de Cadenet lui rappelait Bernard, et la déception de ce mariage manqué aux Bordes, et ce jeune homme qui lui avait plu, et auquel un moment elle s'était crue déjà liée pour la vie. Souvenir amer, surtout quand la spirituelle fille comparait le mari obtenu au mari manqué.

Mais la Vienne coupa court aux réflexions trop nombreuses des uns et des autres, en expliquant — il le jugea urgent — pourquoi, comment et où s'était fait son mariage avec Sylvie.

C'est pendant cette histoire édifiante des vertus de Sylvie que Cadenet se montra surtout noble et beau. On eût dit à le voir, intrépide et souriant, qu'il ne connaissait sur terre qu'une femme, la mariée — qu'un homme — l'époux. La Vienne raconta les dangers de Hugues au sac de l'hôtel d'Ancre, et sa présence d'esprit à lui la Vienne, et la férocité d'égoïsme de la maréchale et de M. le comte Siete-Iglesias.

Et à ce nom qui fit rougir le capitaine, de colère sans doute, et la mariée de tendresse sororale assurément, la Vienne se hâta d'ajouter :

— M. de Siete-Iglesias est pourtant une de mes meilleures pratiques, mais depuis sa conduite envers mon brave beau-frère, je l'ai pris en exécration. Il ne trouvera plus ici les dîners qu'ils a faits, l'accueil de prince auquel je l'avais habitué.

— Le revoir serait au-dessus de mes forces et il arriverait quelque malheur si nous nous rencontrions, dit Hugues en tordant sa moustache avec menace. Car maintenant je suis gentilhomme comme lui, libre comme lui ; je n'appartiens plus ni à la maréchale qui m'a renié, abandonné, ni à M. d'Espernon qui m'avait donné à eux ; je n'appartiens ici à personne qu'à mon seul ami, à mon beau-frère !

La Vienne, ému, se leva pour l'embrasser. Cadenet eût jugé poli de s'attendrir un peu, sans un certain sourire qu'il surprit, tout rapide qu'il fût, aux coins de la bouche de Sylvie, pendant cette accolade; sourrie qu'assurément la femme retint pour l'avoir vu aux lèvres du serpent le jour où il la regarda mordre dans la pomme.

— Eh bien, continua la Vienne, c'est un grand seigneur très-puissant, trop puissant même, ajouta-t-il plus bas; mais nous le traiterons si mal ici, qu'il portera sa clientèle ailleurs.

Sylvie respira mieux. Hugues but à la santé de la Vienne. Cadenet respira, but, et fit raison à tout le monde.

— Il faut avouer, la Vienne, s'écria-t-il, que vous êtes un mortel fortuné, comme dit M. Malherbe; vous trouvez une femme accomplie, un frère charmant.

Hugues et Sylvie saluèrent.

— Oui, mais je perds une tante, dit tristement la Vienne. Il paraît qu'il y a une tante, personne austère qui a élevé Sylvie, et que ma profession a effarouchée. Elle nous a refusé son consentement.

— Quelque bégueule ! dit effrontément Cadenet en effleurant avec plus d'audace le pied de sa voisine.

— Le fait est que la profession de baigneur a ses désavantages, continua la Vienne un peu rembruni, mais puisque ma femme l'a acceptée...

— Délicieuse situation pour une femme, dit Cadenet, pour une femme spirituelle, affable, avenante comme madame. Toute la cour vient ici; avant un mois, madame la Vienne régnera en France.

— Eh ! doucement, s'écria la Vienne.

— Je m'entends! interrompit Cadenet. Je veux dire que si vous avez quelque grâce à demander, personne ne saura refuser à madame la Vienne. N'avez-vous pas de l'ambition sinon pour vous, du moins pour messieurs vos enfants ?

La Vienne, enchanté du mot, se leva pour embrasser Cadenet. Sylvie fronça imperceptiblement le sourcil.

— Eh !... reprit la Vienne, mes enfants seront gentilshommes.... et propres à tout.

— Ah ! vraiment, dit Cadenet un peu démonté malgré sa complaisance. Gentilshommes.... madame est-elle d'une famille où le ventre anoblit ?

— Nullement, nullement, ils seront gentilshommes comme moi, fit la Vienne.

— Comme vous, je ne dis pas.

— Il est effectivement gentilhomme, assura Hugues, j'en ai eu les preuves.

— Si je le suis, cordieu !... ne le savez-vous point ? On l'ignore donc à Paris ? Voilà plus de cent personnes à qui je le dis, et qui me rient au nez.

— Incivilement, répliqua Cadenet. Moi je ne rirai certes pas avant que vous ne m'ayez conté la chose.

Il s'affermit sur sa chaise, s'étaya quelque peu de sa voisine et écouta, sérieux comme un mort.

— Je dois cette faveur à la reine Catherine de Médicis, dit la Vienne.

— Et à votre mérite, sans doute, fit observer un des bourgeois, qui n'avait que peu parlé jusque-là.

— A mes services, monsieur, reprit le baigneur. Il faut vous dire qu'à vingt-cinq ans j'étais un marcheur de première force.

— Je le croirais, dit Cadenet, continuez.

— Or, poursuivit le baigneur, la reine Catherine avait fait vœu d'un pèlerinage à Jérusalem; je crois bien que c'était pour la mort de messieurs de Guise. Cette mort eut lieu à la satisfaction de la famille royale, et la reine se vit forcée d'accomplir le vœu en question. Seulement comment aller à pied à Jérusalem, elle, déjà vieille, et qui avait tant de choses pressées à faire en France, quand ce n'eût été qu'un autre vœu pour la mort du roi de Navarre? Elle ne partit donc pas pour la Palestine, mais afin de se tenir en bons termes avec le ciel, cette grande reine imagina de faire accomplir son vœu par quelqu'un. — J'irai d'intention, se disait-elle, sinon de jambes, cela suffira au Seigneur, et, pour lui être encore plus agréable, je rendrai le pèlerinage extrêmement pénible au pèlerin que j'enverrai. Alors elle imagina un procédé fort ingénieux qui rendait ce voyage à peu près impossible.

— Vous me divertissez, dit Cadenet; j'aime les récits historiques. Voyons, qu'imagina la pieuse reine Catherine?

— Voici : ordre au pèlerin de faire trois pas en avant et un en arrière. Comprenez-vous bien le mécanisme? On compte un, deux, trois, puis on recule, et on recommence toujours comme cela.

— Jusqu'à Jérusalem! c'est à devenir fou! s'écria Cadenet. Qui diantre a pu s'en charger?

— Moi! dit modestement la Vienne. J'arrivais de mon pays, monsieur Zamet me protégea, je fus présenté à la reine, qui daigna m'agréer.

— Et vous fîtes ainsi : une, deux, trois, puis à reculons, en France, en Savoie, en Milanais, en l'Etat de Venise, en Carniole, en Turquie, en Asie Mineure ?

— Je le fis.

— Mais le Bosphore, mon cher monsieur, vous n'avez pas marché trois pas et reculé un sur le Bosphore ?

— Votre remarque est judicieuse. Non je n'ai pas marché sur l'eau, comme saint Pierre ; mais j'ai fait la même manœuvre en continuant de marcher sur le tillac du bateau qui me portait.

— Eh bien ! vous pouvez vous flatter d'avoir fait ce que monsieur de Crillon n'eût pas fait, assurément.

— C'est vrai ! car monsieur de Crillon ne recula jamais, dit la Vienne, à qui ce trait d'esprit valut les applaudissements de la compagnie et un sourire de sa femme.

— Je comprends, reprit Cadenet, que la reine vous ait fait gentilhomme pour cela.

— N'est-ce pas ? dit le baigneur ; cependant je ne m'en vante guère, puisque vous-même ne le saviez point. Oui, la reine me conféra la noblesse pour ce service, et comme il paraît qu'elle répétait plus de dix fois par jour : Qu'il advienne ! qu'il advienne ! en pensant à son pèlerin, l'on m'appela longtemps : Qu'il Advienne ! nom qui, en se corrompant, finit par faire Avienne, puis, la Vienne. Il m'a plu, je l'ai adopté ; il passera à mes enfants.

— C'est une histoire admirable, dit Cadenet, qui espérait, à force de nourriture, empêcher l'éclat de rire de monter jusqu'à sa gorge. Toutefois, avouez que vous avez bien un peu triché la reine sur les reculades.

— Voici comment j'ai fait, dit la Vienne. Quand j'ai eu la certitude qu'on ne m'observait plus... Oh! dans le commencement, c'est-à-dire jusqu'à Venise, c'était à n'y pas tenir avec les espions; mais une fois chez les infidèles j'ai un peu monté à cheval.

— Et dans les déserts, interrompit Cadenet, voyons, dans les déserts, mon cher la Vienne?

— Je ne dis pas que dans les sables je n'aie pas un peu enfreint la consigne. Il fait si chaud là-bas. Mais rigoureusement j'ai reculé autant qu'il le fallait. Car une fois arrivé à Tripoli, m'y trouvant fort mal, j'ai d'une traite rebroussé jusqu'à Antioche. Tout calcul fait, le nombre de pas à reculer s'est trouvé exact.

— Il a dû vous rester longtemps l'habitude de marcher comme cela dans les rues de Paris?

— Cela m'est arrivé quelquefois, dit naïvement la Vienne. Puis, à force d'entendre rire autour de moi, je m'en suis corrigé. Tout passe en ce monde.

Cadenet, jugeant que l'histoire avait atteint l'apogée de sa partie comique, se soulagea par quelques minutes d'un rire si entraînant, que toute la table s'y abandonna comme lui.

Ensuite on se leva. Sylvie venait de réclamer la promesse que son mari lui avait faite de lui montrer en détail sa curieuse maison.

— Pour pouvoir en arriver là, dit le baigneur, j'ai agi de ruse; j'ai fait conduire au bal, chez mon collègue Pierrat, le baigneur du faubourg Saint-Germain, tous mes hôtes, c'est à dire un Allemand des marches de Brandebourg, un seigneur de l'Ost-Frise, un magnat de Pologne, deux Espagnols qui font force dépense et à qui j'ai promis qu'on jouerait gros jeu là-bas. Les autres verront la comédie, et s'ennuieront peut-être, mais ne reviendront pas avant une heure. C'est le temps qu'il nous faut pour visiter la maison en général et leurs appartements en particulier. — Certains détails sont curieux. — Puis nous reviendrons boire le vin chaud. Partons !

La Vienne ordonna que la table fût laissée telle quelle ; il s'arma d'un flambeau, de son trousseau de clefs, prit le bras de sa femme et passa devant, après avoir galamment demandé à Cadenet s'il ne voulait pas profiter de l'occasion.

Celui-ci se garda bien de refuser. Sylvie lui paraissait bonne à suivre.

Cependant Hugues l'avait tiré à part, impatient de savoir à quel point il devait le remercier de sa discrétion.

— J'espère, lui dit-il, que vous ne nous jugez pas mal. Ce mariage avec monsieur de Preuil avait été si singulièrement rompu, que de mauvais soupçons pouvaient en résulter pour ma sœur.

— Pas le moins du monde, s'écria Cadenet avec grâce ; mais, en homme prudent, vous l'avez mariée bien vite ; c'est sage.

— N'est-ce pas, monsieur ? j'avais la Vienne sous la main.

— Ne pas saisir l'occasion eût été d'un méchant frère.

— Je suis joyeux de me voir approuver ainsi ; j'eusse pu avouer à la Vienne ce mariage manqué, mais à quoi bon ? Toute idée de prédécesseur gêne un galant homme, et comme après notre départ des Fossés, départ qui eut lieu à l'heure même de la rupture, nous nous sommes confinés chez moi, près de Vincennes, et que nous n'avons plus revu messieurs du Bourdet et de Preuil, oublions-les, en les priant de nous oublier !...

— Quoi !... s'écria Cadenet, vous n'avez pas su ?

— Rien. Qu'y a-t-il ? demanda Hugues surpris de la soudaine tristesse qui venait d'envahir le visage de Cadenet.

Mais la Vienne appelait ses convives à l'examen de la première aile. L'entretien se trouva rompu ainsi, et Cadenet, qui avait eu le temps de réfléchir malgré l'expansion naturelle après un si copieux repas, s'applaudit de n'avoir pas poussé plus loin les confidences et d'être encore en possession de son secret.

— C'est déjà trop de malheur, pensa-t-il, que d'avoir amené Bernard ainsi menacé, ainsi souffrant, dans la maison dont Sylvie devient la maîtresse. Qui m'assurera que ces gens-là ne sont pas pour quelque chose dans la catastrophe de notre ami !

Après qu'on eut visité plus ou moins discrètement les chambres, les galeries et les cabinets aux parfums, dont Sylvie fut émerveillée, car c'était un luxe encore inconnu en province ; après que la Vienne eut montré ce qu'il possédait d'élégant, de riche, et voilé pudiquement certaines peintures ou bas-reliefs un peu vifs pour une pensionnaire modèle des Feuillantines, on arriva par une terrasse à la seconde aile des bâtiments, et le baigneur, au lieu de chercher une de ses clefs pour entrer là comme il venait de le faire partout ailleurs, passa outre, négligeant de visiter avec ses hôtes un pavillon d'une rare élégance, soigneusement isolé, fermé, couvert de lierres et de rosiers grimpants, qui communiquait avec la rue par un portique de marbre, et annonçait la demeure de quelqu'un de ces élus à qui toutes les joies terrestres, prodiguées trop libéralement, devront coûter un jour quelques-unes des éternelles félicités.

La Vienne, disons-nous, passa ; son flambeau tremblotait au vent ; il se hâta de le mettre à l'abri sous le vestibule de la seconde aile.

— Monsieur, lui dit Sylvie, que l'omission de ce pavillon avait surprise, pourquoi ne visitons-nous pas ceci ? l'aspect en est séduisant.

— Oh ! ceci, répliqua la Vienne, nul n'y pénètre ; c'est le logement de madame la marquise de Verneuil. Vous n'ignorez pas que c'est à elle que je dois mon établissement ici. J'étais au service du feu roi, comme vous savez, lorsque madame la marquise fit de tout ce terrain, qu'elle acheta ou se fit donner par le roi, une maison de baigneur dont elle me confia la direction, en s'y réservant le pavillon avec une entrée particulière pour prendre ses bains, ses réfections et y faire ses remèdes quand elle est malade.

Sylvie demeura muette, pensive, observant toujours le pavillon. Cadenet reprit avec malice :

— Et pour y recevoir aussi les visites qu'elle ne voudrait pas recevoir à l'hôtel de Verneuil, sous les yeux de sa fille ; car elle en a reçu terriblement de ces visites-là, si elle n'en reçoit plus !

— Chut ! chut ! fit la Vienne avec un sourire et une active pantomime pour obtenir le silence.

— Il eût été bien curieux de voir cette retraite d'une si grande dame, dit Sylvie avec regret.

— Impossible ! impossible ! répliqua tout haut la Vienne.

Et tout bas il lui dit :

— Je vous la ferai voir quand nous serons souls !

Le troisième bâtiment comprenait les bains, les étuves, les serres, les chambres de ceux qui venaient boire des eaux et consulter les grands médecins de Paris.

Sylvie ne donna qu'une attention médiocre à ces pratiques d'hygiène, qui n'intéressaient pas sa jeunesse et sa fraîche santé. Les bourgeois de Vincennes n'y comprirent pas grand'chose. Cadenet, la Vienne et Hugues comprenaient seuls parfaitement le mérite de tant d'inventions philanthropiques. La visite fut courte. On retourna boire le vin épicé, chef-d'œuvre de la Vienne, renommée de sa maison, sans s'occuper de la dernière partie du bâtiment, où logeait Cadenet, qui se garda bien de répondre même aux questions que le capitaine lui adressait à ce sujet.

Déjà le vin doux et parfumé écumait dans les coupes

d'argent doré; les gâteaux, les fruits confits, les massepains, les confitures dans leurs bassins de cristal, étalaient aux yeux de Sylvie une recrudescence de merveilles, quand la Vienne, respirant avec délices, et lançant à sa femme un amoureux regard, fit la remarque que jamais, depuis plus de cinq années, sa maison n'avait été aussi calme le soir; que ce repas en famille, cette promenade et la collation présente, présages fortunés d'une paix et d'un bonheur durables, étaient les premiers moments de véritable loisir qu'il eût goûtés sans révérences aux grands, sans querelles avec les petits.

Il parlait encore, quand un coup sec et hautain retentit sur le bronze de la porte d'entrée. La Vienne fronça le sourcil.

— C'est quelqu'un de mes seigneurs qui se sera ennuyé au bal de Pierrat, dit-il, et qui rentre. Laissons-le se coucher : il a ses gens. Faisons comme si nous dormions.

— En effet, dit Hugues près de la fenêtre, on ouvre, on salue, oh! mais respectueusement.

— Mes gens sont stylés à la politesse, reprit la Vienne.

Un laquais accourut près du baigneur, et d'un air tout consterné :

— Madame la maréchale! s'écria-t-il.

— Quelle maréchale?

— La marquise d'Ancre avec M. le comte, son fils, son secrétaire et deux femmes.

La Vienne bondit.

— La maréchale! à pareille heure! s'écria-t-il. Et où est-elle? On la fait attendre dehors... Ah! coquins!...

Il s'enfuit, laissant ses hôtes stupéfaits.

C'était, en effet, Léonora qui avait choisi pour auberge la maison de la Vienne, et arpentait déjà le jardin à la clarté d'une lune glaciale qui argentait les pelouses, et estompait dans un pâle lointain les tours massives de la Bastille, lourds géants toujours en sentinelle sur ce quartier.

— Quoi, madame! dit la Vienne en la rattrapant avec peine dans le jardin où ses petits pieds faisaient craquer les feuilles mortes, vous me faites l'honneur de venir ici, et vous restez dehors.

— Trouve-moi un logement, la Vienne, dit Léonora; n'importe lequel.

— Madame... répliqua-t-il saisi de stupeur.

— Chambre de laquais, galetas, taudis, écurie, ce que tu voudras.

— Est-elle folle? se demanda le baigneur, qui crut avoir mal entendu. Et il la regarda fixement avec ses gros yeux perçants.

— Je sais bien que je t'étonne, tu me croyais riche, heureuse, détrompe-toi, je suis mendiante! je suis chassée! loge-moi par charité, en souvenir des quelques écus que j'ai pu te faire gagner.

— Chassée peut-être, mais mendiante, je ne crois pas, pensa la Vienne. Mendiante! répéta-t-il tout haut.

— N'ai-je point perdu maison, meubles, pierreries, joyaux?

— Vos pierreries? dit la Vienne en se récriant, vous les avez perdues?

— Ne le sais-tu pas, toi qui assistas au pillage de ma maison? Crois-tu donc que les scélérats m'aient volé un million de pierreries pour les rendre?

— Ah! la pauvre femme, pensa la Vienne, à quoi sert-il que je lui aie sauvé ses joyaux dans mes casseroles; à quoi sert-il que je les aie rendus si scrupuleusement au maréchal? Le bélître les a gardés pour lui. Voilà donc pourquoi il me demandait le secret, voulant faire, disait-il, une surprise à sa femme. Quelle surprise!... Ah! birbone!

Léonora posa un doigt sur le bras du baigneur, que ces réflexions avaient rendu immobile et muet.

— J'entends, dit-elle, tu me sais pauvre, et tu hésites à me recevoir; pourtant mon fils a froid.

La Vienne fit un soubresaut.

— Hé! s'écria-t-il, vous m'offensez, madame. Holà, vous autres, le grand appartement à madame la marquise et à ce jeune seigneur!

— Mais, monsieur, objecta le premier aide, la place est prise par le magnat de Pologne.

— On mettra dehors tous les magnats du monde, s'écria la Vienne avec emphase, s'ils se refusent à comprendre les égards dus à une personne de la qualité de madame. A une femme! ajouta-t-il d'un ton de chevalier.

La Vienne était gentilhomme. Nous le savons, maintenant.

Et il reprit tout bas, en pinçant le bras de son garçon :

— Donne à la maréchale l'appartement à côté, qui est vide.

La Vienne était baigneur en même temps que gentilhomme.

— Merci, bon la Vienne, dit Léonora touchée ; si je ne peux te récompenser, Dieu le fera.

— Votre caution me suffit, répliqua-t-il en riant avec cette brusquerie câline qui rendait les princes ses tributaires ; je vais cependant vous préparer un honnête médianoche.

Tandis que Léonora s'installait dans l'appartement avec ses femmes et son fils, le baigneur revint trouver ses convives ; mais plus de gaieté, plus de loisir. Le visage refroidi de l'amphitryon glaça les jeux, effaroucha les grâces ; la Vienne fit rallumer les feux de la cuisine et invoqua l'inspiration ; les bourgeois de Vincennes s'allèrent coucher, Hugues s'installa durablement dans la maison pour prendre de bonnes habitudes, et Cadenet remonta chez lui, non sans avoir échangé avec Sylvie un regard qui, d'une part signifiait : « J'ai mille choses à vous dire. » Et de l'autre : « Je vous en répondrai quinze cents. »

CHAPITRE IV

Salmis à la maréchale

Léonora ne dormit pas. Ce n'était pas pour dormir qu'elle était venue en cette maison. A peine arrivée, à peine mise au lit, elle commença de faire ses projets.

Nul ne savait encore son départ du Louvre, sans quoi on l'eût déjà fait chercher. La consolation de cette affligée, c'étaient le bruit qu'allait faire à la cour sa disparition et le trouble qui en résulterait.

Corbinelli rôdait, les femmes songeaient à leur consigne. Le jeune comte de la Pène avait soupé d'un gâteau; il dormait, lui qui ne connaissait encore ni ambition ni remords.

Léonora ne put tenir au lit plus d'une heure. Elle se releva d'un bond, s'habilla seule, et ses femmes n'arrivèrent près d'elle que pour lui ouvrir la porte donnant sur les jardins.

Une clarté bleuâtre glissait entre les branches et en découpait sur le gazon les treillis lumineux et sombres. La fontaine pleurait ses larmes accoutumées dans la vasque trop pleine qui les rendait en vapeurs à la terre. L'âpre vent qui emportait au loin cette fraîche écume enlevait aussi dans l'azur, çà et là constellé, les flocons grisâtres des nues; mais il fut sans pouvoir pour dissiper les nuées plus lourdes qui montaient sans relâche du cœur oppressé au cerveau de Léonora.

Vêtue d'une épaisse robe de velours fourré, noire, sans ornements ni recherche de mode, tête nue, brune et sinistre sous cette pâleur cuivrée que rehaussent seuls ses grands yeux lumineux et fixes, cette frêle toute-puissante tourne lentement, silencieusement, ses petites mains jointes, autour de la fontaine, cherchant sur terre, cherchant au ciel, interrogeant ses souvenirs.

En face d'elle était le mur qui séparait ce jardin de l'hôtel Zamet où, seize ans avant, la Florentine avait vécu, libre encore, obscure encore, mais riche de son génie et d'un cœur que la fortune n'avait pas glacé. Que de pensées revinrent à sa mémoire ! les pensées de la jeunesse, de la vigueur, de l'amour ! Comme son œil dilaté fouilla dans ces demi-ténèbres ! comme il se voila de regrets, de mélancolie, parfois d'une vague terreur, croyant y rencontrer les fantômes du passé souriant et triste.

Ses deux suivantes, adossées à la porte de l'appartement, sur un perron, la surveillaient, épiant sa voix et son geste. Elle, heureuse de ce calme inusité, ne soupçonnait pas même qu'il pût y avoir en cette maison un bruit, un hôte. Cette tranquillité ne devait pas être de longue durée.

Un grand fracas de chevaux et de voix se fait entendre dans la cour. Léonora voit accourir une de ses femmes avec Corbinelli. Elle se jette sous l'ombre opaque d'un groupe de marronniers et de sycomores dont les ramures aux trois quarts dépouillées obscurcissent cependant un espace immense.

— Madame, dit l'Italien, c'est M. le maréchal qui a suivi vos traces et qui arrive vous chercher ; il est accompagné de deux personnes dont l'une est, je crois, M. de Siete-Iglesias... notre sauveur.

— Vous savez ce que j'ai dit, répond Léonora, je ne veux voir âme qui vive. Allez !

— Madame... M. le maréchal insistera...

— Ame qui vive ! répète la Florentine de son accent énergique. D'ailleurs, je rentre, et si tu es assez lâche pour laisser passer, je me barricade chez moi.

Semblable aux chiens qui lisent dans le regard du maître sa véritable pensée, et ne cherchant pas à l'éluder quand ils l'ont comprise, Corbinelli retourne vers la première cour.

Léonora, d'un pas rapide, se glisse dans l'appartement, appelle ses deux femmes, s'enferme, et le silence et l'obscurité engloutissent de nouveau toute cette partie de la maison.

Le maréchal causait cependant avec l'un de ses compagnons ; le troisième personnage était un de ces serviteurs *di mila franchi*, comme Concini en avait mille à ses gages pour faire les commissions, bonnes ou mauvaises, — les bonnes très-rares. Ce seigneur à mille francs observait entre lui et les deux maîtres une distance plus que respectueuse.

La Vienne, veillant à sa cuisine, feignait de ne rien

voir, de ne rien entendre. Il se faisait bien petit sous l'orage que ces allées et venues promettaient à sa maison.

Corbinelli revint.

— Voyons, maintenant qu'elle est prévenue, dit Concini d'un ton décidé, mène-moi chez elle. C'est toi, drôle, qui la conseilles dans ses coups de tête!

— Moi!... oh! monseigneur, répondit Corbinelli. Est-ce que jamais on conseille madame?

— C'est vrai, pensa le maréchal. Allons, mène-moi, dit-il plus haut. M. le comte voudra bien attendre un moment que le premier feu soit essuyé. Il sera rude, n'est-ce pas, senor?

— Oh! j'attendrai, dit une voix que nos lecteurs ont déjà plus d'une fois entendue, soit dans les grands conseils des reines, soit dans l'ombre des sinistres exécutions; voix lugubre et de mauvais augure, même quand elle caresse.

Mais Corbinelli, se courbant comme un cerceau :

— Maître, dit-il au maréchal, madame ne vous recevra pas, daignez ne pas vous déranger.

— Plaît-il! s'écria Concini se levant irrité, veux-tu que je te fasse crucifier? drôle!

— Ce serait faire du tort à un innocent, monseigneur; madame, dit-elle, se barricadera si vous insistez; écoutez comme on ferme déjà tout chez elle.

— Comte, murmura Concini, elle est terrible. Nous insisterions en pure perte. Et elle ne s'en tiendra pas là.

— C'est une personne de grande volonté, répondit l'Espagnol poliment.

Concini soupira :

— Volonté d'airain.

— Qui dure? demanda l'Espagnol.

— Quand elle hait, c'est pour longtemps, señor. Elle m'a en grippe, présentement. Les mauvais tours vont commencer.

— Mais cette retraite ici a un but quelconque, dit Siete-Iglesias.

— Tout ce qu'elle fait a un but, senor. Elle est capable, sans crier gare, de partir pour Florence et de nous décrier par ce scandale. C'est ce que nous redoutons, la reine et moi.

— Que n'avez-vous interrogé la Vienne, il doit savoir quelque chose, lui.

— Appelez la Vienne, dit le maréchal au seigneur de mille francs.

Concini prit le comte par le bras et l'emmena du côté des bâtiments, tandis que Corbinelli s'esquivait pour aller retrouver la maréchale.

— Voyez-vous, continua Concini en serrant le bras de son ami, quelque chose de fâcheux vibre dans l'air autour de moi, sur ma tête. Ne le sentez-vous pas vous-même? Êtes-vous tranquille? Les atomes qui circulent autour de vous ne vous heurtent-ils pas, ne vous égratignent-ils pas l'épiderme comme des millions d'imperceptibles épines?

— Mais non, répliqua l'Espagnol, qui voulait faire causer son interlocuteur.

— Tenez, reprit Concini le cœur gonflé, nous sommes dans une mauvaise veine. Et elle le sent bien, elle, — elle, dont la sensibilité est exquise au point de deviner le bien ou le mal dans l'intention seule de la destinée. Nous grossiers, nous sensuels, nous sommes émoussés, voyez-vous. Que d'avertissements, pourtant ! La mort de ma fille ; les émeutes en Picardie, dans mon gouvernement ; le pillage de ma maison ; l'évasion de M. de Vendôme.... Comte, je m'obstine, et j'ai tort.

— Bah!... pourquoi ? répliqua l'Espagnol. Votre char de fortune ne roule pas, il vole. Pouvez-vous exiger que la route soit tapissée de velours ? Qu'est-ce qu'un caillou, qu'une ornière çà et là ? Vos roues broient l'un, insultent l'autre. La mort de votre fille est un malheur, mais sans signification, car il vous reste un fils, véritable héritier du nom et des biens. Avouez-le.

— C'est vrai.

— La maison pillée ! qu'importe ! Il vous reste vingt millions peut-être, et je me tromperais fort si cette perte ne doit pas vous rapporter un bénéfice du double. La reine est là.

— C'est ce qu'elle me disait tout à l'heure, répondit négligemment le maréchal.

— L'évasion de M. de Vendôme, voilà un événement plus sérieux au point de vue des affaires. Eh bien ! ne l'a-t-on pas réglé, cet événement, ne l'a-t-on pas forcé de rentrer dans les conditions inoffensives de tout accident vulgaire?

— Je n'appellerai jamais vulgaire une attaque faite contre moi par le président de Harlay.

— Bah!

— Par l'homme-marbre, par cette borne séculaire qui a vu tout depuis vingt ans, tout, monsieur le comte! entendez-vous? Et vous ne nierez pas qu'il n'ait dirigé les coups que nous avons parés si miraculeusement l'autre mois, grâce à l'énergie des mesures qui ont été prises; après ceux-là, comte, d'autres!

— Je ne crois pas. Mais qui a paré une fois peut parer deux fois, mille! L'adversaire se lassera avant nous; d'ailleurs, nous lui avons abattu son arme.

— Il a toujours mademoiselle de Coman.

— Il n'a plus qu'elle, et seule elle ne peut rien, un procès l'a déjà prouvé.

— Respirerez-vous à l'aise tant qu'il l'aura, même seule? Écoutez M. d'Espernon sur ce sujet, écoutez la marquise de Verneuil : ils tremblent!

— Je ne dis pas que nous devions nous endormir, monsieur le maréchal. Je sais qu'en ce moment le président essaye une lutte nouvelle pour nous empêcher d'obtenir condamnation contre la mémoire de cet avocat au Parlement, sa créature, que nous voulons faire déclarer justement puni pour cause de haute trahison : nous y arriverons. En attendant, j'affirme que mes yeux sont ouverts, les vôtres aussi, ceux de M. d'Espernon veillent incessamment, et ceux de la marquise valent des yeux de tigre. Tandis que nous veillons trois, dormez un moment, vous qui semblez être fatigué; vous nous relayerez à notre première fatigue.

— Ma véritable fatigue, c'est Léonora ; cette femme-là devient folle, voyez-vous. Comment régler quelque chose sur les extravagances d'une folle? Tant d'inquiétudes me tueront !

— Vous! dit l'Espagnol, vous lui survivrez trente ans. Elle a vieilli beaucoup, madame la maréchale, et vous êtes tout jeune.

— Je me sens vert encore, c'est, hélas ! vrai.

— Mon cher monsieur, laissez tomber les vieilles branches; poussez vos rameaux verts : où monteront-ils ! Qui sait ce que Dieu leur réserve ! Si j'étais dans votre veine, je la pousserais jusqu'au bout. Ah ! réfléchissez donc que de l'endroit où vous êtes en ce moment il n'y a qu'un pas à faire, un bras à étendre pour atteindre le but de toute ambition humaine.

Siete-Iglesias laissa pénétrer lentement dans la plaie le venin de ces paroles ; puis il ajouta :

— Tout homme manque plus ou moins de fois sa vie. Les forts ne sont pas ceux qui ne tombent jamais, mais ceux qui rebondissent plus haut chaque fois qu'ils tombent. Moi aussi j'ai fait des fautes! moi aussi, j'ai mon caillou sous la roue. Ah! pourquoi suis-je marié ! — et vous donc !

Concini, frappé dans le vif, regarda son interlocuteur

avec une défiante rapidité. L'Espagnol évita ce premier choc du regard.

— Voici la Vienne, dit-il ; questionnez-le sur les idées de madame la maréchale.

Et il se retira discrètement à l'écart. Concini était si troublé par cette brusque attaque de l'Espagnol qu'il avait perdu toute contenance.

— Que signifie l'arrivée de la maréchale ici ? dit-il à la Vienne sans trop savoir ce qu'il disait.

— Désespoir, monseigneur, caprice, mutinerie de l'enfant à qui l'on a confisqué son jouet, et qui boudera jusqu'à ce qu'on le lui rende.

— Que veux-tu dire ?

— Que si vous aviez prolongé moins longtemps la plaisanterie que vous lui faites depuis un mois, les choses ne se seraient pas envenimées ainsi.

— Quelle plaisanterie fais-je donc depuis un mois, maître la Vienne ?

— Celle des écrins que vous avez gardés... et qu'elle croit perdus à jamais.

Le maréchal rougit.

— Tu pourrais avoir raison, dit-il, je n'avais pas songé à cela. T'en a-t-elle parlé ?

— Amèrement.

— Oh ! il y a de la ressource, alors ! murmura Concini. Je lui en rendrai une bonne partie.

— Croyez-moi, dit la Vienne, rendez-lui tout, et ajoutez-y plutôt quelque chose. Sinon...

— Sinon ?

— La tête florentine est bien montée, Monsieur, je ne vous dis que cela.

— La Vienne, tu es homme de bon conseil, dit Concini ; mais comment lui rendre ces pierreries après un si long temps sans qu'elle soupçonne?...

— La plaisanterie que vous aviez voulu faire? Oh! ne vous inquiétez pas. Je m'en charge. Envoyez-moi le tout ici, seigneur maréchal... et, dans une heure, demandez à souper à madame la maréchale, je réponds du reste.

— Je crois que le drôle a raison, dit Siete-Iglesias, que le maréchal était venu retrouver dans son ombre.

— Vous avez entendu?

— Sans le vouloir. Vous parliez si haut. Envoyez chercher ces colifichets le plus tôt possible. La femme la plus désespérée a des retours inouïs à propos d'une mouche qui vole. Que sera-ce quand la mouche vaut un million !

— Pier-Andrea, s'écria le maréchal, qui donna un ordre à voix basse au seigneur de mille francs et accompagna cet ordre d'une clef de sa cassette, soyez revenu dans une demi-heure avec ce que je vous demande.

Le messager enfourcha son cheval et partit au galop. Les deux seigneurs continuèrent leur promenade dans le jardin. Ils s'y perdirent longtemps sous les noires allées, échangeant leurs paroles ou plutôt leurs souffles sinistres qu'emportaient les rafales du vent.

Trois quarts d'heure s'étaient écoulés ainsi quand un pas précipité retentit derrière eux, une voix les appelait, celle de la Vienne, qui les aborda familièrement.

— Venez, dit-il d'un ton mystérieux. Votre messager est revenu. L'affaire est en train de s'arranger.

— Où cela donc?

— Sur mon fourneau; en ce moment, dit le baigneur en se frottant les mains.

— Je voudrais bien comprendre, dit l'Espagnol, qui n'acceptait jamais ces familiarités qu'avec une insolente froideur.

— Suivez-moi, messeigneurs, et je vais vous placer dans un endroit d'où vous aurez le spectacle.

Ils obéirent. La Vienne les fit entrer dans un vestibule, ouvrit une porte sur une vaste antichambre, et leur indiqua une autre porte en face d'eux, fermée d'épaisses portières de magnifique brocart de Perse à feuillages d'argent.

— Mettez chacun, dit-il, un œil au pli de cette portière, regardez, et agissez suivant la circonstance.

Le maréchal regarda le premier. On découvrait de cet observatoire la salle voisine, où le plus élégant couvert était dressé sur une table chargée de pyramides de fruits et de fleurs. Un seul siége attendait devant cette table.

— Qu'est-ce que nous allons voir là? demanda le comte à la Vienne.

— Le médianoche de madame la maréchale, répliqua malicieusement celui-ci.

— Oh! bien, si elle soupe, elle n'est pas si malade, dit le maréchal.

— Chut! fit la Vienne.

La maréchale, toujours sérieuse et pâle, venait d'entrer par une porte de son appartement dans cette salle à manger éblouissante : trois petites fontaines en cristal de Bohême lançaient du mur voisin des jets d'eau parfumée aux odeurs favorites de Léonora.

— Il sent bon ici, dit-elle tristement. La Vienne me gâte. Il a bien tort, ce bon la Vienne, ou plutôt il a raison de me laisser un agréable souvenir pour adieu. Corbinelli, tu lui écriras de Florence sitôt que nous serons arrivés. Je veux l'enlever à ces méchants Français; je veux lui faire là-bas une fortune royale.

Le maréchal et Siete-Iglesias échangèrent un regard.

— A-t-on des chevaux pour demain à la pointe du jour? ajouta-t-elle.

— Oui, madame.

— Bien. Qu'il sent bon!... J'aimais Paris, ajouta-t-elle. Cette maison surtout est destinée à me plaire toujours. Autrefois je l'ai adorée... Elle était palais, autrefois : palais de la beauté, de la générosité, de l'amour!...

Le maréchal fronça le sourcil. Était-ce pour entendre ces confessions sur le passé de sa femme que la Vienne lui avait ménagé une si bonne place?

La Vienne entra dans la salle à manger.

— Sois le bienvenu, dit la maréchale; je te bénis depuis mon arrivée; tu m'as reportée à mon printemps. Mais pourquoi toutes ces magnificences, mon pauvre la Vienne? Je n'ai pas faim.

— Bon! madame; on dit toujours cela quand on se met à table, et ce n'est jamais vrai que lorsqu'on en sort.

— Oh! je te défie de me faire toucher à un seul plat.

— Je gage le contraire, dit-il. J'ai inventé pour vous, ce soir même, un mets nouveau dont vous tâterez, ou le diable m'emporte.

— Impossible; l'estomac est serré comme le cœur

— Vous ne me ferez pas cet affront, madame, à moi qui, pour vous servir, ai quitté mon propre repas de noces.

— Que dis-tu là ; tu te maries?

— Je suis marié ; et si vous ne mangez pas, fût-ce une bouchée, je ne vous présenterai pas ma femme.

— Bon, la Vienne! je t'aime! va; une cuillerée de bouillon, rien que cela.

— Allongez la main.

Il indiquait un réchaud de vermeil sur lequel semblait fumer quelque chose d'exquis dans un plat d'or.

— Mais ce n'est pas un bouillon qui est enfermé dans cette sorte de croûte appétissante.

— Le bouillon y est, madame, levez le couvercle.

— Comment appelles-tu ce mets nouveau?

— Salmis à la maréchale.

La Vienne présenta une cuiller à Léonora et leva lui-même le couvercle du réchaud.

Distraite, indifférente, comme l'est un appétit de grande dame qui boude, Léonora plongea la cuiller sans regarder.

Mais surprise de la résistance, et surprise surtout du son bizarre que rendit le métal en heurtant le contenu de ce plat merveilleux, la maréchale plongea sa cuiller plus avant et la releva lourde et éblouissante de mille feux irisés de nacre, de pourpre et d'azur par le chatoiement des lumières et le reflet des miroirs enflammés.

— Des diamants ! des perles ! s'écria-t-elle.

La Vienne souleva le plat et le répandit en riant, comme une ruisselante cascade, sur les genoux et les mains de Léonora, qui, dans un transport de joie, palpait des doigts et dévorait des yeux ce monceau de richesses.

— Mes joyaux ! mes pierreries ! dit-elle avec ravissement, les mêmes, les véritables.

— Sans qu'il en manque une seule pièce, dit la Vienne.

— A qui dois-je ce bonheur inespéré ?

— A monsieur le maréchal, qui vous ménage depuis longtemps cette surprise.

Léonora plissa son front.

— Oh ! tu exagères ! dit-elle. Pouvait-il prévoir que je viendrais ici ; le savais-tu toi-même ?

— Non, madame, mais je sais que j'avais ordre de vous porter ce salmis à la maréchale au Louvre, pour votre souper ce soir, lorsque le hasard vous a amenée chez moi... N'avez-vous pas remarqué ma surprise quand je vous ai vue ?

Les traits de la Florentine se détendirent. Elle pencha la tête, rêveuse, et jeune encore comme toute femme au front flétri, vers lequel monte une émanation du cœur.

— C'est une délicatesse ; il ne m'aime plus, pourtant, dit-elle bien bas, mais visiblement attendrie.

— Allons, maréchal, voici le moment, fit Iglesias, en poussant Concini hors de la tapisserie. De l'éloquence !

Un cri de la femme, un baiser du mari sur la main de l'offensée, terminèrent le tableau, que l'Espagnol observait froidement comme étude.

— Oh ! mais, reprit tout à coup la Florentine, si je suis réconciliée avec toi, Concini, je suis brouillée à mort avec la reine.

— Le croyez-vous, dit la Vienne, voici pour vous un billet de Sa Majesté qu'un courrier apporte à l'instant même. La reine Marie n'écrit guère aux gens, tant qu'elle leur garde rancune.

Léonora prit vivement la lettre et lut ces mots, écrits en sa chère langue toscane :

« Ne boude plus, Léonora, tu sais bien qu'on t'aime ! Reviens vite. Il reste un million de francs dans le trésor de la Bastille, s'il te le faut pour rebâtir ta maison, tu l'auras.

» Marie. »

— Eh bien ? dit le maréchal, cette lettre est-elle bonne ? Léonora lui tendit le papier, qu'il lut à son tour.

— Vous voyez bien, dit-il, que jamais votre destinée n'a été plus souriante. Oh ! vous aviez raison, comte, l'étoile recommence à briller. Je veux voir jusqu'où peut aller la fortune d'un homme.

Il prononça ces mots avec un feu qui rappela la méditation sur les traits de la maréchale.

— Madame, se hâta de dire la Vienne, j'ai commandé qu'on préparât votre litière. Ne faites pas attendre la dame du Louvre, et, en passant, daignez honorer d'un coup d'œil la dame de cette maison.

— Ah! oui, oui, répliqua Léonora. Allons, messieurs, voir la femme de la Vienne.

Ses gens l'avaient déjà couverte de sa mante; elle jeta ses joyaux dans une corbeille qu'on emporta devant elle. Le maréchal tenait son fils par la main.

— Eh bien! lui dit Iglesias tout bas, ville gagnée... vous voyez bien, nous avons le vent en poupe.

Au seuil de la petite salle de la Vienne, le cortége de la maréchale rencontra Sylvie toute frémissante, toute inclinée. Le baigneur la montra, rayonnant, à sa noble hôtesse et aux deux seigneurs.

— Elle est admirable! dit Léonora. Ah! mon enfant, je te dois un cadeau de noces.

Elle prit dans la corbeille, sans avoir l'air de choisir, un bracelet qui se trouva n'être pas le plus riche.

— Tiens, dit-elle.

— Charmante mariée! s'écria le maréchal à l'Espagnol, qui, depuis une minute, souriait comme Satan à la vue d'un ange déchu.

Mais quand Sylvie, se relevant, fixa sur lui un clair et

profond regard; quand, gêné par ce regard, le comte fit un mouvement à gauche et rencontra le coup d'œil significatif, menaçant même, du capitaine Hugues, sur lequel s'appuyait sa sœur, il composa ses traits et partit en réfléchissant.

CHAPITRE V

Réveil.

Cette maison du baigneur, ouverte à tant de joies, à de si rares délices, cachait cependant sous un de ses lambris l'homme le plus malheureux qui jamais y eût reposé sa tête.

Nous savons comment Bernard, après l'horrible événement des Bordes, avait été amené rue de la Cerisaie par Cadenet; mais ce que nous aurons de la peine à raconter, c'est la série de souffrances qui pour cet infortuné avait marqué chaque seconde du temps écoulé depuis ce moment fatal.

Il arriva dans la maison sans avoir un instant repris connaissance. Cadenet l'installa, répandit le bruit que c'était un jeune gentilhomme blessé dans un de ces duels déjà interdits sous des peines sévères, et il s'occupa d'amener un médecin à la fois discret et habile : deux mérites dont la réunion sur une seule tête lui coûta beaucoup de recherches.

Cadenet, pour avoir plus de forces en un cas difficile, s'appuya sur M. de Luynes, auquel il raconta tous les malheurs de Bernard. Le favori ne comprit peut-être pas la vérité tout entière, mais sa pénétration et la connaissance qu'il avait des secrets de la cour le conduisirent plus avant que son frère dans cette mystérieuse question. Bernard lui parut assez intéressant pour qu'il décidât le propre médecin du roi à l'aller voir chez la Vienne. Et comme précisément l'habile praticien visitait en ce moment le magnat de Pologne, affligé d'accès du mal caduc, Bernard passa par-dessus le marché.

Cependant le pauvre jeune homme obscur inspirait au médecin bien plus d'intérêt que le prince. Sa maladie était de celles qui attachent à leur étude les véritables zélés de la science. Jamais sujet pareil ne s'était offert au vieux docteur dans sa longue et glorieuse carrière.

L'évanouissement de Bernard avait fait place à une torpeur tellement profonde qu'elle ressemblait au plus paisible sommeil. A peine une ou deux fois en vingt-quatre heures ouvrait-il des yeux ternes, alourdis, dont se refermaient les paupières au premier rayon de clarté qui les heurtait. Pendant cet étrange sommeil, la respiration était courte, saccadée : les dents serrées ne laissaient pas échapper un souffle, et la vapeur brûlante de cette vie concentrée au cœur glissait en deux tourbillons par les narines, qui parfois versaient quelques gouttes de sang.

Une sorte de coloris de fièvre empourprait les pommettes ; les mains pendaient blanches comme de la cire aux deux côtés du lit. Le plus grand effort du malade avait été de les soulever jusqu'à son front comme pour en chasser des visions qui l'assiégeaient ; encore ce phénomène d'intelligence ou plutôt de machinal instinct ne s'était-il pas répété.

D'abord, en présence d'une situation aussi alarmante, Cadenet avait cru son ami perdu. Le médecin en avait jugé de même. Il surviendrait, disait-il, quelque jour, dans un court délai, un de ces terribles accès de fièvre, ouragan du mal, qui fouetterait les flots de ce sang endormi, secouerait les membres inertes comme le vent remue des branches d'arbre, et tordrait dans la douleur et jusqu'à la mort ce malheureux depuis un mois cadavre.

Mais peu à peu, la tranquillité de l'organisme tout entier, la régularité du pouls et du battement des artères, la fraîcheur de plus en plus rassurante de la peau, donnèrent un autre cours aux idées du médecin. Voyant que les potions calmantes qu'il avait fait administrer, en tout état de cause, produisaient l'effet le plus normal sur un estomac parfaitement régulier dans ses fonctions, il se hasarda à conseiller les bouillons, qui réussirent à soutenir la vie, et s'apercevant de l'appui que lui prêtait la nature pour défendre la vie de ce malheureux, il en vint à espérer de lui conserver cette vie qui devait être si misérable.

Plus d'une fois Cadenet, homme d'esprit, sceptique sans fiel, mais bien versé dans la science des choses du monde, plus d'une fois, le soir, ce seul ami de Bernard s'arrêta pensif à le regarder, repassa mentalement toutes ses souffrances, énuméra les dangers de l'avenir, et balançant comme des chiffres les chances du bien et celles du mal dans l'existence réservée à ce mourant, il se demanda si la charité bien éclairée n'exigerait point qu'on le laissât tout à fait mourir.

Seul à le garder, s'y étant dévoué avec une persévérance fraternelle, conseillé d'ailleurs par Luynes, qui pressentait quelque chose d'utile aux intérêts du roi et aux siens dans la conservation de ce jeune homme, Cadenet se fit passer pour malade lui-même afin d'être plus libre, afin de mieux observer les démarches des ennemis de Bernard à l'intérieur, tandis que Luynes les épierait au dehors. La Vienne, on le voit, lui garda le secret, et comme cet état d'immobilité de Bernard ne donnait aucun embarras au service, rien ne transpira de tout cela hors de la chambre des deux amis.

Il en coûtait bien au séduisant Cadenet de laisser sans culture toutes les intrigues galantes ébauchées par goût ou par ordre. Mais Luynes avait dit à son frère de faire le malade et de garder la chambre, le frère obéissait.

Son absence de la cour avait produit quelques bruits attentivement recueillis par M. de Luynes. Un écuyer, d'abord resté inconnu, était venu savoir des nouvelles de M. de Cadenet. Puis un autre soir que cet écuyer était revenu, la Vienne l'avait suivi jusqu'à la rue Saint-Antoine, auprès de la Bastille, où il l'avait vu parler à une femme cachée dans une litière. Pour reconnaître la femme, il eût fallu s'approcher, et la place était trop découverte ; mais la Vienne se contenta de prendre la piste de l'écuyer, et apprit qu'il se nommait la Fougeraie. Indice plus compromettant d'abord qu'il ne semblait, puisque cet écuyer était celui d'une grande dame. Mais la Vienne, qui connaissait la vertu, l'irréprochable caractère de cette grande dame, dut briser aux premiers anneaux la chaîne de petits soupçons qu'envers tout autre femme il n'eût pas manqué de forger parfaitement complète. Cependant le fait rapporté à Cadenet suffit au jeune homme pour flatter son esprit amoureux des beaux rêves, et il aima mieux conclure de la visite de l'écuyer que son absence avait fait quelque impression sur la personne la plus accomplie de la cour.

M. de Luynes l'aida dans ces idées. Il lui en fournit les commentaires les plus fleuris. Il lui recommanda de ne pas négliger ce commencement d'intérêt, dès que la santé de Bernard, ou plutôt dès que ses propres inspirations lui montreraient le moment favorable pour retourner au Louvre. En attendant, il l'engageait à surveiller avec le soin le plus minutieux toutes les démarches qui seraient faites chez la Vienne, même les plus indifférentes en apparence pour aboutir à lui Cadenet ou à Bernard ; et afin de clore par un avertissement sérieux la nomenclature de ces prescriptions de tuteur, Luynes dit à son frère de ne jamais répondre autre chose, si on l'interrogeait sur sa présence aux Bordes, que cette phrase invariable : « J'étais parti avant l'événement, et je n'ai rien su ni rien vu. »

Toutes prescriptions qui achevèrent de persuader au jeune homme que cette affaire cachait plus d'importance qu'elle ne le paraissait, et qu'il fallait autour de Bernard plus de nuit et de silence que jamais. Car les événements s'assombrissaient de jour en jour, et sous le prétexte de complicité dans l'évasion de M. de Vendôme, la cour faisait instruire au parlement contre du Bourdet et les siens un procès dont les résultats devaient achever de perdre Bernard.

Un soir, en se retirant après une longue visite toute employée à la contemplation de son sujet, le médecin répondit à Cadenet qui demandait si cette torpeur devait rester la vie habituelle de Bernard :

— Quant à sa vie, elle ne court plus aucun risque. La crise aura lieu sans rien compromettre que sa raison. Toute cette révolution est désormais concentrée au cerveau. Si l'accès de résurrection est brutal, votre ami ne se réveillera jamais à l'intelligence. Son esprit sera brisé par le premier retour offensif de sa mémoire, chargée de souvenirs qu'il ne saura supporter. Si l'accès se produit dans d'heureuses circonstances, peut-être ce réveil s'opérera-t-il comme un simple réveil physique. Mais j'en doute. Il y a trop de fluides explosibles enfermés derrière ce masque qui dort. Surveillez bien l'étincelle qui mettra le feu à tout cela.

Cette prédiction avait eu lieu deux jours avant le souper que la Vienne donna pour célébrer ses noces. Rien depuis ce moment n'avait modifié l'état du malade. Cadenet qui, malgré le nombre et la chaleur des vins, rentra dans sa chambre parfaitement sain d'esprit, examina Bernard en son sommeil, sans y attacher plus de soin que de coutume, et sans remarquer la position du corps, qui d'ordinaire rigide et uniforme en ses plans, était ce soir-là replié, tordu, la tête à demi-cachée sous son bras droit qu'un mouvement convulsif faisait trembler.

Cadenet, tout préoccupé de ce qu'il venait de voir chez la Vienne, tout troublé de la présence de Sylvie, qui ajoutait une complication menaçante à tant de complications, se coucha de bonne heure sans s'apercevoir de rien, pressé qu'il était de rêver à ce singulier mariage et de dormir pour avoir des idées plus nettes le lendemain.

En effet, songeant qu'à tout prix il allait falloir tirer Bernard de cette maison où tôt ou tard il serait reconnu par Sylvie et Hugues, où peut-être il serait dénoncé par eux et livré par la Vienne, dont la faiblesse envers le pouvoir régnant était proverbiale :

— J'écrirai demain matin à Luynes, se dit Cadenet, lui seul peut me délivrer de cet embarras et m'indiquer un asile sûr où mon pauvre Bernard puisse mourir en paix.

Et, consolé par cette idée, il éteignit son flambeau comme chaque soir, et s'endormit. Peut-être l'image de Sylvie lui apparut-elle moins effrayante en un songe où il se flattait d'exercer déjà sur elle quelque influence galante dont il ferait profiter son malheureux ami.

Tout à coup, il fut réveillé par un cri. Il se dresse sur son séant et écoute ; rien ne bruit dans la chambre. Une longue minute se passe; rien. Mais, comme il allait reprendre son sommeil, il entendit Bernard s'agiter et murmurer quelques vagues gémissements.

Il se lève, s'habille à la hâte, rallume la bougie, et, le cœur ému, comme il arrive après un réveil aussi brusque, lorsque les inquiétudes renaissent, d'autant plus impétueuses, qu'elles ont été oubliées un instant, Cadenet vient avidement regarder le visage de Bernard, qu'il trouve avec effroi soulevé, pâle, hagard, croisant ses doigts crispés, dans l'attitude d'un homme égaré qui prie.

La fixité du regard, le désordre des cheveux, la froide blancheur du teint, certain frissonnement de mauvais augure qui faisait trembler sur les épaules du malade la toile fine de sa chemise, ces symptômes de la crise annoncée frappèrent un coup douloureux au cœur de Cadenet.

— Allons, pensa-t-il, voilà le moment fatal arrivé.

La lueur du flambeau ne fit point s'abaisser les paupières de Bernard, mais la prunelle joua lentement, seul indice de vie au milieu de ce visage impassible. Cadenet sentit que son ami le regardait et le reconnaissait sans plus d'effort que s'il l'eût quitté la veille.

— Cadenet, dit enfin Bernard d'une voix claire et posée, que se passe-t-il donc dans la maison? Je souffre; il y a ici quelque chose qui me gêne, qui m'irrite.

— Eh! mon Dieu! pensa Cadenet, la maladie a-t-elle développé en lui une telle sensibilité, une telle acutesse de perception, qu'il devine Sylvie en cette maison, où, depuis un mois, rien ne lui a produit un pareil effet.

Il soulevait sans s'en douter, ce bon Cadenet, un coin du voile qui cache encore aujourd'hui, malgré les études courageuses de tant de savants, le grand problème de l'ubiquité des âmes. Mais il n'était pas de force à le résoudre, pas même à le soupçonner.

— Mon pauvre Bernard, dit-il, attendri par le son de cette voix depuis si longtemps muette, explique un peu ce qui t'irrite ainsi. Quelle chose est-ce bien? dis.

— Ce n'est pas une chose, ami, répliqua le jeune homme, c'est une créature.

— Nous y voilà, pensa Cadenet, toujours préoccupé de l'idée que la présence de Sylvie pouvait agir à l'état de pressentiment sur les nerfs de Bernard.

— Une créature qui va, qui vient, et dont je ne vois pas distinctement les traits; je vois sa forme qui glisse — ombre dans l'ombre. Il fait nuit, n'est-ce pas?

— Oui, mon ami, onze heures et demie environ.

— Il y a des arbres autour de cette ombre qui m'irrite; un jardin, je crois.

— Ah! pauvre Bernard! murmura Cadenet, le voilà aux Bordes. La mémoire revient. Protégez-le, grand Dieu!

— Un autre homme marche à côté de celui-là; cet autre me gêne aussi. Cadenet, ils viennent; il vient surtout, celui que je ne puis souffrir... je te dis qu'il vient; il s'approche!

— Je ne comprends plus. La raison s'en va, pensa Cadenet.

— Écoute, ami, reprit Bernard, tu ne sais pas contre quelle idée je lutte depuis un moment. Une idée étrange, horrible. Tout à l'heure, ce fut mon premier instinct : j'ai une épée ici, n'est-ce pas ?... eh bien ! j'ai voulu me lever pour aller prendre cette épée. J'avais envie de tuer celui qui marche dans le jardin.

Cadenet entoura le jeune homme de ses bras et lui appuya tendrement la tête sur son cœur comme pour lui faire un rempart contre ces visions funèbres.

Cette tête brûlait, les artères battaient avec violence dans les tempes. Cadenet les baigna d'eau fraîche et essaya d'engourdir cette mortelle souffrance.

Mais Bernard demeura obstiné dans sa plainte, il la répéta si souvent en désignant l'ombre qui s'approchait et lui apportait d'insupportables douleurs, que Cadenet, par condescendance pour la fantaisie du malade et par un sentiment de curiosité, alla regarder à la fenêtre.

C'était le moment où la maréchale, sur son départ, parlait avec Sylvie et la Vienne, où Siete-Iglesias et Concino, arrêtés derrière, considéraient la nouvelle mariée. Tant qu'ils furent là, Bernard se tordit dans la colère et la menace. Aussitôt qu'ils s'éloignèrent, ses muscles roidis se relâchèrent peu à peu, l'œil éteignit ses fauves lueurs, le calme revint s'asseoir sur les traits fatigués, la bouche se ferma et se tut.

Justement la bougie épuisée s'évanouit dans sa lutte contre les ténèbres.

— Voilà qui est étrange, pensa Cadenet : un esprit

voué aux pratiques de la magie en tirerait des conséquences bizarres ; mais Bernard s'assoupit de nouveau, gardons-nous bien de le troubler, son premier réveil, salut ou ruine, amènera la solution.

Le malade resta ainsi accablé jusqu'à la pointe du jour. Durant cette longue procession des heures dont le cortége défile si lentement devant les yeux de l'insomnie, Cadenet, à chaque instant assoupi, à chaque instant réveillé en sursaut ne cessa de surveiller Bernard, et le premier rayon du jour qui entra dans la chambre le trouva courageusement appuyé sur un coude, pour surprendre l'expression du visage de Bernard, et apprécier les progrès du mal ou de la guérison.

Bernard lui aussi était sur son séant ; lui aussi appuyé sur le coude ; ses yeux se rencontrèrent avec ceux de Cadenet dans la transparente vapeur de l'aube.

— Je ne dors pas, mon bon Cadenet, dit-il d'une voix douce et affectueuse, je suis tout à fait réveillé.

Cadenet, transporté de joie, donna un premier regard au ciel pour lui rendre grâce, et embrassa le pauvre naufragé si tendrement que les larmes lui vinrent aux yeux.

Ceux de Bernard restèrent perçants et secs.

— J'ai beaucoup pensé, reprit-il, depuis une heure. Je me suis recueilli ; d'abord je croyais sortir d'un rêve ; mais en considérant cette chambre que je ne connais pas, ces meubles dont la forme toute vague encore m'apparaît étrangère et inusitée, je m'aperçois bien que mon rêve épouvantable est un souvenir.

Cadenet se tut. Le regard de Bernard saisit toute la portée de ce silence.

— Je ne suis pas aux Bordes, ni aux Fossés, ajouta Bernard. Où suis-je?

— A Paris, chez moi, dans la maison de la Vienne le baigneur.

Bernard attendit quelques instants avant de continuer. Il cherchait évidemment à faire accorder ses paroles avec le flot tumultueux d'idées qui toutes s'élançaient à la fois de son cerveau.

— Tu m'aimes, Cadenet, reprit-il enfin, et tu ne me tromperas dans aucune des explications que je vais te demander?

Le visage de Cadenet exprima une hésitation que Bernard comprit avec sa pénétration merveilleuse.

— Oui, dit-il, tu te réserves d'atténuer, si mes forces ne répondaient pas à la gravité de ce que j'ai à apprendre. Eh bien, n'atténue rien, je suis plus fort que tu ne crois. Tu vas voir. Il s'est opéré en moi un changement bizarre, — que je t'expliquerais fort mal, — je ne l'essayerai pas. Sache seulement qu'autrefois je sentais en moi toute expansion, toute tendresse, tout élan vers le genre humain, et qu'aujourd'hui, je ne sens plus rien là qu'un serpent replié sur lui-même, et tout prêt à bondir sur je ne sais quelle proie. Cela donne bien de la force, va, un serpent au lieu de cœur !

Cadenet le regarda inquiet. Bernard étendit la main et voulut sourire pour rassurer son ami, mais le sourire s'évanouit en chemin.

— Depuis quand suis-je ici? demanda-t-il.

— Depuis trente-trois jours.

— J'étais tombé là-bas, sur le rivage; c'est toi qui m'as relevé?

— Oui.

— Apporté ici?

— Oui.

— Pourquoi ne m'as-tu pas laissé aux Bordes? Je devine : tu craignais pour moi le spectacle de toutes ces horreurs?

Silence du pauvre Cadenet.

— Mon père est mort, n'est-ce pas? reprit froidement Bernard. Bien! Et Marcelle aussi... Ceux-là, je les ai bien serrés dans mes bras, bien appelés! mais les autres...

— De qui veux-tu parler? demanda Cadenet tremblant.

Bernard fit un mouvement pour dissimuler un reste d'avide espérance dont l'étincelle tremblait encore en ses yeux. Haletant, avalant un sanglot à chaque parole :

— Je veux parler d'Aubin, dit-il, celui-là, je n'ai pas touché son corps... il eût pu se faire que Dieu me l'eût conservé... Non, je vois que non... pas même celui-là!...

Il baissa la tête si profondément qu'on ne vit plus de lui que les secousses de sa poitrine près de se briser.

Après quelques minutes il se redressa, ses yeux étaient rouges, la peau de ses joues marbrée, son front couvert de sueur.

— Cadenet, dit-il.... a-t-on retrouvé la pauvre femme?

— Quelle femme, mon ami? demanda l'autre avec un touchant intérêt.

— C'est vrai, tu ne sais pas cela, toi. Il y avait aux Bordes, ce jour-là, une femme cachée près de mon père, une femme très-belle, charmante, que j'aimais...

— Que dis-tu?

— Je lui avais juré de me taire; la mort s'est chargée de notre secret...

— Je ne te comprends pas.

— Permets que pour aujourd'hui je m'arrête. Les forces d'un homme sont bien bornées. Plus tard, quand je serai mieux remis, tu sauras tout. Je t'interrogeais seulement pour savoir si l'on avait découvert mon petit frère et cette pauvre femme, soit dans la maison, soit... soit dans la rivière.

— Non, murmura Cadenet, écrasé par cette scène dont nous nous garderons bien d'affaiblir le laconisme.

— Eh bien! répliqua Bernard en faisant un geste plein d'énergie, sans colère, maintenant que je suis revenu à moi, faites-moi la grâce de m'accompagner aux Bordes, chez moi; c'est chez moi, à présent; j'y serai mieux qu'ici. J'y ferai donner la sépulture aux amis adorés que j'ai perdus... J'y pleurerai, compagnon, tandis qu'ici j'étouffe, je meurs!

— Arrête, Bernard, dit Cadenet courageusement, sachant bien, lui qui connaissait cette âme noble, que le plus cruel moment des révélations était passé.

— Tu ne peux venir avec moi, n'est-ce pas? interrompit Bernard, tu as perdu tant de temps déjà! J'irai seul.

— Ni moi, ni toi-même nous n'irons aux Bordes, mon ami ; d'abord, le château n'existe plus.

— C'est vrai, l'incendie !... je me souviens! N'importe, il y a les débris, il y a la place!

— Tu n'iras pas, te dis-je. En ce moment, la place même où fut ta maison ne t'appartient plus.

Bernard considéra, surpris, son interlocuteur.

— Un jugement est rendu, continua Cadenet, qui condamne ta famille, toi-même, comme coupables de haute trahison.

— Moi!... eux!... pauvres amis!

— Un jugement qui prononce la confiscation de tes biens, qui menace tes jours, si tu te montres.

— Ah! voilà qui m'est bien peu de chose, s'écria Bernard avec un éclat terrible dans lequel resplendissaient comme en une explosion toutes les foudres amassées dès le début de cette tempête.

— Il me reste, ajouta-t-il, une voix, je la ferai entendre ; des amis, je les sommerai de m'aider.

— Malheureux!... je t'en supplie.

— Soutiens-moi un peu que je m'habille.

— Tu voudrais sortir? Je t'en empêcherai, s'écria Cadenet en lui barrant le passage.

— M'empêcheras-tu aussi de me jeter par la fenêtre, dit froidement Bernard, ou de me passer une épée au travers du cœur! non. Eh bien! rappelle-toi que si je ne fais ni l'un ni l'autre, c'est que je crois avoir encore un devoir à remplir sur terre. Es-tu mon ennemi, tue-moi. Es-tu mon ami, aide-moi ou ferme les yeux.

— Mais où iras-tu? par pitié !

— Chez le premier président, d'abord. Nous verrons ensuite.

Cadenet croisa les bras, réfléchit et ne répliqua pas.

CHAPITRE VI

Prélude au combat.

Cadenet n'avait rien dit à Bernard qui ne fût vrai touchant les suites de l'affaire de M. de Vendôme, et encore était-il loin de lui avoir dit toute la vérité.

Cette fuite du jeune prince avait réussi. M. de Vendôme était en sûreté dans son gouvernement de Bretagne, où, bien entouré, bien secondé, il commençait à voir accourir à lui toutes les opinions, armées sous des prétextes plus ou moins patriotiques, contre les intrigants et les étrangers qui tenaient le roi en tutelle et dévoraient la substance vitale de la France.

L'émotion était grande à la cour de Marie de Médicis; les conseils n'y allaient qu'aux extrêmes. Le ministère, composé de niais et de peureux, voulait qu'on négociât pour réconcilier M. de Vendôme avec la reine Marie. Les étrangers, comme Concino, Siete-Iglesias, Espernon, — celui-là, bien que né Français, était réellement un étranger en France, — avaient tant d'intérêt à ce que jamais M. de Vendôme ne s'abouchât avec le jeune roi et ne lui apprît la vérité sur son prétendu règne, qu'ils conseillaient à Marie de Médicis de lever une armée pour aller en Bretagne exterminer la faction nouvelle avec son chef.

Cette idée ne souriait pas médiocrement à la reine mère, qui voyait dans cette expédition un moyen d'éteindre une des concurrences les plus redoutables à elle-même et à sa postérité, celle du prince légitimé, le plus cher aux Français, qui n'avaient pas cessé d'aimer ce souvenir touchant de Gabrielle.

Mais ces honnêtes conseillers, qui n'avaient pas un but unique en tout cela, voulaient commencer par faire leurs propres affaires à l'intérieur de Paris. Ligués pour exterminer tout ce qui restait de serviteurs fidèles, de dévouements éclairés au dernier règne, ils avaient à parfaire leur tâche. Après avoir assassiné le malheureux du Bourdet à sa maison des Bordes, pour détruire l'une des espérances du président, celle qu'ils croyaient la dernière, il leur fallait couvrir cette abominable exécution du voile de la légalité. Le crime de du Bourdet, aide et complice prétendu de la fuite de M. le duc de Vendôme, avait donc été déféré au Parlement. Les gens du roi demandèrent que la mort de ce traître et de ses adhérents fût ratifiée par une sentence. La sentence de mort en pareil cas entraînait dégradation de noblesse, confiscation des biens au profit de la couronne, laquelle se réservait d'en disposer.

L'affaire, bien poussée par le garde des sceaux, créature de la reine mère, sollicitée par le maréchal d'Ancre, d'Espernon et Siete-Iglesias, dirigée par les influences secrètes de la marquise de Verneuil, touchait à son dénoûment. Une grande partie des conseillers étaient pratiqués. Les uns, ignorant le but réel des Italiens et de l'Espagnol, cédaient à certaine conviction née des apparences, et les autres, vendus à la faction, obéissaient. Un petit nombre refusaient sourdement : c'étaient les honnêtes gens, les cœurs braves, cette réserve sacrée, point de mire de la nation tout entière, et qui, fidèle à son mandat, a toujours su sauver la France dans les circonstances difficiles. Seulement, ceux-là attendaient un chef. Il ne se fit pas attendre longtemps.

Le lendemain du jour où Léonora, réconciliée avec son mari, avec la reine, avec la vie, mais pas encore aussi complétement avec Louis XIII, était revenue trôner aux Tuileries, Luynes reçut un billet de Cadenet qui contenait cette seule ligne :

« Bernard est ressuscité. Il sort pour rendre visite au président. »

Justement le roi venait d'appeler Luynes pour lui demander des nouvelles de ce qui s'était passé la nuit entre Léonora et la reine mère. Il apprenait ainsi le retour de la Florentine et la paix générale, et cette menace nouvelle pour lui-même, qu'on allait braver de plus belle jusqu'en sa maison, et voulant s'affranchir de la présence des Italiens, il venait de commander ses oiseaux pour une chasse dans les marécages de Meudon, lorsque doña Estefana traversa par hasard la terrasse, fit un signe à Luynes, puis disparut.

Le fauconnier quitta le roi comme pour aller exécuter ses ordres, mais en réalité monta l'escalier qui conduisait chez la jeune reine. Là, sur le palier désert, par une porte entrebâillée si discrètement qu'elle ne laissait passer que l'extrémité de deux doigts des plus blancs et des plus satinés, un souffle à peine perceptible vint frapper l'oreille du favori.

— Retardez le plus possible, lui dit cette voix, le départ de Sa Majesté pour la chasse.

Luynes, comme s'il n'eût rien vu, rien entendu, passa outre et se dirigea vers les volières.

Cependant Louis, tout botté, son fouet à la main, préoccupé du temps qu'il ferait, plus préoccupé encore de se cacher jusqu'à son départ, pour n'être ni salué ni retenu par personne, se glissait dans le jardin, cherchant à s'y perdre. Le temps s'écoulait, l'impatience gagnait le jeune prince, qui déjà gourmandait en lui-même la lenteur de son fauconnier. Le ciel, si anxieusement consulté, répondait par un de ses plus francs sourires. Un soleil traversé par de longues bandes de nacre diaphane sortait tour à tour de ses voiles et s'y replongeait coquettement comme pour doubler par ces éclipses le charme de cette dernière journée d'automne. Certes, le moment était favorable, et tout chasseur eût dû déjà en avoir profité. Aussi le roi passa-t-il de l'impatience à la colère lorsqu'il se vit presque oublié dans le jardin.

Luynes ne revenait pas.

Déjà Louis se préparait à remonter chez lui pour savoir la cause de ce retard inexplicable, lorsque la jeune reine déboucha du petit perron sur lequel scintillaient dans leurs vases de bronze des chrysanthèmes poudrés d'argent par les premières gelées blanches.

— Ah! sire, s'écria Anne d'Autriche en précipitant sa marche avec un gracieux empressement, je suis bien heureuse de vous trouver encore au Louvre; j'avoue que je n'y comptais plus.

— Il est vrai que je suis bien en retard, madame, répliqua le jeune prince; mais néanmoins, supposeriez-vous que je fusse parti pour la chasse sans vous avoir saluée ce matin?

— Je sais toute la bonté de Votre Majesté pour sa servante; cependant, comme j'avais entendu dire que vous étiez déjà loin...

— Je devrais être loin... mais, vous le savez... il suffit que je donne un ordre ici pour que nul ne m'obéisse.

— Tout le monde, repartit négligemment la reine, est un peu occupé en ce moment.

— De quoi, s'il vous plaît?

— Mais du retour de madame d'Ancre, sire. C'est un événement, je suppose, qui peut distraire de tous les autres.

Louis regarda la reine pour démêler sa pensée, mais rien qu'une mansuétude naïve ne se jouait sur cette tranquille physionomie. Il reprit :

— Luynes s'occuperait-il à ce point de madame d'Ancre qu'il oubliât mon propre service ?

— Oh ! ce n'est pas M. de Luynes, sire, car je l'ai aperçu de mes fenêtres, courir, s'empresser et faire lui-même le service des officiers absents. C'est pourquoi, le voyant encore aux volières, je m'étonnais de la réponse que j'ai entendu faire au grand degré que Votre Majesté était sortie.

— On a fait cette réponse !... Qui donc ?

— Votre capitaine des gardes.

— Thémines ?

— Je crois que oui.

— Voilà qui est singulier. Dans quel but ?

— Oh ! sire, dans le seul but d'empêcher de parvenir jusqu'à vous ceux qui se présentaient. Il avait probablement ses ordres, ajouta froidement la reine, fort occupée en apparence à lisser la longue plume blanche qui pendait au feutre du roi.

— Je n'ai donné aucun ordre de cette nature, madame.

— Ce sera la reine mère, alors, répliqua Anne d'Autriche du ton le plus indifférent. Tout ce que je puis assurer, c'est que M. de Thémines a dit : Monsieur, le roi est à la chasse, vous ne le verrez pas.

— A qui, madame, a-t-il dit cela ? Qui demandait à me voir ?

— J'ai vu des robes rouges, de l'hermine ; il me semble avoir aperçu des gens du Parlement, et parmi eux la tête blanche de M. de Harlay.

— Le premier président!... que l'on aurait congédié !

— Et qui paraissait insister beaucoup, à ce que m'a dit Estefana, car il se tenait adossé au balustre et ne s'en retournait pas.

— Ce vieillard... reçu ainsi ! renvoyé ainsi ! un grand serviteur de mon père !

— Un grand homme, sire !

— N'est-ce pas, madame.

— Qui s'en ira bien triste ; car ses démarches sont rares et importantes. Et le plus fâcheux, c'est qu'il croira que le congé est donné par vous, sire. En effet, M. de Thémines est à vous et non pas à la reine votre mère !

Le roi baissa la tête et mordit au bord de ses lèvres sa moustache naissante. La reine vit ses yeux étinceler sous l'ombre du large chapeau.

— Je lui ferai dire par Luynes que l'on a agi sans me consulter, reprit-il après un douloureux silence, et il m'excusera.

— Non pas ! s'écria la reine ; cachons, surtout à nos amis, la solitude qu'on nous impose à tous deux.

Cette adresse avec laquelle Anne d'Autriche assumait la moitié de la honte fit passer le conseil, et le roi s'associa plus volontiers à la compagne qui le ménageait si délicatement.

— Donnez-moi un bon avis, dit-il.

— Ce serait peut-être un avis imprudent, répliqua Anne, un avis de jeune tête orgueilleuse, et vous le rejetteriez avec raison.

— Quelquefois l'orgueil conseille bien, madame ; parlez toujours.

— Eh bien, sire, à votre place, j'apparaîtrais tout à coup et je me ferais voir à M. de Harlay.

— Oh !... esclandre !

— Mais non, sire, vous n'êtes censé rien savoir ; vous allez à la chasse, pour cela il est naturel que vous sortiez du Louvre. Sortez simplement, vous allez rencontrer les envoyés du Parlement sur le degré.

Louis tordit la fine tresse de sa moustache et hésita. Anne d'Autriche fut prise d'une toux subite. Luynes se montra tout à coup sur le perron.

— Le service de Votre Majesté attend, dit-il.

Le roi, plongé dans le doute, ne songea pas même à lui reprocher le retard de ce service.

— Vous voyez, sire, ajouta la reine, qu'ils vous faut décommander votre chasse si vous ne voulez pas rencontrer M. de Harlay — à moins que vous ne vous résolviez à passer par une porte dérobée.

Le roi pâlit légèrement, regarda la reine d'un air irrité, et relevant la tête :

— Ne sont-ils pas déjà partis, madame ? demanda-t-il avec un reste de fluctuation.

Anne d'Autriche se tournant vers le fauconnier :

— Savez-vous, M. de Luynes, dit-elle, si le Parlement est toujours à la porte du grand cabinet ?

— Toujours, madame. On assure que le premier président a déclaré qu'il attendrait jusqu'à ce qu'on lui fît voir le roi, dût le roi ne rentrer de la chasse qu'à la nuit close.

Louis poussa d'un coup de poing la porte qui lui faisait face, traversa en trois pas la petite galerie antichambre du grand degré, et disparut si vite que la reine et Luynes eurent à peine le temps d'échanger un sourire de triomphe. Le fauconnier suivit son maître.

Cependant, comme l'avait annoncé Anne d'Autriche, les conseillers, assistant leur premier président, se tenaient aux portes du cabinet du roi et résistaient au capitaine des gardes, qui, fort embarrassé par leur persévérance, et n'osant employer pour les faire partir d'autres moyens que ceux de la persuasion, venait d'envoyer un de ses lieutenants à la reine mère pour l'instruire de l'incident et prendre ses ordres.

M. de Harlay, calme comme toujours, regardait de ses grands yeux ternis cette foule de gentilshommes et d'officiers que le respect et le sentiment de leur fausse position tenaient à distance, muets, découverts.

M. de Thémines, celui-là même qui avait osé arrêter le prince de Condé, sentait battre son cœur en présence de l'auguste vieillard, et protestait de son désir de le satisfaire, tout en persistant à le vouloir persuader de ne point forcer une consigne.

— C'est une consigne que le roi lèvera, monsieur, répliqua le président. Sa Majesté est à la chasse, dites-vous. Eh bien! j'ai envoyé mon bailli à Meudon pour le prévenir que j'attends ici son audience. Et j'ose croire que le roi voudra bien revenir un peu plus vite, pour faire attendre moins longtemps un vieillard, son serviteur, qui n'a plus beaucoup d'heures à perdre sur la terre.

Le lieutenant revint et dit tout bas à M. de Thémines, dont le front se rembrunit visiblement :

— La reine veut que le Parlement s'en retourne ; on ne peut parler au roi.

Alors Thémines, faisant un pas vers le président et les conseillers :

— Il est impossible que vous demeuriez ici, messieurs, dit-il ; l'usage s'y oppose. Personne n'a droit de séjourner par force dans le vestibule du roi.

Il n'avait pas achevé, que la porte du cabinet s'ouvrit, et le roi parut, frémissant, une main sur la garde de son épée.

Les conseillers firent un mouvement de surprise, les gentilshommes s'écartèrent, M. de Harlay seul demeura impassible au milieu de l'émotion générale.

— Monsieur le président, dit Louis en s'approchant avec une sorte de déférence juvénile, on m'apprend que vous demandez audience ; entrez chez moi, je vous prie.

M. de Thémines s'inclina et quitta la partie ; les seuls officiers de service demeurèrent sur le degré.

Les conseillers et leur président passèrent chez le roi ; les portes se refermèrent sur eux.

Il n'y avait sur le visage de M. de Harlay ni joie du succès ni souvenir de l'affront. Grave et pensif, le vieillard semblait se recueillir pour dire mieux ce qu'il avait à dire, et voilà tout.

Mais au moment où il ouvrait la bouche pour commencer sa harangue, la porte s'ouvrit et la reine mère entra, suivie du maréchal d'Ancre, du duc d'Espernon et du comte de Siete-Iglesias. Tous couvrirent par les plus humbles révérences l'insolence de cette invasion.

Le roi se mit à trembler, de colère, assurément, et il promena ses yeux autour de lui pour y chercher un appui. La petite reine, entrée aussi par sa porte sans qu'on l'eût remarquée, était assise à sa place, à l'angle de la cheminée. Nul n'avait songé à elle. Il était trop tard pour qu'on l'allât saluer, le roi et la reine mère occupant le milieu de la salle et fermant la route, soit aux uns, soit aux autres.

Marie de Médicis, rouge de fureur avan' la première parole, semblait décidée à faire ou à soutenir un éclat. Le président la laissa commencer, il recula devant elle.

— C'est moi, dit la reine mère interrompant le silence, qui avais fait dire à M. le président que le roi ne le recevrait pas. Non que je me permisse de dicter au roi ce qu'il sait si bien faire, mais pour épargner à lui une visite importune, à vous, messieurs du Parlement, une démarche inutile.

A ce discours, dont la véhémence, jointe à l'exécrable prononciation italienne de Marie, faisait un imbroglio peu intelligible, le président ne sourcilla point. Le roi prit position et dit, non sans dignité :

— De quoi s'agit-il, d'abord? Vous, madame, parlez, je vous prie

Furieuse de se voir réduite ainsi au rôle de défenderesse, la reine mère répondit aigrement :

— Qu'ils parlent eux-mêmes, je répondrai.

— Soit, répliqua Louis. A vous, monsieur le président.

— Sire, dit le vieillard, rien de plus simple. Il y a un mois, un homme soupçonné d'avoir assisté M. de Vendôme dans sa fuite a été assassiné dans sa propre maison, avec son fils et l'un de ses serviteurs. Ses meurtriers s'appuient de votre nom, se disent vos gens, et demandent au Parlement de déclarer que le meurtre est légitime. Ils réclament en outre la confiscation des biens du mort.

Se retournant vers la reine mère, sans regarder ni Concino ni les deux autres :

— Voilà le fait, dit-il.

Nul de ceux qu'il interpellait directement ou indirectement ne répondit.

— Sont-ce bien mes gens qui ont fait cela? demanda le roi.

— Votre Majesté va droit à la question, dit le vieillard avec un sang-froid qui fit battre plus d'un cœur autour de la reine mère. Sont-ce bien les gens du roi qui ont égorgé un homme déjà vieux, un enfant de douze ans et sa nourrice? Moi, je le nie!

— S'ils ont eu à se défendre, dit la reine mère.

— Je voudrais qu'on le prouvât, répliqua M. de Harlay.

— N'est-ce pas au procès-verbal? demanda le duc d'Espernon.

— Qui l'a rédigé? les meurtriers? dit le président.

— En vérité, vous semblez faire le procès aux gens de Sa Majesté, interrompit le maréchal d'Ancre.

— Je le fais à tout le monde, monsieur, répliqua le vieillard. C'est ma charge. Voilà pourquoi les rois m'ont assis sur leurs fleurs de lis ! Et quand je fais un procès, je m'enquiers, je discute, et je prononce ce que ma conscience m'a dicté.

— Et que vous dicte-t-elle aujourd'hui, votre conscience ? s'écria la reine mère insolemment.

— Que le sieur du Bourdet, assassiné dans sa maison, avec ceux de sa famille, l'a été sans droit, sans cause, ou plutôt pour une cause tout à fait étrangère à la fuite de M. de Vendôme.

Le duc d'Espernon, tremblant de colère, s'approcha du roi et lui dit :

— Sire, ce mot « assassiné » s'appliquant à des soldats ou à des officiers de vos armées ne vous paraît-il pas une insulte ?

— J'ai nié qu'il y eût là, reprit tranquillement M. de Harlay, des soldats ou des officiers du roi.

— Voici la commission qui les y a envoyés, dit Siete-Iglesias, produisant un ordre en bonne forme, que le roi prit et parcourut avec émotion.

— En effet, voici l'ordre, murmura-t-il, ne le connaissez-vous pas, M. le président ?

— Je l'ai vu aux pièces, sire, mais ce que je n'y ai pas vu, ce que personne n'a pu me montrer c'est le nom du chef de cette expédition.

— MM. de Durain et de Horcherie, dit l'Espagnol, c'est écrit.

— Voici leur dénégation formelle, répliqua le président, signée, enregistrée. Leurs noms peut-être ont figuré sur la commission, leurs personnes n'assistaient pas au massacre.

Ce nouveau mot fit bondir la reine mère.

— Vous abusez de la patience du roi, dit-elle, monsieur le président.

— Le roi m'en avertira, madame, continua-t-il; je poursuis. Les soldats, puisqu'on prétend que ce sont des soldats, affirment unanimement, au contraire, avoir été commandés par un homme masqué d'une visière grillée, qu'ils ont cru tous être un de leurs officiers, et qui, s'il a commandé les meurtres de l'enfant et de la nourrice, a dû accomplir lui-même le meurtre du père de famille, attendu qu'il est seul demeuré enfermé avec ce malheureux jusqu'à sa mort. Il y avait trente hommes. Je les ai tous interrogés moi-même; ils ont tous répondu de même. Voici leurs dépositions, leur croix ou signature. Voyons, messieurs, quel était l'homme masqué, le chef qui a agi de la sorte au nom du roi? Déclarez-le, fournissez-m'en un, n'importe lequel, si vous voulez que je change d'opinion et que je ratifie le meurtre!

A ces mots émanant d'une dialectique si noble, si vigoureuse, devant ce rayon lumineux qui perçait jusqu'aux plus noirs abîmes du mystère, les plus audacieux pâlirent et semblèrent se consulter du regard.

— Il fallait déclarer tout simplement que M. du Bourdet avait été victime d'une attaque de voleurs, continua flegmatiquement le vieillard. Le Parlement eût instruit l'affaire sans bruit. Tout serait aujourd'hui terminé à la satisfaction générale. Mais on invoque le nom du roi ! mais on veut un jugement qui déshonore la victime ; mais on veut ruiner les malheureux débris de sa famille ! C'est grave ! et ici le juge réfléchit avant de compromettre dans une telle intrigue le nom de Sa Majesté !

Le maréchal parla bas à la reine.

— Cette prétendue victime, s'écria la reine aussitôt, est un traître qui donnait asile à M. de Vendôme ! Cela est prouvé.

— Parfaitement prouvé, dit d'Espernon.

— Qu'on prouve au moins le contraire ! ajouta l'Espagnol, dont les ongles, pendant cette scène, déchiquetaient un de ses gants.

— C'est dans ce but que je suis venu ici, répondit avec une lenteur étudiée le sévère magistrat. J'apporte au roi une lettre de M. de Vendôme. Elle m'a été envoyée sans que je l'aie sollicitée. Ce témoignage va élucider toute la question...

— En faveur de ce misérable traître, dit le maréchal, inquiet de cette production d'une pièce aussi importante. Vous êtes son ami. On le sait !

— Je l'étais, fit tristement le vieillard ; mais cela m'est une raison de plus pour découvrir la vérité.

Le jeune roi lut tout haut la lettre suivante :

« J'apprends, monsieur le président, qu'on a tué un pauvre homme accusé de m'avoir aidé dans mon évasion. Jamais je n'ai connu ce malheureux. Jamais je n'ai mis le pied dans sa maison. J'affirme son innocence devant Dieu et devant le roi. Sa mort est un inutile et honteux assassinat.

» Signé : CÉSAR DE VENDOME,
» Légitimé de France. »

— La belle caution d'un conspirateur à un traître, s'écria impétueusement Marie de Médicis.

— Madame, répliqua le vieillard avec vigueur, je ne sais pas si le roi approuvera ces paroles, mais ce n'est pas à nous qu'on persuadera qu'un fils de roi, qu'un frère de notre maître, qu'un gentilhomme de cette qualité, puisse être un menteur et un faussaire.

Louis se redressa presque menaçant.

— Et je ne souffrirai pas qu'on le répète, dit-il avec une telle sévérité que toute l'assistance frissonna sous l'influence de sentiments contraires : les uns, humiliés, défiants ; les autres, ranimés et fiers.

— Je crois à la parole de mon frère, poursuivit le roi, comme je voudrais qu'il crût à la mienne.

— En sorte, reprit M. de Harlay après s'être incliné respectueusement, que si M. de Vendôme a dit vrai, du Bourdet n'était pas coupable et a été injustement mis à mort. En sorte donc que le Parlement s'abstiendra de ratifier cette iniquité, comme aussi de prononcer la confiscation, le tout sans encourir la disgrâce du roi, qui jamais n'a été si bien servi qu'aujourd'hui par son fidèle Parlement.

Siete-Iglesias, à son tour, parla bas à la reine.

— Et moi, interrompit Marie, emportée jusqu'au délire, je dis que la sentence sera ratifiée, la confiscation prononcée ; je dis qu'elle doit l'être à cette heure, par mes gens à moi, qui travaillent à m'obéir, tandis que vous me désobéissez ; car j'ai mes convictions, et je ne laisserai point périr l'intérêt de l'État pour sauver la mémoire d'un misérable que défendent des imprudents et des fous !

— Il n'y a d'imprudents au monde que ceux qui tentent la patience de Dieu, répondit M. de Harlay avec une majesté sinistre. Quant aux fous, il faut les plaindre !... Cependant mieux vaut être fou qu'assassin, les assassins sont punis tôt ou tard. J'attends les ordres de Sa Majesté.

— Le roi, interrompit violemment le maréchal, pâle et agité comme ses deux compagnons, le roi, que voici, a délégué son autorité à la reine, sa mère, à des ministres dignes de sa confiance. Retirez-vous, monsieur le président. Ces ordres vous seront notifiés en temps et lieu.

Le roi, en entendant ces paroles, ce congé, donné en sa présence, faillit éclater, l'éclair jaillit de ses yeux. Un mot de sa bouche eût appelé cent épées. Il trouva soudain la main de la jeune reine dans la sienne.

Le président leur sourit mélancoliquement à tous deux.

— Adieu, dit-il, sire, et vous, madame. J'ai fait mon devoir de juge. A vous de faire votre devoir de roi.

Il salua toute l'assemblée et partit. Le roi sortit vivement et ne salua personne.

— Il y a une demi-heure qu'un autre président vient de rendre le jugement qu'il nous faut, dit d'Espernon à l'oreille du maréchal. C'est un coup manqué pour M. de Harlay.

— Oui, mais le maudit vieillard nous en garde encore un autre! répliqua Siete-Iglesias. Alerte, messieurs!

CHAPITRE VII

Éclaircies.

Quand Bernard voulut se lever et marcher, c'est là que Cadenet l'attendait; il trouva la nature tellement rebelle que son premier pas fut une chute.

— Bon! pensa Cadenet, voilà la visite au président toute faite.

Et il aida Bernard à se relever. Mais il n'avait plus affaire au Bernard d'autrefois, à l'oiseleur paisible, au pacifique garçon à marier qui se promettait le bonheur dans l'immobilité. A peine assis sur son lit, le jeune homme se recueillit, et dix minutes après recommença la tentative. Il y mit un tel acharnement, il força si intrépidement la matière à servir l'esprit, que Cadenet fut touché de ce courage, respecta une volonté qui se trahissait par de tels actes, et non-seulement n'y fit plus d'obstacles, mais l'aida de tout son pouvoir, se réservant la surveillance, au besoin, et la protection.

Quant à se compromettre en accompagnant le malheureux Bernard chez M. de Harlay, Cadenet n'eût pas hésité sans la crainte de compromettre aussi son frère Luynes. Il demeura donc au logis, tandis que Bernard, hissé sur une mule, paisible animal voué aux courses de la maison, se dirigeait vers le palais, suivi d'un laquais, auquel les recommandations les plus précises avaient été données.

Restait à Cadenet le plus désagréable, sinon le plus dangereux de tous ses embarras. Tant que le malade était au lit, tant qu'il était invisible, son séjour dans la maison de Sylvie ne présentait aucune difficulté ; mais maintenant qu'il sortait, qu'il rentrait, qu'il apparaissait en chair et en os, comment éviterait-on une rencontre, soit entre Bernard et Hugues, soit entre Sylvie et Bernard? Le sort, qui finit toujours par se fatiguer d'écraser un homme, commença en cette circonstance à se relâcher de sa rigueur envers Bernard. Il voulut bien permettre que Hugues, après un copieux déjeuner composé des restes de la veille, quittât la maison pour certaines raisons de plaisir qui devaient le retenir toute la journée dehors.

Ce fut le capitaine lui-même qui annonça cette bonne nouvelle à Cadenet, au moment où ce dernier se demandait auquel des deux, de Hugues ou de Sylvie, il convenait de s'adresser préférablement pour causer de Bernard et vider la querelle entamée aux Bordes à propos de ce fatal mariage.

— Bon débarras, pensa Cadenet lorsqu'il vit le cheval du capitaine enfiler frais et sautillant la rue de la Cerisaie. J'aurai affaire à Sylvio; les rancunes de femmes sont plus mauvaises, je le sais bien. Mais cette femme-là n'est pas sans avoir une toute petite conscience, laquelle conscience fait ses réclamations de temps en temps; nous en profiterons, sans compter notre influence personnelle.

Il arriva un autre bonheur à Cadenet dans la même matinée. La maréchale, voulant célébrer son retour au Louvre, ou plutôt le retour de ses diamants, projeta de donner une grande fête en ses appartements. La nuit, qui porte conseil, lui avait apporté ce conseil tout folâtre. Pas de fête sans la Vienne. Un écuyer vint chercher la Vienne avec ordre de l'emmener pour tout le jour.

Le baigneur maudit son esclavage et ne ménagea point les bourrades à l'écuyer; mais cependant il s'habilla, mit sur pied son bataillon d'élite, commanda fleuristes, violons, marmitons les plus huppés, et les dirigea sur le Louvre, après avoir embrassé sa femme, qui tournait et retournait ses épaules en fille de douze ans qui boude et se frotte les yeux pour faire croire qu'elle va fondre en larmes.

— Vous m'aviez promis, dit-elle, de me montrer aujourd'hui le pavillon de madame de Verneuil.

— Ce sera pour une autre fois, m'amour, répliqua la Vienne le cœur gros.

— Est-ce ainsi que vous me quitterez et me laisserez périr d'ennui tous les jours?

— Nous nous hâterons de parfaire les cent mille écus qu'il nous faut pour nous retirer et vivre en princes, puis nous dirons adieu au métier, répliqua la Vienne. En attendant, un peu de patience, chère belle. Voulez-vous pour cette journée de la musique? Non. Un bain au benjoin mêlé de vanille, hein? Vous l'aurez. Et puis je prierai M. de Cadenet de vous tenir compagnie. Il vous lira des vers. Il lit bien.

Sylvie se calma un peu.

— C'est entendu, je vais obtenir de lui cette demi-journée. Il n'a rien à me refuser.

— Le voilà dans la cour, ce me semble, dit Sylvie.

— C'est vrai. Oh! les bons yeux, aussi bons qu'ils sont charmants, s'écria la Vienne, qui fit signe à Cadenet et mit en avant sa requête.

Comme précisément Cadenet ne souhaitait rien autre chose, il consentit. La Vienne leur recommanda de ne se laisser manquer de rien, pria Cadenet de demeurer avec Sylvie dans la petite salle ou le jardin particulier, de peur qu'elle ne fût trop vue par les galants qui fréquentaient la maison. Il ajouta qu'il était excessivement jaloux, et termina en rappelant à Cadenet sa parole de ne point laisser Sylvie s'ennuyer un seul moment jusqu'à son retour.

Ayant ainsi pris ses mesures, il partit pour le Louvre.

— Pardieu, pensa Cadenet, on n'a jamais vu un mari pareil. Je l'eusse fait confectionner exprès pour moi, qu'il n'eût pas été mieux réussi.

Sylvie, bien qu'il fût à peine dix heures du matin, était déjà dans ses atours, c'est-à-dire complétement charmante. Elle avait sur les lèvres le fameux sourire dont nous savons qu'elle ne faisait pas un usage banal.

Cette distinction de l'esprit qu'il sentait chez sa compagne de solitude promit dès l'abord à Cadenet un heureux résultat. Prendre une femme au piége de son propre esprit est une des meilleures ressources du chasseur. Seulement, Cadenet, homme très-naturel, se demanda tout de suite, en examinant les yeux de l'adversaire, pour qui s'ouvrirait le piége, et il trembla que ce ne fût pour lui.

Mais le sort, nous l'avons dit, jetait ce jour-là toutes ses bonnes chances sur Bernard et son compagnon. Le premier mot de Sylvie à Cadenet fut celui-ci :

— Comment avez-vous promis à mon mari de me faire société tout le jour, monsieur? Abandonnerez-vous donc votre ami blessé, que vous soignez avec tant de dévouement?

— Ah! mon Dieu, pensa Cadenet, elle me fournit mon exorde. Il est vrai, reprit-il, madame, que j'ai là-haut un ami; mais comment le savez-vous, je vous prie?

— Mon mari me l'a dit.

— Lui à qui j'avais tant recommandé le secret?

— On n'a pas de secret pour sa femme monsieur, surtout pour une femme discrète.

Cadenet salua obligeamment.

— Supposeriez-vous, continua-t-elle, que j'aidasse par

une indiscrétion à la ruine d'un de ceux que vous aimez ? Je n'ai point l'âme méchante, croyez-le bien.

— Oh ! je le crois, s'écria Cadenet. Comme c'est heureux, se dit-il tout bas.

— Et je vous saurais gré, reprit Sylvie, de n'avoir avec moi aucune réserve au sujet de vos amis, même ne fussent-ils pas les miens. Car je vous vois tellement embarrassé avec moi, que, je le sens, vous me cachez quelque chose.

— Quoi donc, madame?

— Vous eussiez déjà dû me parler de quelqu'un... dont vous ne me parlez pas.

— Je vous jure que je comprends mal...

— Vous comprenez à merveille. Au surplus je vais bien vous aider... Ce gentilhomme blessé que vous cachez dans votre chambre pour qu'il échappe aux condamnations sévères prononcées contre le duel, je le connais, monsieur de Cadenet.

— Bah !... s'écria celui-ci avec stupéfaction.

— Je l'ai vu, dit froidement Sylvie.

Cadenet fit un mouvement d'effroi, qui témoignait du peu de confiance que lui inspirait la magnanimité d'une femme si curieuse.

— J'avais des doutes, continua la jeune mariée, je voulais les éclaircir, et, hier au soir, tandis que mon frère tenait tête à nos convives, tandis que mon mari servait madame la maréchale, et que vous étiez monté à votre chambre, je ne vous dirai pas comment j'ai fait, mais je suis parvenu à voir M. de Preuil, pâle et défiguré, sur son lit.

Cadenet ouvrit les bras comme un homme qui s'avoue vaincu.

— Et vous étiez resté une heure seul avec moi, dit Sylvie, et vous m'aviez conté mille charmantes niaiseries, et vous m'aviez assez misérablement jugée pour ne me pas dire : Madame, vous voilà maîtresse de cette maison, le hasard a voulu que j'y amenasse votre ennemi, je le confie à votre loyauté.

Cadenet se tut : ce fut sa meilleure réponse.

— Ecoutez, lui dit Sylvie, je n'ai pas de raisons pour vouloir du bien à M. de Preuil. Il m'a fait un de ces outrages que les femmes pardonnent rarement. Peut-être, si je l'eusse retrouvé dans le monde en bonnes conditions pour se défendre, peut-être eussé-je cherché à me venger. Oh ! comme se venge un amour-propre sur un autre amour-propre, voilà tout, car à présent me voilà mariée, et par conséquent désintéressée aux trois quarts. Mais il s'agit d'un pauvre homme blessé, mourant !... Vous pensiez donc que je me vengerais sur sa fortune, sur sa liberté, sur sa vie ?

— Eh bien ! répliqua Cadenet, apprenez donc la vérité tout entière : Bernard n'est ni blessé, ni mourant ; sa fortune, sa liberté, sa vie sont toutes perdues, sans que vous vous en mêliez, et puisque vous parlez de vengeance, voyez si la destinée vous a laissé de lui un seul cheveu duquel vous puissiez exprimer une souffrance.

Aussitôt, sans préliminaires, sans restrictions, Cadenet raconta à la jeune femme l'épouvantable catastrophe des Bordes, et son récit fut plus d'une fois interrompu par les larmes et les sanglots de celle à qui la Vienne avait donné la compagnie de Cadenet comme récréative et joyeuse par excellence.

— Monsieur ! s'écria-t-elle à la fin de la douloureuse histoire, je n'ai pu être sa femme, je serai sa sœur, peut-être indigne, mais dévouée. Monsieur, je vous en conjure, prévenez-le, dites-lui que je pleure et que je vais prier pour lui, et promettez-moi, sur l'honneur, que vous me conduirez à son chevet sitôt qu'il voudra bien me recevoir.

— Cordieu ! vous êtes une bonne femme, vous, dit Cadenet attendri et transporté tout à la fois, il faut que je vous embrasse ; madame, tant pis pour vous si vous êtes bonne en même temps que vous êtes jolie !

En effet, il l'embrassa de si grand cœur, que la Vienne lui-même n'eût pu se fâcher d'un hommage rendu avec tant de sincérité aux mérites de sa femme.

— Oh ! dit Cadenet en redoublant, si l'on savait tout le plaisir que peut goûter un véritable appréciateur de la vertu !

Quant à Sylvie, elle supporta sans impatience les accès de cet enthousiasme pour sa belle action.

— Allez, allez vite, interrompit-elle au sixième remerciment, allez monsieur, apprendre à notre ami ce que vous savez désormais que je pense.

— Mais il est sorti, dit Cadenet.

— Sorti ! en un pareil état !

Cadenet acheva l'histoire par la transformation de Bernard et l'élan de colère qui l'avait conduit chez le président.

— Au moins, monsieur, dit Sylvie, allez au-devant de lui, ne le laissez pas si longtemps seul. Ramenez-le. J'irais plutôt moi-même !

— Je crois que vous avez raison, répliqua Cadenet.

Et il la quitta. Mais à peine dehors, il réfléchit que toutes ces gracieusetés de l'aimable fille n'avaient pas modifié la situation vis-à-vis de M. de Luynes, lequel lui reprocherait tout aussi bien d'assister Bernard à midi qu'il lui eût reproché de l'aider à dix heures.

Dans cette perplexité, il s'abstint, et, flânant comme un beau désœuvré le long de la rue Saint-Antoine, seul chemin que pût prendre Bernard à son retour, il le guetta pour l'avertir au passage; mais ce fut lui qu'on arrêta. M. de Luynes apparut tout à coup à cheval au coin de la rue Saint-Paul, toucha l'épaule du rêveur et l'emmena du côté des Célestins, sans que le frère cadet risquât une seule observation envers le frère aîné. De sorte que, pendant cet entretien, des plus importants, sans doute, Bernard fut oublié absolument.

Il était allé au palais, secouant, à chaque pas de la mule, son cœur endolori dans sa poitrine vide et ses idées vacillantes dans son cerveau.

Le président était sorti, nous l'avons vu au Louvre; Bernard dit son nom, s'assit dans l'antichambre, et sa fatigue était telle, qu'à peine assis, à peine délivré du souci de maintenir le corps en équilibre, il s'endormit la tête appuyée sur la muraille.

Une invitation amicale le tira de cette léthargie, il ouvrit les yeux sans pouvoir calculer combien de temps cet oubli de toute souffrance avait duré ; devant lui était monsieur de Harlay, dont la physionomie exprimait une sorte de respect pour sa faiblesse et son malheur.

Bernard se leva ; le vieillard lui prit la main, et l'emmena dans son cabinet où il le fit asseoir.

— Je sais, dit-il, ce que vous venez faire ici. Je savais votre retraite. J'ai eu de vos nouvelles par le médecin qui vous a soigné. A votre âge on vit quand même. Vous voilà vivant. Dieu soit loué !

— Monseigneur, murmura Bernard, est-ce réellement un bienfait du ciel ? Si vous me l'affirmez, je serai bien heureux, car j'aurai obtenu de vous ce que je viens chercher ici.

— Quoi donc ? mon enfant.

— La vengeance ! monseigneur. Qu'on ait tué mon père, mon frère ; qu'on ait répondu à ma plainte par une accusation, par des menaces, soit. Dieu le laisse faire... mais, vous ?...

— Moi, je n'ai pu l'empêcher, dit le président.

— C'est donc une affaire entre les meurtriers et moi ; oui, monseigneur, j'aurai bien le droit, j'espère, de leur faire payer, quand je les connaîtrai, le sang d'un vieillard, d'un enfant !... Oh ! monseigneur, mon pauvre petit frère !... Faudrait-il donc que je ne tinsse pas sous mon genou, sous mon épée, celui qui a eu le cœur de poignarder cette innocente créature !

— Écoutez, reprit gravement monsieur de Harlay, je vous arrête ici, sur ce mot même. Vous me paraissez faire jouer à Dieu, dans cette catastrophe, un rôle au-dessous de sa toute-puissance, au-dessous de sa divine miséricorde. J'ai fait l'enquête moi-même, visité moi-même la place du meurtre, les ruines incendiées; j'ai tout vu, et si je ne sais pas tout, j'en sais plus que qui que ce soit au monde. Pleurez votre père, le plus loyal, le plus courageux de mes amis. Pleurez cette pauvre femme qu'ils ont faite martyre de son dévouement. Mais ne pleurez pas encore votre jeune frère, car rien ne prouve qu'il soit mort, puisqu'on n'a pas retrouvé son corps avec les autres.

— Monseigneur ! monseigneur ! s'écria Bernard au désespoir, le fleuve est grand, la berge est profonde, l'eau rapide.

— Je vous dis, continua monsieur de Harlay, qu'il n'y a pas eu de cadavre retrouvé dans le fleuve. Oh ! vous secouez la tête, ayez donc plus de confiance dans ma parole. Si j'avais perdu tout espoir, je ne vous dirais point de ne pas désespérer.

Bernard allait répondre quand on frappa aux portes du cabinet. Un message fut remis au président : c'était la notification du jugement prononcé par une autre chambre contre du Bourdet et ceux de son nom; c'était l'avis de confiscation et de saisie des biens; c'était, en outre, un ordre en règle, signé Marie de Médicis, de ne donner aucune suite à l'affaire.

Le président, sans dire un mot, tendit à Bernard la signification et l'ordre.

— Mais ennemis m'écrasent! J'ai donc des ennemis? murmura Bernard avec stupeur.

— Pauvre enfant! dit monsieur de Harlay, ce ne sont pas vos ennemis à vous!... Ah! si vous saviez... Plus tard, si je vous juge mieux, nous verrons. Soyez calme, soyez brave, soyez prêt!... Vous êtes mon fils, maintenant, je veux que vous comptiez sur moi comme sur votre père. Vous protéger, vous aider, est un devoir impérieux pour moi!

— Monseigneur!...

— Ce n'est pas que vous n'ayez aussi des amis. Vous en avez et de puissants, tout cachés qu'ils soient. Vous en avez, vous dis-je, témoin cette lettre de monsieur de Vendôme que j'ai remise au roi tout à l'heure, et qui certainement a été sollicitée de monsieur de Vendôme par quelqu'un qui s'intéresse à vous; car les princes ne protégent personne sans de bonnes raisons.

— Qui donc s'intéresserait à moi, monseigneur?

— Je le saurai, je vous l'apprendrai, ne fût-ce que pour vous rendre courage.

— Ce sera une compensation, monseigneur; mais veuillez plutôt m'apprendre le nom de mes ennemis. Oh! ce sera un véritable service, moins creux que l'espoir... L'espoir! c'est une torture de plus.

— Silence! Soyez homme, vous dis-je. Être homme,

c'est se fier à Dieu ; c'est, par sa vertu et par sa patience, forcer Dieu lui-même à se mettre de notre parti.

— Ce ne sont ni mes biens confisqués, ni les menaces qu'on me fait que je recommande à la sollicitude de Dieu ; c'est la vengeance, c'est mon frère, c'est...

— Je vous ai dit : Silence ! Vos biens confisqués seront donnés à quelqu'un, j'en réponds. Ce quelqu'un, son nom nous révélera bien des choses. Je le saurai dès ce soir. Ce soir, vous le saurez de moi.

— Merci, oh ! merci, mon cher seigneur !

— Et je vous répète que vous êtes mon fils, que ma maison vous est ouverte, qu'à partir de ce moment vous y pouvez loger, vivre. C'est votre asile.

— Monseigneur, je vous rends grâces très-humblement, mais il ne serait pas honnête à moi de vous apporter mes misères, mes dangers, le contact empesté, mortel de ma destinée ! Non, je saurai, comme les loups, aiguiser mes dents pour la défense et pour l'attaque. J'ai un parent dans le métier des armes, il me prendra comme soldat, il me montrera comment on se venge, comment l'on tue !... Il m'aidera lui, à qui m'avait recommandé ma mère !

— De quel parent parlez-vous ? demanda le président avec inquiétude.

— D'un homme vaillant, dont l'épée eût mis en fuite tous les bandits, d'un célèbre capitaine qui n'eût pas laissé égorger son neveu et son beau-frère, du chevalier de Pontis !

— Pontis ! s'écria M. de Harlay, l'œil brillant d'un feu que jamais Bernard n'eût soupçonné en ses yeux éteints,

Pontis est votre oncle! Oh! mon enfant, ne prononcez jamais ce nom tout haut, ne mettez point M. de Pontis dans votre intérêt, ne compromettez pas d'avance ce défenseur, l'unique ressource d'une des plus illustres causes qui jamais aient ému le monde. Bernard de Preuil, écoutez-moi bien : je vous somme, tant que je vivrai, de ne point solliciter l'aide de votre oncle. Je suis-là, je suffis. Demandez-moi tout ce que vous voudrez, mais ne faites rien qui appelle l'attention sur ce nom de Pontis, qu'un jour, jour prochain, Dieu fera jaillir de l'ombre, flamboyant, terrible comme une épée du fourreau. Mon fils, au nom de votre père, au nom de votre mère, qui vous a peut-être appris à respecter ma parole, jurez-moi que vous vous tairez!

— Monseigneur, si vous me permettiez au moins de comprendre qu'un jour ceux que je pleure seront vengés...

— Ils le seront d'une façon si effrayante, que leurs cendres s'agiteront de joie dans leur cercueil comme d'autres cendres autrement fameuses qui attendent aussi la vengeance...! Mais en voilà trop pour nous deux, reprit le président plus pâle, retournez, mon fils, retournez vous reposer ; avant la fin du jour vous aurez entendu parler de moi.

Il releva Bernard, le serra tendrement dans ses bras, sans qu'un signe d'émotion apparût sur son visage de marbre, il le conduisit à la porte, mit un doigt sur ses lèvres, et rentra seul en murmurant :

— Oh! oui, je le jure encore, tout sera payé à la fois.

CHAPITRE VIII

Traces retrouvées.

Bernard s'en revenait lentement, et déjà la mule, sentant son écurie, s'arrêtait sous la porte de la maison pour laisser descendre son cavalier, quand le jeune homme, levant les yeux, aperçut en face de lui, à une fenêtre, Sylvie, qui le regardait avec la compassion la plus tendre.

— Sylvie!... suis-je dans le pays des rêves, se demanda Bernard, déjà troublé par l'excès des fatigues et des douleurs accumulées en cette matinée.

Son premier mouvement fut l'hésitation, le second fut de saluer d'une manière glaciale et de fuir. Mais aussitôt il entendit crier derrière lui : Bernard! Bernard! et Cadenet entra rapidement dans la maison du baigneur.

Mais l'intention de Bernard n'avait pas échappé à Sylvie, qui se retira de la fenêtre, triste et découragée.

— Qu'est ceci, Cadenet? demanda Bernard, qui se laissait porter par le laquais plutôt que conduire dans une salle du rez-de-chaussée. Sylvie ici!... est-ce une persécution, un guet-apens?

— J'arrive trop tard! s'écria Cadenet. Je devais te raconter... mais le frère aîné m'a emmené, m'a fait causer, et pendant ce temps-là tu as passé. Eh bien, oui, Sylvie est ici. Je ne te le cacherai pas.

— Alors, je m'en vais. Aide-moi à trouver une autre hôtellerie.

— Laisse-moi donc parler... Sylvie n'est pas du tout ce que tu crois ; elle est mariée.

— Tant mieux pour elle, mais ce n'est pas une raison pour que je reste sous le même toit que cette femme ?

— Impossible de faire autrement. L'homme qu'elle a épousé, c'est le gros la Vienne...

— Le baigneur ?

— Mon Dieu, oui.

— En sorte qu'elle est chez elle ici ; en sorte que je suis chez elle, moi !

— Parfaitement, et la maison n'en sera point pire, je t'assure.

Bernard regarda son ami d'un air assez dédaigneux, et lui dit :

— Tu comprends que je n'ai pas la prétention de t'empêcher de loger où bon te semble. Mais ce qui est pour toi un surcroît de bonne fortune, est pour moi un coup de massue. Voir mademoiselle ou madame Sylvie, impossible. Voir peut-être ce grand coquin de capitaine, son escogriffe de frère, non ! non ! jamais ! Allons, sois assez bon pour me prêter une pistole, et je m'en vais.

— Que de balivernes, murmura Cadenet en prenant le jeune homme par les épaules et en l'asseyant doucement en face d'un bon feu, dont la clarté joyeuse et la douce chaleur engourdirent un moment le sang tumultueux du pauvre Bernard.

— Que vous êtes facile, Cadenet, répliqua-t-il ; est-ce là le monde de la cour !

— Un peu. Mais raisonnons. J'ai causé avec Sylvie. Ne l'as-tu pas outragée, en la refusant, dis ?

— J'avais mes raisons, peut-être.

— Confie-les moi.

— Bah ! à toi, qu'elle a gagné, je le vois.

— Oh ! oui, elle m'a gagné complétement, car elle m'a dit : Je n'ai nulle haine contre M. de Preuil. Il m'a offensée, je lui pardonne, il est malheureux, je lui tendrai la main, il souffre, je le soignerai. Le hasard l'a mené en ma maison, cette maison sera pour lui la maison d'une sœur dévouée.

— Elle a dit cela, Cadenet ?

— Mieux que je ne le répète. Tu comprends bien que je n'ai pas sa bouche, moi, et ses yeux, et la jolie petite main qui fait ses gestes.

— Tu penserais qu'on pût se fier à elle ?

— J'en réponds.

— Et moi je vous le jure, dit Sylvie elle-même en passant sa tête par la porte entrebâillée. Voyons, monsieur Bernard, permettez-moi de vous serrer la main avant toute explication.

Bernard se leva et tendit ses mains avec un triste sourire. Cadenet se recula discrètement.

— Je profite, ajouta Sylvie, du moment où mon frère et mon mari sont absents pour échanger avec vous quelques paroles, car M. la Vienne ignore que je vous aie jamais connu... et je désirerais qu'il l'ignorât toujours.

— Leur mariage a été un peu précipité, tu comprends? dit Cadenet.

— Je comprends...

— Votre conduite envers moi aux Bordes fut si cruelle!... reprit Sylvie.

— Madame...

— Il faut que vous me rendiez un service, dit-elle vivement. Je le réclame de votre loyauté. Pourquoi avez-vous rompu ce mariage si brusquement?

— Mais... de grâce...

— Pas de détours; il faut que je sache aujourd'hui quels sont mes ennemis. On m'a nui auprès de vous, auprès de votre famille... De la franchise, je vous prie. Songez qu'aujourd'hui j'ai à répondre de mon passé à un mari. Ce passé, on l'a peut-être incriminé... De la franchise, monsieur de Preuil, je vous en conjure.

— Eh bien, madame, en effet, ce mariage allait s'accomplir; j'étais tout prêt; j'étais loin d'y avoir aucune répugnance. Tu en es témoin, Cadenet.

— Je l'affirme.

— Je n'en avais pas non plus, dit Sylvie, en rougissant de telle sorte que Bernard, en toute autre occasion, lui eût su gré de cette aimable rougeur.

— A ce moment, continua Bernard, un avis nous arriva: « N'épousez pas Sylvie. » Voilà tout.

— Comment, voilà tout! s'écria-t-elle le cœur tout palpitant... Mais vous teniez peu à moi, pour avoir tout rompu sur des mots aussi vagues... De qui donc venait-il, cet avis?

— Oh! permettez, madame...

— Alors, monsieur, c'est que vous ne me dites pas toute la vérité. Ne me ménagez point, je vous le répète. Vous y mettez encore aujourd'hui une délicatesse qui me porte le plus grand préjudice. En me taisant le nom de ceux qui m'ont trahie — accusée, veux-je dire — vous me privez de connaître des ennemis mortels, à qui, dans l'occasion je suis femme à rendre le mal avec usure.

— Je proteste, madame, que je ne sais rien que les seuls mots dont je vous ai parlé.

— Encore une fois, de qui venaient-ils? le nom du dénonciateur?

— Je fais serment que je ne le sais pas, dit Bernard, tournant la difficulté d'un aveu par cette petite subtilité.

— Hélas! reprit Sylvie, et c'est sur un indice aussi vague que j'ai été sacrifiée, moi qui espérais tant de ma jeunesse, de ma bonne volonté de plaire! moi qui avais fait tant de serments de rendre heureux l'homme qui m'honorerait de son alliance... et qui eusse tenu ces serments? Tenez, monsieur, voici une mauvaise pensée qui m'arrive, mais je veux vous la dire : j'eusse lutté plus énergiquement pour vous conquérir, si j'eusse pu savoir que vous n'aviez contre moi qu'un soupçon sans preuves.

Bernard baissa la tête.

— Voyez-vous, continua la jeune femme en s'adressant a Cadenet, il ne m'estime même pas assez pour me dire la vérité. Eh! bien, je serai plus brave que vous, M. de Preuil, je vous prouverai ce que c'est qu'une femme courageuse, ardente au bien, ardente au mal dans l'occasion; je vous donnerai de moi une telle opinion, par ce que vous me verrez faire, que si vous ne vous repentez point de m'avoir refusée, — peut-être avez-vous bien fait, — vous vous applaudirez au moins de m'avoir prise pour alliée, pour compagnon, pour amie. Est-ce convenu, M. de Preuil? et si je vous demande, à un moment donné, des renseignements moins vagues sur la dénonciation et le dénonciateur, me les confierez-vous, me connaissant mieux?

— Tout ce que j'apprendrai, madame, je vous le ferai connaître.

— Merci; je ne suis plus aujourd'hui la petite fille qui veut être mariée. J'ai pris un époux dont bien des gens haussent les épaules, je le sais, mais il m'affranchit, il m'émancipe; j'ai maintenant le droit de regarder en face ceux qui, autrefois, me faisaient baisser les yeux. J'ai le droit et la force; j'en userai pour me venger. J'espère que je m'explique.

— Vous avez à vous venger aussi? demanda Bernard.

— Au premier venu je répondrais que ma vie étant sans passé, mon cœur est sans fiel. A mon allié, à un gentilhomme loyal, je réponds : Oui, et cruellement.

— Pauvre la Vienne, pensa Cadenet, pourvu qu'elle ne se venge pas trop sur lui.

— Nous voilà bien compris l'un de l'autre, conclut

Sylvie. Si je ne me suis pas trompée sur votre compte à tous deux, vous devez m'aimer en ce moment un peu plus qu'il y a une demi-heure.

— C'est vrai, repartit Bernard.

— Oh! moi, dit Cadenet, j'avais déjà atteint le maximum.

— Vous, vous m'aimeriez trop si je le voulais bien, dit en souriant la spirituelle femme.

— Je l'avoue.

— Eh bien! nous verrons à modérer ce trop, dit-elle en regardant Cadenet, par ce trop peu, dit-elle en regardant Bernard.

Tous deux lui prirent une main; Bernard pressa, Cadenet baisa la sienne.

— Monsieur de Preuil, ajouta madame la Vienne, sortez peu, ne vous compromettez pas. Depuis une heure, mes valets m'ont rapporté qu'il rôdait beaucoup de gens suspects autour de cette maison. J'ai pensé que vous étiez fort mal logé là-haut avec M. de Cadenet... J'aime mieux pour vous, pour votre santé d'abord, pour votre sécurité ensuite, une chambre au rez-de-chaussée, comme celle où vous êtes en ce moment, par exemple. Et, dans cette prévision que vous m'approuveriez, je l'ai fait préparer pour votre usage. Elle a une sortie sur la rue. Elle communique avec une autre que M. de Cadenet pourra, s'il lui plaît, occuper, afin de se trouver toujours près de vous. Ne me contestez rien ni l'un ni l'autre. Nous sommes amis, vous m'avez donné votre parole, et, d'ailleurs, ajouta-t-elle avec une grâce qui acheva de lui gagner les deux gentilhommes, je me suis mise tout à l'heure à votre discrétion.

Elle leur fit une révérence sur ces mots, et sortit, laissant Cadenet fort épris de ces façons franches et libérales, Bernard plus étourdi que jamais de tout ce que le hasard lui déroulait sous les yeux d'événements étranges et de figures bizarres.

Un silence de quelques instants régna entre les deux amis, après que le dernier froissement de la robe de Sylvie se fut éteint dans le corridor.

— C'est qu'elle a raison, reprit Cadenet le premier, voilà dans ta chambre tous les effets que nous avons laissés là-haut. Et Dieu me pardonne, en voilà d'autres que nous n'y avions pas...

En effet, une armoire en bois d'ébène, sculptée finement sous Henri II, renfermait du linge, des dentelles et les mille recherches de la toilette d'un élégant gentilhomme, à cette époque suprême de l'élégance et du bon goût.

— Oh! oh! dit Bernard, un moment, cette protection amicale passe les bornes; je n'aime pas à être protégé ainsi, moi.

— Toi! s'écria Cadenet enthousiasmé, tu n'es qu'une oie, qu'un bélître, qu'un bœuf! Et Sylvie, vois-tu bien, est une femme incomparable. Je crois que vous vous piquez de délicatesse, monsieur le croquant. Vous n'y entendez rien, auprès d'une femme!

— Là, là! dit Bernard, chacun a sa façon d'être délicat. Accepter broderies, dentelles, parfums, quand je n'ai pas même dans ma bourse la pistole que je te demandais tout à l'heure, je n'appelle point cela une fleur de probité, mon maître.

— En vérité, Bernard, je ne ferai jamais rien de vous. Où sommes-nous ici? A l'hôtellerie, mon cher, dans une maison de baigneur. Qu'y fait-on? On s'y baigne, on y mange, on y boit, on y couche. As-tu vu par hasard les voyageurs en entrant dans une bonne chambre bien chauffée, bien garnie, se dresser sur leurs ergots comme des coqs de mauvaise humeur, et dire aux valets : « Qu'est-ceci?... Que vois-je ici?... Feu?... Draps blancs au lit?... Huiles parfumées?... Çà! m'insulte-t-on?... Que vois-je encore?... Poulets, vins vieux, chère exquise?... Ah! me prend-on pour un coquin?... Jetez-moi toutes ces délicatesses, ou je vous passe ma lame au travers du ventre! » Voilà ce que tu fais, pauvre Bernard.

— C'est fort joli, ce que tu dis là; mais ces voyageurs ont l'intention de payer ce qu'on leur offre.

— Ne l'as-tu pas, cordieu! dit Cadenet tordu comme un capitan espagnol.

— J'ai l'intention, peut-être, mais non la faculté.

— Apprends que c'est ici une bonne maison où l'on fait noblement crédit. Ne me le fait-on pas, à moi, depuis une année? Et j'accepte pour ne point désobliger la Vienne, un homme. Que serait-ce, s'il s'agissait de ne point désobliger Sylvie, la perle des femmes?

Bernard se laissa aller dans un fauteuil, incapable de

continuer la lutte avec un jouteur d'une telle logique et de tels poumons.

— Nous venons de niaiser assez, reprit Cadenet en s'asseyant près de lui et en débouchant une fiole à long col, qui se rencontra sous sa main par mégarde, tant cette chambre était partout meublée. Reprenons notre sang-froid, et laisse-moi te communiquer certaines idées qui viennent de m'être suggérées par un cerveau plus exercé que le nôtre. Est-tu capable de m'entendre, pauvre Bernard?

— Oui, mon ami, je suis capable de tout maintenant.

— Bien, bois-moi ce doigt de vin que je soupçonne être du vin d'Alicante à ce ton bistré dans lequel tremble un rubis splendide, c'est le nectar des malades. Je crois que j'ai senti un biscuit sous ma manche; mon Dieu, oui, le biscuit s'y trouve. Cette maison est unique. Oh! bois, ce n'est point pour procurer à ton palais une satisfaction vulgaire, mais pour donner à ton cœur la force dont il a besoin pour m'entendre jusqu'au bout.

Bernard obéit et se disposa.

— Encore un nouveau choc? dit-il. Allons.

— Sinon un nouveau coup, mon pauvre compagnon, du moins un déchirement de vieille plaie. Je viens de causer avec M. de Luynes, là, près des Célestins — en t'attendant.

— Eh bien!

— Eh bien! il ne prodigue pas les paroles, tu sais, mais quand elles sortent, elles sortent bonnes.

— J'écoute — bon ou pire — va.

— Tu m'as, ce matin, au réveil de ce douloureux somme d'un mois entier, tu m'as laissé entendre un mot que j'ai jugé être d'une certaine importance, et, je l'avoue, je l'ai rapporté à mon frère.

— Quel mot, Cadenet?

— Tu m'as parlé d'une femme qui logeait aux Bordes, quand l'événement est arrivé.

Bernard rougit et garda le silence.

— D'une femme qui s'y cachait, ou qu'on y cachait, m'as-tu dit. — Voyons, rétracte-toi ou poursuis ; il y va de tout ton avenir, et sois plus net avec moi qu'avec cette bonne Sylvie. Quelle était cette femme?... je crois que tu hésites?

— J'hésite, parce que je ne vois pas encore le but de tes interrogations.

— Tu ne le verras que trop tout à l'heure, ce but. Je ne suis pas homme à dissimuler longtemps, moi ; tâche de m'imiter, pour que nous avancions un peu plus

— Je ne sais pas le nom de cette femme, dit Bernard, seulement c'est d'elle, je te l'avouerai, que venait l'avis que j'ai reçu de ne pas épouser Sylvie.

— Oh! oh!... Quel intérêt y avait-elle donc? Comment est cette femme?

— Très-belle!

— Ce n'est pas un signalement, cela.

— Mais... enfin...

— Ah çà, voyons, tiens-tu à savoir ce que c'est que cette femme-là, ou n'y tiens-tu pas?

— Si j'y tiens! ne le sens-tu point dans mes réticences mêmes et dans le soin que je mets à garder le secret qu'elle m'a demandé.

— Elle t'a demandé le secret! s'écria Cadenet avec une vivacité fougueuse. Bon! retiens cela d'abord. Nous y reviendrons. Or, si tu veux savoir qui elle est, aide-moi.

Bernard traça un signalement poétique dont Cadenet fut médiocrement satisfait, déclarant que toutes les femmes du monde pouvaient revendiquer un portrait pareil.

Bernard, entraîné, raconta alors que cette femme mystérieuse était celle qui avait au Louvre protégé sa fuite chez la reine mère.

— Chez la reine mère! nous y voilà, s'écria Cadenet; elle était chez la reine mère?

— Sans doute.

— Oh! mon frère!... comme il a toujours raison. Elle était chez la reine mère! une de ses créatures, un de ses espions! très-bien!

— Cadenet!

— Bernard, taisez-vous, et ne faites qu'écouter, malheureux! Qu'allait faire chez vous, aux Bordes, une femme à la reine mère, au moment où une bande de gens à la reine mère épiaient l'heure d'assassiner toute votre famille?

Bernard, atterré d'abord, voulut ensuite se récrier. Cadenet l'interrompit :

— Pourquoi cette femme vous demandait-elle le secret

sur sa présence chez vous? Pourquoi a-t-elle disparu, si bien que dans tout ce procès on ne la retrouve pas?

— Malheureux! s'écria Bernard à son tour, ne vois-tu pas que la pauvre créature que tu sembles accuser aura péri comme mon petit Aubin!...

— Allons donc, interrompit Cadenet, est-ce que, si elle avait péri, nous ne le saurions pas à la cour? Est-ce qu'une femme de la cour, une femme à la reine mère, que tu as vue au Louvre, et qui a pu te faire ouvrir des portes dont la reine seule a la clef; est-ce qu'un personnage de cette importance n'eût pas fait un vide en disparaissant?

— C'est vrai, murmura Bernard.

— Est-ce que tout le monde, aujourd'hui, ne te dirait pas : Mademoiselle X... ou madame X... a disparu?

— Je l'avoue.

— Donc, si on ne le dit pas, c'est que cela n'est pas. C'est que la personne, si bien cachée chez toi, est revenue au Louvre; c'est qu'après avoir fait dans ta maison ce qu'on l'avait chargée d'y faire, elle vit tranquillement dans l'oubli et dans l'impunité.

— Mon Dieu! mais que peut-elle avoir fait chez mon père?...

— Écoute. Quand des malfaiteurs veulent piller une maison, comment s'y prennent-ils? N'as-tu donc pas ouï dire que toujours ils se sont ménagé des intelligences dans cette maison pour la bien connaître, pour y bien réussir?...

— Oh! tu l'accuserais?

— Je trouve bien plus étrange que tu ne l'accuses pas, toi, et que tu ne te sois pas déjà posé cette question : Pourquoi est-elle venue aux Bordes? Pourquoi ne l'a-t-elle pas dit depuis? Pourquoi ne la connaît-on pas quand mon père est accusé de haute trahison, quand mes biens sont confisqués, quand moi-même, à chaque pas, je risque ma tête? — Réponds à cela.

— Que veux-tu que je réponde?

— Conteste donc, au moins! tu m'instruiras.

— Ne vois-tu pas que je roule d'abîmes en abîmes, d'horreurs en horreurs? Ne vois-tu pas que j'appelle la foudre au ciel, ne fût-ce que pour m'éclairer?

— M. de Luynes est plus positif que toi, lui qui a moins d'intérêt que toi à tout savoir. Il affirme que le secret de tous tes malheurs tient évidemment à cette seule femme, et que tu ne sauras rien tant que tu ne l'auras pas découverte.

— Peut-être a-t-il raison, murmura Bernard. Car elle sait tout, et pourtant elle n'a rien dit, rien pour me défendre ou me condamner. Oh! si je la voyais!

— Le désires-tu, au moins? s'écria Cadenet.

— Si je le désire!... Tiens, pour la voir, pour lui parler, je donnerais à couper mes poings, ma tête...

— Eh bien! si tu as dit vrai, si cette femme est réellement celle que tu rencontras chez la reine mère, sa vue te coûtera moins cher que les bras et la vie. Veux-tu que je te procure cette satisfaction?

— Cadenet!... je te le demande à mains jointes.

— Pas plus tard que ce soir, tu seras exaucé.

— Comment?...

— Ce soir, la maréchale d'Ancre reçoit toute la cour au Louvre. Toute la cour y sera, entends-tu bien. Je dis toute. Celle de la reine mère à plus forte raison. Ton inconnue en fait partie ; tu vois que c'est bien simple de l'y voir.

— Mais est-ce que je puis entrer au Louvre, moi?

— Je t'y mènerai ; je te cacherai en un lieu d'où tu verras tout le monde, et je te réponds de t'y aider de grand cœur.

— Merci, mon ami, mon véritable ami. Tu viens de prononcer les premiers mots qui depuis un mois aient endormi la souffrance de mon cœur.

Un valet les interrompit en heurtant à la porte. Il tenait dans ses mains une petite cassette fort lourde, qu'il remit à Bernard.

— Qu'est-ce que cela? dit le jeune homme.

— Vous voyez, monsieur, c'est un coffre que vient d'apporter un inconnu, à votre adresse.

Cadenet, voyant Bernard hésiter, ouvrit. Le coffre contenait mille pistoles.

— D'où vient cela? murmura Bernard. Où est l'inconnu?

— Parti, monsieur.

— Je devine, dit Bernard. Laisse-nous, mon garçon. Vois-tu, Cadenet, c'est ce bon président qui m'a offert tout à l'heure ses services en véritable père. Mais la somme est trop forte pour que je l'accepte.

— Trop forte aussi pour qu'il l'offre, répliqua Cadenet. M. de Harlay n'est pas assez riche pour avancer mille pistoles d'un seul coup.

— Alors, qui donc enverrait... si ce n'est lui ?

Une seconde fois la porte s'ouvrit. Le même valet rentra.

— Voici une lettre avec un petit sac, dit-il, pour monsieur, de la part de M. le premier président.

Bernard et Cadenet se regardèrent.

Cadenet ouvrit le sac qui renfermait cent ducats.

Bernard décacheta la lettre, où il lut ces mots écrits de la grande écriture solennelle du vieillard :

« Patientez avec cet argent, que vous envoie votre ami le meilleur. La confiscation de vos biens est donnée au comte Siete-Iglesias.

ACHILLE DE HARLAY.

— Oh ! s'écria Bernard en serrant les poings, il sera aussi ce soir à la fête de la maréchale, n'est-ce pas ? le lâche qui vole mes dépouilles sanglantes !

— Tais-toi, malheureux ! dit Cadenet, tais-toi, où je ne te mène pas au Louvre. Ce n'est pas pour voir un homme, mais une femme, que je t'ai promis mon assistance. Tais-toi !

CHAPITRE IX

L'énigme

La maréchale d'Ancre avait fait de grands préparatifs pour rendre sa fête digne des hôtes à qui elle la destinait. Il devait être dansé un ballet curieux par les plus belles personnes et les plus galants seigneurs de la cour. On parlait aussi d'une mascarade ingénieuse et de plusieurs surprises, parmi lesquelles un feu d'artifice à l'italienne tiré sur la rivière dans des bateaux, et dont le coup d'œil serait merveilleux. La reine mère s'employa très-activement à mettre ses propres ressources, aussi bien que son palais, à la disposition de sa compatriote.

Vers les sept heures du soir, les conviés arrivèrent. Ce fut une affluence magnifique. Bientôt les appartements de la maréchale furent remplis, et peu à peu la galerie du Louvre elle-même, que l'on avait éclairée, fut envahie comme en une fête royale.

Cependant rien n'avait été commencé des ballets et du spectacle, parce qu'on attendait encore Leurs Majestés. La reine mère fit son entrée avec une grosse cour, dont les flots se mêlèrent bruyamment aux flots agités qui déjà battaient les murailles et refluaient jusque sur les paliers.

La régente était menée par le maréchal d'Ancre, qui

l'avait été chercher jusqu'aux portes de chez elle. Concino rayonnait. Recevoir chez lui, au Louvre, une reine, veuve, belle, et lui donner la main, et faire avec elle, causant bas et répondant à ses avances, une triomphale entrée devant la plus brillante assemblée de France, n'était-ce pas être le plus honoré seigneur du royaume ? N'était-ce pas être déjà un peu roi ?

Telle fut sans doute la pensée qui amena tant de sourires équivoques sur tant de lèvres, sourires étouffés bien vite dans la courbe d'une révérence, mais que saisissait au vol l'œil ardent, soupçonneux de Léonora, qui épiait de loin l'effet de cette entrée, et, voyant l'intelligence de son mari et de la reine, pâlissait de dépit, quand d'autres eussent rayonné d'orgueil.

Cependant il lui fallut aller au-devant de Marie pour la recevoir et la complimenter. Ce qu'elle fit, mais avec l'intraitable franchise de son caractère ombrageux, qui jamais n'avait réussi à dissimuler une impression jalouse. Son embarras, sa parole distraite tandis qu'elle regardait et admirait la reine, furent remarqués sans doute, et commencèrent à jeter autour d'elle comme un souffle de glace. Marie de Médicis était si différente de la maréchale ! Grande, quand la Léonora était petite ; riche de formes et de prestance, quand l'autre était chétive et malingre ; blanche, carminée, fraîche, en présence d'un teint bistré, bilieux. Autant la parure et les somptuosités seyaient à l'ample beauté de l'une, autant l'autre se sentait écrasée, enlaidie par l'enchâssement de sa toilette de cour.

Quant à Concino, se pavanant, se prélassant dans des habits de satin brodés d'or, cousus de perles et chamarrés d'ordres, il portait haut sa tête, belle encore et rafraîchie par la satisfaction de commander à toute cette noblesse; lui, l'ancien mendiant aux flancs duquel avait battu tant de fois une gibecière vide, remplacée aujourd'hui par l'épée d'un maréchal de France !

Comme il n'était que peu de courtisans assez aveuglés pour ne point saisir ce contraste, on peut juger de la disposition des esprits au début de la soirée. La gêne fut à son comble, quand, vers huit heures et demie, Luynes aborda respectueusement la maréchale, et lui annonça que pris au moment même d'un malaise subit, le roi resterait chez lui, et envoyait ses compliments avec cette excuse.

Concino s'était approché à l'arrivée de Luynes; il entendit, il pâlit et regarda Léonora. Mais celle-ci, à l'aspect de ce désappointement du triomphateur, ne ressentit plus qu'une maligne joie. C'était donc enfin une goutte d'absinthe versée dans l'ambroisie de ce demi-dieu !

Concino demanda ironiquement au messager si la jeune reine aussi était tombée subitement malade. Luynes, sans paraître avoir compris cette ironie, répliqua d'un air empressé qu'il n'en était rien, que Sa Majesté allait à merveille, achevait sa toilette de bal et arriverait avant une heure.

Alors la scène changea. Léonora devint radieuse. Elle

avait eu sa petite satisfaction. Concino, tout au contraire, retourna, le sourcil moins uni, vers Marie de Médicis, à laquelle on put voir qu'il reprochait cette absence du jeune roi.

— Madame, lui dit-il, ce m'est un affront sensible de la part de Sa Majesté. Voilà ce que je gagne à prendre votre parti, voilà comment votre fils s'accoutume à traiter vos serviteurs... Nous nous sommes prononcés ce matin dans votre intérêt contre le président, en sa présence. Il nous garde rancune ce soir.

Marie sembla réfléchir et ne répondit rien.

— Faudra-t-il que nous en revenions sous ce règne, dit Concino s'échauffant peu à peu, aux vexations, aux avanies que nous souffrîmes sous l'autre, et dont nous eûmes tant de peine, vous le savez, à nous délivrer!

Ces étranges paroles firent passer un frisson dans les bras nus de la reine mère. Elle prit la main de Concino, la serra imperceptiblement en lui disant :

— On regarde, parlons d'autre chose.

Et s'isolant des groupes, elle sembla lui désigner un magnifique tableau de Giorgion, qu'elle admirait.

— Garde-bien, Concino, reprit-elle, que sa rancune contre toi ne vienne de plus loin que de cette affaire de Vendôme !

— Elle a été ravivée par quelque trahison de la maudite simarre rouge, dit le maréchal. Il ne perd jamais ses paroles, comme vous savez, et ce matin, il en a prononcé beaucoup sur les assassins...

— Que j'ai parfaitement entendues, et que je n'oublierai point, ajouta la reine. Mais quittons-nous, voici Léonora qui boude.

— Comme toujours quand je vous parle. Voyez-la un peu... calmez-la, pour qu'elle se contienne mieux devant tout le monde.

— Je m'en y vais tout à l'heure, répliqua-t-elle.

Il salua profondément la reine, et, la remettant à un autre groupe de princes et de dames, passa près de Léonora, qui lui dit aigrement :

— Au lieu de ne causer qu'avec la reine, causez donc un peu avec vos amis. Voilà M. d'Espernon, M. de Siete-Iglesias et la marquise de Verneuil qui vous cherchent ; vous feriez mieux de surveiller vos affaires, qui vont si mal. Croyez-vous que cette absence du roi ne cache pas quelque chose ? Insensé !... Mais non, il aime mieux faire le jeune homme avec les coquettes !... vieilles comme lui !

En parlant ainsi elle le quitta.

Mais ce qu'elle avait dit était vrai. La marquise de Verneuil venait d'entrer, mal entourée comme toute ancienne gloire qui a perdu ses rayons. Après une révérence à la reine mère qui, depuis 1610 ne lui faisait plus même l'honneur de la craindre, la favorite du feu roi, la célèbre Henriette de Balzac d'Entragues, marquise de Verneuil, avait rejoint avec sa fille un petit cercle d'amis parmi lesquels Siete-Iglesias se montrait le plus fervent admirateur.

L'ancienne beauté si fêtée avait fait place à un funeste

embonpoint sous lequel tant de grâces mignonnes étaient ensevelies. Mais ce qu'avait perdu le corps en finesse, l'esprit l'avait-il aussi perdu? Le génie du mal avait-il cessé d'habiter sous cette couche épaisse de graisse, ou plutôt ne s'y sentait-il pas mieux caché derrière un masque moins transparent?

A côté d'Henriette se tenait sa fille Gabrielle de France, née de Henri IV, princesse de quatorze ans, que son nom et l'immense fortune de sa mère faisaient l'un des plus splendides partis de France. Le comte de Siete-Iglesias, ami de la maison, se donnait là beaucoup de mouvement pour accaparer tous les sourires.

Concino s'approcha. La vile marquise, qui si longtemps avait prétendu au trône de France, ne rougit pas de saluer ce parvenu, jadis son valet, comme elle eût salué une majesté. Elle décida moins facilement sa fille, en qui, malgré la tendre jeunesse, vivait et se révoltait le sang d'un véritable roi.

Alors commença dans un coin de cette galerie, entre les quatre personnages qui s'étaient réunis, d'Espernon, Concino, l'Espagnol et la marquise, un entretien dont nul n'eût soupçonné l'importance à voir le calme des uns et la banale physionomie des autres. Ce fut M. d'Espernon qui commença.

— Voici, dit-il, mes rapports de la journée. Ce matin, le président a reçu en audience un jeune homme qui n'est autre que le beau-fils de celui que vous savez, des Bordes, échappé on ne sait pourquoi au piége.

— Et ce jeune homme, ajouta la marquise, est logé, d'après mes rapports à moi, chez la Vienne, où son ami, le petit Cadenet, l'avait apporté en secret après l'événement.

— Voilà donc pourquoi, interrompit Concino, ce Luynes disait son frère malade. Il y a complot de ce côté. Ces frères-là nous gênent; je m'en débarrasserai. Moi, ajouta-t-il, j'ai fait rendre ce matin le jugement et notifier au vieux président un ordre de la reine. C'est à n'y plus revenir.

— Oui, dit la marquise, mais le jugement ne nomme que du Bourdet et un fils qu'il avait. Il ne mentionne pas cet autre ressuscité qu'on appelle de Preuil, et qui voudra peut-être suivre quelque vengeance.

— Ses biens sont confisqués, il n'a plus un denier; d'ailleurs, nous le surveillerons, répondit le maréchal : le danger n'est pas là. Voilà donc tout ce qu'on sait du président?

— Oh! j'apporte mieux que vous tous, dit alors Siete-Iglesias lentement, comme un orateur sûr de son effet à l'avance. Aujourd'hui, tandis qu'on le croyait enfermé dans son cabinet de travail, au Palais, le président est descendu et resté une grande heure dans le cachot de mademoiselle de Coman.

A ce nom, prononcé seulement des lèvres, il y eut chez les trois interlocuteurs un mouvement d'épouvante aussi vite réprimé qu'il s'était produit. Le maréchal se détourna pour répondre à quelques personnes qui demandaient si les branles ne commençaient pas bientôt.

La marquise profita de ce répit pour dire très-haut à l'Espagnol :

— Est-ce qu'on ne verra pas encore ce soir votre belle comtesse ? Elle a été malade, je crois.

— Elle est là-bas, quelque part, répliqua Iglesias d'un ton de froid oubli, qui n'était qu'une basse courtisanerie de plus.

L'interruption finie, Concino revint à l'entretien principal.

— Êtes-vous bien sûr de ce que vous dites? demanda-t-il au comte.

— Comme je suis sûr que je vous parle.

— Encore cette Coman! dit M. d'Espernon, le sourcil froncé.

— Durera-t-elle toujours? fit tranquillement la marquise.

— C'est un épouvantail absurde, reprit Concino ; n'y a-t-il pas un proverbe de droit qui dit : *Testis unus, testis nullus*.

— Sans doute.

— Qu'est-ce que cela veut dire? demanda d'Espernon, dont l'ignorance était proverbiale.

— Cela veut dire, duc, répondit la marquise, excellente rhétoricienne, un seul témoin, pas de témoin.

— Eh! voilà tout ce qu'il faut, parfandious! s'écria le duc.

— Fort bien, répartit l'Espagnol, mais si M. le maréchal sait ce dicton, il faut supposer que le président aussi le sait, et s'il le sait il ne s'exposera pas à ce qu'on le lui objecte.

— Que fera-t-il alors, dit le maréchal, puisque son second témoin n'existe plus ?

— Il en trouvera un autre, à l'aide duquel il recommencera le procès, répondit Siete-Iglesias, et alors cette Coman jouera un terrible rôle !

— Oh ! oh !... est-ce tellement facile ? s'écria d'Espernon.

— Peut-être... dit la marquise rêveuse. En tout cas, la chose mérite examen. Venez tous trois, demain, par exemple, souper ou faire semblant à mon pavillon de la Cerisaie... que vous avez connu, duc.

Espernon rougit et regarda autour de lui.

— Que vous connaissez, comte.

Siete-Iglesias sourit et baisa la main de la marquise.

— Que vous connaîtrez, monsieur le maréchal, ajouta-t-elle, et qui en vaut la peine, car la Vienne l'a fait arranger délicieusement.

Le maréchal se retourna brusquement. Luynes, les yeux fixés sur un tourbillon de femmes et d'hommes entraînés par les danses, était adossé à un pilastre, demi-souriant, à trois pas derrière le groupe infernal.

Concino tressaillit et l'Espagnol lui dit tout bas.

— Toujours ce fauconnier ! Ne parliez-vous pas tout à l'heure de lui faire prendre son vol plus loin ?

— Tout de suite, répartit le maréchal, qui vint à Luynes et lui toucha familièrement l'épaule.

— Pardieu, monsieur de Luynes, dit-il, on dirait que vous dormez debout.

— Au moins rêvé-je, monsieur, répartit Luynes ; car toutes vos magnificences sont une vision magique bien plutôt qu'une réalité.

— Le bien vient en dormant, dit-on, jeune homme ; je vous apporte une bonne nouvelle...

— Faites, monsieur.

— Le gouvernement d'Amboise est vacant — cent mille livres ; — il est à ma nomination, je vous le donne.

— C'est un présent royal ! s'écria Luynes ; grand merci, monsieur.

— Soixante lieues de Paris, dit Concino bas au comte, et résidence forcée... Ainsi vous voilà bien content, ajouta-t-il en souriant à Luynes.

— Désolé, monsieur, au contraire ; car je ne puis accepter, répliqua le fauconnier.

— Comment cela ?

— Et ma charge ?

— Vous ne quitteriez pas pour cent mille livres votre fauconnerie de quatre cents écus ! dit Concino stupéfait.

— Ce n'est pas à la charge que je tiens, monsieur, c'est au roi ! Mais voulez-vous utiliser vos bonnes grâces en faveur de ma famille ? J'ai mon frère Brantes, dont cette position fera la fortune.

— C'est que...

— N'en parlons plus, monsieur le maréchal. Excusez ma liberté...

— Si c'était pour monsieur de Cadenet, au moins, dit Concino. Je ne le vois pas ; où est-il donc ?

— Il était à mes côtés il n'y a qu'un moment. Je le crois sorti, ou en affaires...

— A lui, je donnerais encore ce gouvernement pour vous faire plaisir, ajouta le maréchal. Nous en reparlerons, plus mûrement qu'au bal.

— Les branles commencent, dit vivement Siete-Iglesias, et je mène la fille de madame de Verneuil..

Il faussa compagnie au même instant. Concino en fit de même.

— Ah ! l'on veut m'éloigner ! pensa Luynes. Bon ! je vaux donc quelque chose.

Comme il suivait des yeux les débris du quatuor qui se fondaient parmi les danseurs, il fut abordé par Cadenet essoufflé, embarrassé de conserver fraîche, dans cette chaleur et dans cette foule, une toilette de fort bon goût que le coup d'œil inquisiteur du frère aîné semblait lui reprocher quelque peu, et lui recommander de ménager le plus possible.

— Ne dansez pas trop, Cadenet, dit Luynes, et suivez ce soir, avec le plus grand soin : M. le maréchal, madame de Verneuil, le comte Siete-Iglesias et M. d'Espernon.

— Bien, monsieur.

— Soyez toujours sans affectation derrière l'un ou derrière l'autre de ces quatre personnages, surtout quand ils se réuniront deux à deux ou les quatre ensemble.

— Je le ferai.

— Et, en ce cas, ne fût-ce qu'un mot, ne fût-ce qu'une syllabe, ne fût-ce qu'un coup d'œil qu'ils échangeront, ne le perdez pas! reportez-le moi fidèlement.

— J'en réponds.

— Où courez-vous encore?

— Je voulais, avant d'exécuter vos instructions, faire placer commodément notre pauvre protégé Bernard, car, plus tard, la foule sera si grande qu'il se perdrait et ne pourrait plus me rejoindre.

— Pourquoi vous rejoindre!

— Mais, monsieur, pour me désigner, s'il l'aperçoit ici, la personne en question.

— C'est vrai. Eh bien, où comptez-vous le mettre?

— Sur l'escalier, parmi les écuyers et les pages.

— Non pas! s'écria Luynes; il pourrait être reconnu, on demanderait qui l'a amené... vous nous mettriez dans l'embarras! D'ailleurs il verrait mal, et la majeure partie des figures lui échapperait. Placez-le dans la petite antichambre de la galerie par où doit arriver la reine. Par les portes vitrées il verra circuler tout le monde, et, en cas de besoin, il pourrait s'échapper par la galerie elle-même. Allez!

— J'y vais, monsieur.

— Et recommandez-lui la prudence... oh! sur sa tête!

— Il est si faible, le pauvre garçon, qu'il aura tout au plus la force de se tenir debout.

Cadenet se faufila dans la foule et disparut. Il avait amené Bernard jusqu'au bas de l'escalier et celui-ci dévorait déjà avidement tout ce qu'il pouvait apercevoir de visages de femme.

Mais peu à peu sur ce degré il s'était accumulé un tel encombrement de pages, de laquais et même de conviés cherchant la fraîcheur, que le pauvre Bernard ne voyait plus rien. C'est à ce moment que Cadenet vint le prendre pour le conduire au bon poste désigné par M. de Luynes.

D'abord cette antichambre était déserte ; ensuite elle était meublée de banquettes sur une desquelles Bernard s'assit, écrasé de fatigue, reposant ses yeux dans l'ombre de ses deux mains pour qu'ils fussent plus frais au moment de bien voir. Cadenet lui fit les recommandations les plus sérieuses, et allait se retirer, quant Bernard, installé derrière la porte vitrée, le pria froidement de lui désigner dans cette foule M. de Siete-Iglesias.

— A quoi bon ? dit Cadenet. Vas-tu déjà te soulever la bile ?

— Tout au contraire, mon ami, répliqua Bernard. Dans l'ignorance où je suis, je prends toutes les figures qui passent pour ce coquin d'Espagnol, et ma bile, comme tu dis, s'agite dans une tempête continuelle. Une fois que j'aurai séparé ce voleur de tous les autres assistants, je reposerai ma vue tranquillement, et avec une certaine satisfaction, sur des visages que je saurai n'être pas figures de bandits.

— Ce que tu dis me paraît plausible. Voyons un peu que je cherche à te satisfaire : quel est celui-là, si brun ?... non, c'est le duc de Feria, l'ambassadeur d'Espagne, une autre espèce... Tiens, je crois que voilà... Non, c'est le maréchal d'Ancre.

— Ah ! montre un peu, je te prie.

— Eblouissant, ruisselant, écrasant, un Jupiter ! le vois-tu ? Eh ! pardieu, ton Espagnol est auprès de lui. Il reconduit la fille de madame de Verneuil.

— Cette charmante jeune fille ?

— Dont la main est dans la main de l'Espagnol que tu cherches.

Cadenet, en parlant ainsi, regarda Bernard, dont les yeux vacillèrent dans leurs orbites, comme s'il luttait contre un éblouissement. Ses lèvres se pincèrent. A la contraction de ses joues, dans lesquelles se creusa un pli, on devina que ses dents grinçaient de colère ; mais peu à peu l'orage passa. Bernard avait dompté son sang.

— Bien ! tu es un brave garçon, dit Cadenet. Sois toujours aussi fort, aussi sage, au cas où tu verrais apparaître la femme en question...

— Mais je ne la vois pas et ne la verrai pas, reprit Bernard, promenant çà et là un regard découragé.

— Tu n'as pas tout vu encore. Laisse un peu les différentes vagues se mêler.

— Rien. J'aurai rêvé cela, vois-tu. Cette femme-là n'existe point.

— Plaisantes-tu ?

— Non, je dis ce que je pense.

— Ta rencontre avec elle dans le cabinet de la reine mère...

— Ai-je jamais été dans ce cabinet?... dit Bernard d'un air égaré.

— Ta seconde entrevue avec elle dans la chambre de ta mère.

— Ma pauvre mère! s'écria le jeune homme à moitié fou.

— Toutes ces lumières, tous ces parfums l'enivrent et le font extravaguer, pensa Cadenet. Allons, le voilà qui retourne au Siete-Iglesias. Son œil s'allume. Eh! Bernard! Bernard!...

Le jeune homme s'était soulevé, rapproché de la cloison de vitres, sur laquelle son souffle ardent absorbait la vapeur ruisselante. On eût dit qu'à force de regarder, de chercher, il allait dévorer l'obstacle.

Soudain il se dressa tout à fait, poussa une sorte de rugissement étouffé, puis, saisissant la main de Cadenet dans une étreinte violente comme la morsure d'un étau :

— La voilà! dit-il, la voilà!

— Où? demanda Cadenet avidement.

— Nœuds de velours rouge, semés de diamants, corsage blanc brodé d'or avec garniture de rubis. Tiens! tiens donc!... elle vient de ce côté, elle demande qu'on ouvre la porte vitrée, elle parle à ce misérable Iglesias!

— Mais tu te trompes! c'est sa femme! s'écria Cadenet.

— La femme de cet Espagnol!

— Oui. Évidemment, tu te trompes, Bernard... Mais non, tu ne te trompes pas! elle est bien à la reine mère, elle est bien du parti de tes ennemis, elle est bien la femme

de celui à qui l'on a donné la confiscation de ton bien...
Vois-tu ce que je te disais, Bernard, le vois-tu ?

Le visage du jeune homme exprimait une telle horreur qu'on eût dit le masque d'un de ces malheureux qu'avait pétrifiés Méduse.

A ce moment, les portes vitrées de la galerie s'ouvrirent pour laisser passer un peu d'air frais dans la salle embrasée.

CHAPITRE X

L'explosion.

C'était bien Marguerite que Bernard venait de reconnaître. Elle s'avançait lente et comme inclinée sous le poids de sa parure ou de ses songes mélancoliques. Mélancolie, oiseau funèbre et lourd qui courbe les fronts en s'y posant, et cercle de son ombre bleuâtre les yeux fatigués de qui le porte.

Riante et vermeille, Marguerite, en ses jours de soleil, n'était pas plus belle que ce soir-là, pensive et pâlie par la pensée. Son teint, d'un blanc de nacre sur lequel frissonnait, comme un reflet de nuage qui passe, l'inflexion poétique de son col si riche et si purement modelé, la suave morbidesse de tout son être, inspiraient autour d'elle l'idée du plus sérieux hommage qu'on doit à la souffrance. Parmi tous ces jeunes gentilshommes qui se disputaient ses sourires, il n'en était pas un seul qui ne fût prêt à l'idolâtrer depuis qu'elle ne souriait plus. Aux questions pleines d'intérêt qui se succédèrent sur sa santé, sur l'état de son esprit, la comtesse répliquait vaguement qu'à peine remise d'un malaise de quelques semaines, elle n'eût pas dû commettre l'imprudence de respirer l'air brûlant de ce bal de madame d'Ancre, et qu'un peu de fraîcheur la remettrait.

Justement le comte venait de reconduire mademoiselle de Verneuil et passait. Il vit sa femme ainsi languissante et entourée, se crut obligé d'approcher; l'essaim des jeunes solliciteurs se dispersa devant lui.

— Vous paraissez malade, dit-il, comtesse, vous devriez peut-être retourner chez vous plutôt que d'apporter ici ce visage funèbre.

— Je me consulterai, monsieur, répondit-elle en continuant de marcher avec un certain effort, pour ne pas arrêter ses yeux sur son mari.

Il réprima un mouvement d'impatience, et, la retenant par la pression imperceptible de ses doigts sur la manche de satin guilloché de passementerie d'or :

— Pardon, dit-il tout bas en souriant avec une aisance dont la familiarité exagérée cachait toute sa colère, ce n'est point ainsi que je veux qu'on me réponde. Chez vous, que vous vous enfermiez, que nous ne nous apercevions plus, ce sont vos caprices, gardez-en l'explication, je ne vous la demande pas; mais en public, ne soyez pas moins agréable avec moi qu'avec ces étourneaux français qui vous font cortége. Je ne réclame que l'apparence, entendez-vous, peu m'importe le fond. Remarquez seulement que je souris en vous parlant. Imitez-moi, et bien vite.

Marguerite releva la tête, et pendant qu'elle regardait, une pâleur effrayante s'étendit sur ses joues. Elle ne put, malgré la violence qu'elle se fit, réussir à sourire. Lui, étonné, vaguement inquiet de cette lutte qu'il devinait sans en comprendre la cause, souleva la main de sa femme, la baisa galamment, longuement, et après cette prise de possession publique, il s'éloigna, laissant la comtesse passer dans le vestibule de la galerie, où l'appelait un souffle rafraîchissant, où l'appelait aussi sa fatale destinée.

En effet, tant que Bernard ne vit qu'elle, tant qu'il la vit triste et pâle, son esprit, écrasé comme son corps, demeura dans la stupeur. Il n'avait pas assez d'yeux pour dévorer cette femme, son premier amour, cette victime qu'il avait pleurée autant que son frère, autant que son beau-père, l'associant à leur pensée, la suivant de son désespoir dans le même tombeau; et voilà que cette femme était vivante, seule vivante, après avoir entassé les morts autour d'elle; voilà qu'elle apparaissait au sein des splendeurs de la vie, chargée des dépouilles de ses victimes; voilà qu'elle était la compagne du plus odieux des hommes, son associée pour le butin! Voilà qu'à trois pas de Bernard cet homme lui souriait en lui baisant la main!

Le sentiment qui réveilla Bernard, amour froissé ou haine mortelle, fit une explosion si violente, qu'elle brisa en son cœur le peu de fibres qui l'attachaient encore à l'humanité.

Malgré les efforts de Cadenet qui, trop tard, avait surpris l'éclair de son regard, il fit un pas hors de l'angle de sa retraite, et se plaça sur le passage de la jeune femme qui avançait machinalement vers la galerie.

Marguerite, les yeux baissés, précédait de quelques pas à peine un groupe de dames et de cavaliers attirés comme elle par la fraîcheur de ce vestibule. Tout à coup, voyant une ombre sur son chemin, elle leva la tête et reconnut Bernard, dont le visage bouleversé par d'inexprimables souffrances était à lui seul une révélation.

— Oui, c'est moi, madame, dit-il d'un ton qui annonçait le désordre de ses idées.

Elle s'arrêta, muette, épouvantée de le voir si tremblant, si livide, épouvantée seulement de le voir.

Cadenet, saisissant Bernard par le bras, cherchait à l'emmener, lui rappelant à l'oreille qu'il violait à la fois sa promesse et la majesté d'un palais de rois.

A l'aspect de cette figure étrange, campée les bras croisés dans le milieu du vestibule, au petit cri qu'avait laissé échapper Marguerite, plusieurs personnes s'étaient approchées, questionnaient, observaient.

— Tu peux encore échapper, si tu te tais, si tu fuis, glissa Cadenet à son ami, dont il étreignait courageusement la main. Mais si tu persistes, je t'abandonne.

Bernard n'entendait pas plus cette voix qu'on n'entend près du volcan qui gronde le chant de l'oiseau ou la chanson du pâtre à deux lieues sur la riante colline. Ce volcan chargé de tonnerres, c'était son cœur.

— Madame, demanda-t-il à Marguerite, qu'est devenu le corps de mon frère? Répondez-moi seulement sur ce point; je vous tiens quitte du reste.

Chacun entourait la jeune femme, chacun attendait encore; mais déjà le bruit était arrivé aux oreilles du comte. Il revenait sur ses pas, et de loin, tout en approchant, il s'informait comme les autres.

— Silence! murmura Marguerite au jeune homme avec un suppliant regard. Attendez!...

— Oh! oui, silence!... je sais... s'écria-t-il, éclatant d'un rire amer. C'est toujours votre habitude de recommander le silence. Oui, oui... l'ombre et le silence... pour favoriser le crime... Mais après, pourquoi n'y restez-vous pas éternellement plongée, pourquoi vous produisez-vous dans cette flamme, dans ces lumières? Si vous ne voulez pas qu'on vous reconnaisse, ayez la prudence de ne pas vous montrer.

— Qu'est-ce que cela? dit le comte se mêlant au groupe, Que veut cet homme avec sa figure bouleversée? Est-ce à vous qu'il parle ainsi, madame.

— Oui, c'est à madame, répliqua Bernard que la présence du comte venait de jeter de la colère dans la fureur, et qui s'approcha de sa nouvelle proie, les yeux sanglants, les mains crispées.

— Je ne le connais pas, s'écria vivement Marguerite.

La fureur de Bernard devint folie.

— Vous ne me connaissez pas, dit-il d'une voix désespérée. Eh bien! si vous ne me connaissez pas, qu'êtes-vous venue faire dans ma maison?

Marguerite frissonna et fit un mouvement pour fuir.

— Dans sa maison?... murmura le comte.

— Nous vivions tranquilles, nous étions heureux, poursuivit Bernard incapable désormais de se maîtriser; soudain vous êtes apparue, et avec vous le meurtre, l'incendie, la ruine!... Je vous le répète, oh! n'essayez pas de m'échapper, car je vous forcerai de répondre, vous ou ceux qui vous assistent. Qu'êtes-vous venue faire chez moi? Pourquoi êtes-vous vivante quand mes amis sont morts? Où est le cadavre du pauvre enfant, mon frère, dont vous avez ensanglanté l'hospitalité?...

Un murmure d'indignation et d'horreur courait parmi les assistants. Siete-Iglesias soutenait sa femme chancelante.

— Qui êtes-vous donc? dit-il à Bernard.

— Vous le demandez! répliqua celui-ci en délire. Est-ce que je vous demande, à vous, qui vous êtes? Est-ce qu'en voyant la femme, je ne reconnais pas le mari? En vérité, l'honnête couple! La femme choisit les victimes, le mari les dépouille!

— Misérable! s'écria Iglesias, prêt à s'élancer sur son ennemi.

— Ne m'as-tu pas dépouillé? répliqua Bernard; n'as-tu

pas pris la confiscation de mes biens, toi qui plies déjà sous le poids des richesses, et ne sais-tu pas que cet héritage est ramassé dans le sang de mon père et de mon frère! Ta femme ne te l'a-t-elle pas dit, elle qui les a vu égorger, elle qui, peut-être, a ouvert la porte aux assassins?

Deux cris répondirent à cette foudroyante accusation: un cri de désespoir et d'horreur; Marguerite venait de le pousser en regardant son mari qui ne démentait pas Bernard. L'autre, étouffé, terrible, arraché au comte par cette mortelle révélation.

Il ne restait plus à Siete-Iglesias qu'une ressource, la violence. Placé comme il l'était entre la honte et la crainte, ce terrible adversaire méditait déjà quelque moyen désespéré, lorsque derrière Bernard on entendit des pas, des voix et ces mots: La reine! prononcés par les huissiers de la galerie, en même temps que s'avançaient les pages et les officiers de service.

Le comte courut à Bernard, que déjà Cadenet, Luynes et un petit nombre de gentilshommes compatissants cherchaient à entraîner avant l'arrivée des gardes requis pour l'arrêter par d'Espernon et la maréchale d'Ancre.

— Je te retrouverai, mort ou vif! lui dit-il avec un formidable accent de haine.

— Sans courir bien loin, répliqua Bernard, tressaillant d'une joie sauvage, car je te suivrai pas à pas, jusqu'au jour où, sans épée, sans poignard, avec mes ongles, j'en jure le Dieu vivant, je t'arracherai le cœur!

Cependant Anne d'Autriche arrivait; elle avait vu de loin le tumulte : Luynes, d'un mot, lui avait tout appris. Les gardes cherchèrent Bernard au milieu de la foule.

La comtesse, éperdue, s'alla jeter aux pieds de la jeune reine, qui la releva, et lui serrant mystérieusement la main :

— Ah! c'est le fils de ce du Bourdet, dit-elle tout haut... L'infortuné! Ne craignez rien, comtesse; que peut-il résulter de cet événement? Ne sait-on pas que ce jeune homme est fou depuis la mort de son père? La confiscation de ses biens l'aura achevé... Quels cœurs assez barbares pour n'excuser point cette folie? Allons, messieurs, qu'on n'y pense plus; qu'on laisse ce malheureux !...

— Vous êtes bien indulgente, madame, dit la reine mère avec un rire forcé, seule réponse au salut que venait de lui faire sa belle-fille. Ce serait un mauvais exemple que cette indulgence pour ceux qui ne savent point obéir aux volontés du roi.

— Le roi ne s'en plaindra pas, je me porte caution pour lui, répliqua Anne d'Autriche, d'un ton si poli et si fier à la fois, que la régente rougit et n'ajouta pas un mot. Anne poursuivit son chemin jusqu'à la place où l'attendaient le maréchal et Léonora, troublés de cette froideur majestueuse comme aussi du murmure d'admiration et de sympathie qui s'était élevé partout sur le passage de la reine.

Peu à peu le bruit des instruments, l'animation des

danses, la magnificence du divertissement captivèrent l'attention des assistants et firent oublier ce scandale, d'ailleurs restreint aux limites du vestibule, et dont peu de gens avaient été témoins, bien que tout le monde en chuchotât d'abord avec les ornements d'usage.

Le feu d'artifice, éclatant après le premier ballet, acheva de détourner les idées.

Marguerite voulait profiter de ce mouvement pour partir et se cacher à jamais chez elle.

Siete-Iglesias la retint.

— Non, dit-il, vous resterez. Partir en ce moment serait une faute, et je veux que la malignité ne trouve plus désormais matière à s'exercer sur vous et sur moi. Restez. Nous voici à une fenêtre d'où l'on voit admirablement le jeu des artifices. Restez, vous dis-je, et profitons d'une circonstance où nul ne s'occupe de nous pour nous en occuper sérieusement nous-mêmes.

Marguerite appela à elle ce qui lui restait de forces; elle supplia Dieu de l'aider, et attendit.

— Vous concevez bien, dit l'Espagnol, que je ne suis pas votre dupe; je ne suis pas dupe non plus de la reine. L'accusation de ce jeune homme est vraie.

— Laquelle? demanda Marguerite, est-ce celle qu'il dirige contre vous?

— Oh!... voilà de la vigueur. Tant mieux, j'en serai plus à l'aise. Non, madame, je parle de ce qu'il vous reproche à vous... Je parle de votre présence en sa maison... Oui, vous allez me répondre ce que m'a répondu la reine, il est fou. C'est fort ingénieusement trouvé ; la reine est en effet plus forte que je ne le croyais. Mais libre aux autres de croire la reine ; moi, je préfère croire ce jeune homme. Il a des yeux perçants qui voient bien, il s'exprime sans hésitation, il dit ce qu'il a vu, et vous êtes si belle qu'on ne peut vous méconnaître ; donc, vous avez été aux Bordes ? Répondez.

— Priez-moi de ne pas répondre, dit froidement Marguerite.

Le comte se méprit à ce calme qui coûtait si cher à la jeune femme, et répliqua vivement :

— N'espérez point me donner le change. Depuis longtemps, je soupçonnais. Toutes mes combinaisons déjouées, tous mes secrets pénétrés, trahis, les coups qui m'arrivaient du fond d'une ombre impénétrable, m'avertissaient assez que j'avais un ennemi dans ma maison. A voir vos yeux limpides, votre douceur hypocrite, vos candeurs de sainte, j'ai été grossièrement trompé. Le traître, c'était vous !

Marguerite se tut.

— Mes lettres d'Espagne, les avis de mon oncle me signalaient un piége tendu sous mes pas, une intelligence nouée contre moi et mes amis par la jeune reine soutenue de quelque agent demeuré inconnu. Cet agent, je le connais enfin.

Marguerite, pâle comme un spectre, au reflet tantôt rouge, tantôt livide des fusées et des feux génois, restait adossée à la fenêtre, sa main étreignait convulsivement le balcon.

— Ainsi donc, continua Siete-Iglesias, l'enlèvement de M. de Vendôme, la résurrection du vieux parti, la révolte en faveur du petit roi contre la régente et ses partisans, le plan de ruiner la vieille cour en faveur de la nouvelle, voilà votre ouvrage. Vous conspirez contre votre maîtresse, contre moi ! Et voilà pourquoi vous vous êtes alliée à un de nos mortels ennemis ; voilà pourquoi vous êtes allée chez le père de ce jeune homme.

Même silence, même immobilité de la généreuse femme.

— C'est grave, reprit Siete-Iglesias. Car vous comprenez que je représente des idées, des principes, de nécessités politiques, et que je ne puis me laisser vaincre, dussé-je broyer dans la lutte tout ce qui me fera obstacle. Tenez, madame, vous avez été mal conseillée ; avec plu de franchise vous vous fussiez peut-être sauvée vous-même, vous seule ; tandis que vous voilà forcément englobée dans l'écroulement des fortunes que votre débile main essayait de soutenir. Mais je m'aperçois à votre attitude, à votre effroi, que vous m'avez enfin compris et que vous songez sans doute à sortir le moins maladroitement possible du mauvais pas où je vous trouve. Demain tout votre échafaudage sera renversé. Demain vos pauvres alliés, mis en déroute, auront, les uns tendu la tête à un joug plus lourd en nous bénissant de notre clémence, les autres, fous ou sages, disparu à jamais comme ont disparu déjà les épouvantails du vieillard imbécile qui se dit votre chef à tous et que vous avez la naïveté d'écouter comme un oracle.

Marguerite releva son front pensif, et, pour la première fois depuis le commencement de l'entretien, parut donner signe de vie.

— Pardon, monsieur, dit-elle, je ne comprends pas bien la fin de votre phrase, veuillez me l'expliquer nettement, j'ai besoin de savoir à fond votre pensée pour vous dire à fond la mienne.

Ce sang-froid exaspéra Siete-Iglesias. Échauffé d'ailleurs par la soif de son prochain triomphe, comme s'échauffe la bête de proie au pressentiment du carnage :

— Je dis, s'écria-t-il, que votre jeune cour croulera faute d'appui! que votre orgueilleuse petite Espagnole, qui trahit l'Espagne, tombera dans l'ignominie! que votre Nestor le président mourra de sa rage impuissante, et que le dernier débris de votre révolté, le fils de du Bourdet, héritier — qui sait? — des secrets de famille, ne demandera plus demain où sont les cadavres de ses parents, car demain il aura rejoint leurs ombres!

Marguerite tressaillit, et ses yeux humides se séchèrent au contact de la flamme qui en jaillit tout à coup.

— Et moi, murmura-t-elle en s'approchant de l'Espagnol stupéfait, je vous dis que demain vous serez le plus humble, le plus muet des vingt millions d'hommes qui vivent en France; je vous dis que demain vous adorerez à genoux le roi et la jeune reine, mes maîtres et les vôtres; je dis que demain M. Bernard de Preuil vivra — comme il vit aujourd'hui — mais beaucoup plus tranquille; car tout à l'heure vous m'allez remettre un sauf-conduit signé par la reine mère, et si, dans cinq minutes, je n'ai pas reçu de vous cette pièce, parfaitement en règle, inattaquable, irrévocable, jointe à une restitution des biens du malheureux héritier des Bordes, dans cinq minutes, entendez-vous, monsieur? tout ce qu'il y a ici de gentilshommes, de princes, de grands, vos ennemis ou vos amis, toute cette foule saura de moi quel était l'homme à la visière grillée qui, la nuit, a lâchement assassiné dans sa chambre l'avocat au parlement du Bourdet.

Un nuage de plomb s'étendit sur le front de l'Espagnol, ses joues se creusèrent, sa fauve prunelle rayonna d'une lueur sinistre.

— C'était donc toi, démon, qui fuyais dans les ténèbres! murmura-t-il, une main convulsivement serrée sur la garde de son épée.

— Oui, répliqua-t-elle, et qui fuyais après avoir tout entendu!

Le rugissement de l'Espagnol fut couvert par les applaudissements des spectateurs et les dernières détonations des boîtes d'artifice. Marguerite, à l'aspect de ce visage décomposé, sur lequel on lisait toutes les menaces comme tous les crimes de l'enfer, recula jusque dans la galerie, en disant :

— J'attends le sauf-conduit !...

Elle courut à travers la foule jusqu'à la jeune reine, qui s'étonna de la voir si troublée, si tremblante.

— C'est fait de moi, dit-elle bas à sa souveraine; il a

tout deviné, il sait tout. Gardez-moi, madame! Cette nuit il me tuera, je l'ai lu dans ses yeux! Il me tuera, si je quitte l'abri de votre robe... Recevez mes adieux, ma reine! Conseillez-moi, secourez-moi!

— Tais-toi! dit Anne d'Autriche qui s'approcha de la maréchale pour lui faire compliment sur la merveilleuse beauté de cette fête, et particulièrement sur le chef-d'œuvre de pyrotechnie dont les rouges vapeurs n'étaient pas encore dissipées au ciel.

Léonora, préoccupée, répondit modestement que la reine mère avait eu l'idée de ces feux d'artifice, et qu'elle y était artiste consommée.

— C'est donc à elle qu'il faut reporter ma louange, dit Anne d'Autriche; mais je ne la vois pas... où donc est-elle?

— Elle vient de passer dans mon cabinet avec M. de Siete-Iglesias et M. le maréchal, reprit Léonora... Ah! les voilà qui sortent.

En effet, Marie de Médicis, sombre et comme irritée, s'avançait d'un pas rapide. Derrière elle, venaient Concino et l'Espagnol, causant avec vivacité, ce dernier à peine remis de sa terrible émotion. Anne fit la moitié du chemin et aborda sa belle-mère avec des félicitations bruyantes.

— Le sauf-conduit et la restitution, dit Marguerite à son mari!

— Les voici, répliqua Siete-Iglesias impassible.

Marguerite prit l'acte où brillaient, encore humides, trois lignes et la signature de la reine.

— Maintenant, qu'il me tue, s'il veut, pensa la noble femme ; avant de partir d'ici j'aurai sauvé Bernard, et sauvé mon honneur !

Mais Anne d'Autriche, attachée à sa belle-mère et la circonvenant par des caresses et des sourires :

— Madame, dit-elle, vous êtes si belle que vous pouvez vous passer de joyaux. Cédez-m'en un des vôtres ; un des plus précieux, je l'avoue ; est-ce accordé ?

— Prenez, ma fille, dit Marie embarrassée, car elle crut d'abord que cette demande était une ingénieuse satire de l'état de simplicité où vivait le royal ménage, par contraste avec la splendeur de la vieille cour.

— Merci, dit Anne. Je prends donc madame la comtesse de Siete-Iglesias, c'est votre plus belle perle. A partir de ce moment, elle est à moi.

Marie fit un mouvement. Siete-Iglesias sourit. Il souffrait toutes les tortures d'un damné.

— Marguerite quitte donc mon service ? la déloyale ! murmura sardoniquement la reine mère. Elle me donnera bien au moins quelques jours pour m'accoutumer à la moins regretter.

— Je l'emmène ce soir, répliqua Anne, elle ne me quittera plus — jamais. — Vous entendez, monsieur le comte ?

Et son œil lumineux, superbe, acheva de foudroyer l'Espagnol.

— Partons, monsieur de Luynes, ajouta-t-elle ; le roi m'attend de bonne heure.

— J'espère quelle ne se contraint plus, dit Concino à la régente. C'est une belle et bonne déclaration de guerre. Hésiterons-nous encore? Qu'en dit Votre Majesté?

— On fera la guerre! répliqua Marie de Médicis.

— Et malheur aux vaincus! murmura Siete-Iglesias.

CHAPITRE XI

Ruines et cendres.

Dans la chambre du rez-de-chaussée, chez la Vienne, après cette terrible soirée, Bernard, encore indécis de savoir s'il est bien lui-même, se promène à grands pas, seul et tressaillant au bruit du parquet qui craque, au frissonnement des tentures, comme si, des planches, comme si, des murailles, allaient s'élancer de nouveau les spectres dont le souvenir assiége encore sa mémoire... Et la nuit s'avance, le vent gémit au dehors, la neige tombe.

— Voilà donc le dénoûment arrivé! se dit-il. La comtesse de Siete-Iglesias, agent de la reine mère, a fait sacrifier mon père et mon pauvre Aubin à je ne sais quelle basse intrigue de cour, et moi, malheureux, entraîné à mon tour sous la roue, je vais être broyé comme les autres.

Qu'ai-je fait, qu'ai-je dit, alors que le sang battait mes tempes, alors que mes yeux aveuglés ne distinguaient autour de moi qu'un brouillard de sang? Qui n'ai-je pas attaqué, qui n'ai-je pas insulté, dans mon délire, parmi tous ces misérables que ma pénétrante folie me faisait voir sous leurs parures splendides, aussi nus, aussi dévoilés qu'ils le seront devant Dieu le jour du jugement?

Cette femme, cependant, n'a pas cessé un instant de me paraître belle. Oh! c'est qu'elle est bien leur ange de ténèbres, le meurtrier génie qu'ils envoient pour séduire les insensés comme moi. C'est elle qui prépare le crime par ses ruses, qui le voile sous ses sourires. C'est elle qui endort les victimes et ne se révèle qu'aux bourreaux!

C'est égal, je l'ai bien châtiée! Si j'ai pu exprimer tout ce qui bouillonnait en moi, elle a dû souffrir. Il me semble qu'elle était pâle. Lui, son mari, était livide. L'horrible fantôme!... Celui-là se vengera de moi, qui l'ai forcé à paraître aussi hideux devant tout le monde. Oh! ils se vengeront tous les deux!

Bernard s'assit un moment, fatigué, sans s'en rendre compte, du mouvement que l'agitation de son âme imprimait à ce malheureux corps.

— C'était ma destinée, reprit-il, de tomber sous les coups de ces misérables. A mon arrivée, près de Saint-Germain, ces lettres, qui m'ont été remises; à la cour, chez la régente, cette femme qui me sauve... Pourquoi m'a-t-elle sauvé? Par quel calcul? Peut-il y avoir eu calcul à ce moment? elle ne me connaissait pas... Un mouvement généreux!... Elle en aurait donc parfois?... Et aux Bordes, ce billet, pour m'empêcher d'épouser Sylvie... Calcul aussi?... Oh! et cette pudeur quand je l'ai surprise, cette expression que rien ne peut rendre... ce charme de la voix, du regard... devant lequel je m'écrasais, abîmé comme si j'eusse entrevu le visage de Dieu... Allons, allons! s'écria-t-il en se relevant par un élan furieux, voilà que je l'excuse, voilà que je me la rappelle dans sa grâce, voilà que je redeviens fou.

Ce qu'il faut voir, toujours voir, Bernard, ce qu'il faut dévorer avec les yeux de l'âme, ce dont il faut te repaître jusqu'à ce que tu expires de douleur, c'est la scène de carnage, c'est la furie qui y préside, un flambeau dans sa main; c'est l'espionne de la régente guidant les assassins; puis, c'est la fuite de ces brigands dans les ténèbres, la femme à leur tête, tandis que l'incendie, grandissant derrière, jette ses reflets sanglants à la croupe de leurs chevaux, tandis que les derniers râles de mes amis viennent siffler à leurs oreilles dans les tourbillons de la rafale, tandis que les gouffres du fleuve, ouverts avec fracas, se referment en silence, complices eux aussi de l'infâme assassinat.

Puis Bernard tombait agenouillé; les mains étroitement jointes, il souriait au pauvre du Bourdet, croyant entrevoir son ombre; il envoyait à Aubin, vision fugitive qui passait lugubrement voilée, il envoyait tout son cœur dans un baiser entrecoupé de sanglots déchirants.

— Maudite créature, lâche pleureur que je suis, dit-il, je n'ai pas su même les venger! Des cris, des injures, des menaces ridicules à une femme, voilà ce qu'a vomi ma bouche. Est-ce pour un résultat pareil que j'avais amassé tant de feu, tant de venin? Est-ce comme cela qu'il mord, ce serpent que je me vantais de recéler en mon cœur? Tout à l'heure on viendra ici; trois archers, quatre peut-être, si on me fait tant d'honneur; on frappera à cette porte; on me dira de sortir, et je sortirai, et je suivrai ces hommes, qui me conduiront dans quelque prison, m'enterreront dans le fond d'un cachot, m'y oublieront et ce sera fini. Voilà ce que j'aurai fait pour vous venger, mon père, pour expier ton martyre, cher enfant innocent!... Moi qui tout à l'heure avais dans les mains une épée, moi que Dieu, par une faveur inouïe, par un miracle! plaçait en face de mes ennemis surpris, de mes ennemis tremblants, moi qui pouvais d'un coup leur payer tout ce qu'ils m'ont fait souffrir, et tomber glorieusement dans le triomphe de ma vengeance, affranchi désormais de ces peines, de ces remords qu'on appelle la vie!...

Comme il parlait ainsi dans un paroxysme de fureur et de désespoir, la porte s'ouvrit.

Bernard fit un bond pour saisir son épée, et s'écria en insensé :

— Je mourrai plutôt que de me rendre!

Mais derrière cette porte venait Cadenet, soucieux, paisible, muet, qui fit signe à Bernard de se taire, lui ôta son arme comme on ôte sa baguette à un enfant, et vint s'asseoir près de son ami après avoir soigneusement refermé la porte.

Cette contenance froide, posée du mobile Cadenet, du moins sérieux de tous les papillons de cour, calma Bernard à l'instant même plus efficacement que n'eussent fait toutes les neiges d'un hiver des Alpes.

— Voilà encore de vos sottises, Bernard, dit enfin le jeune homme. Vous êtes fou à lier, mon ami, et le pire, c'est que vos folies ne font pas tort seulement à vous. Quand un homme a envie, mais là, sérieusement envie de s'aller jeter du haut d'un pont, je ne sache pas qu'il couse à son habit ses meilleurs amis, ses plus chauds protecteurs pour les noyer avec sa sotte personne. Quand un enragé, — vous en êtes un, Bernard, — éprouve le besoin de se traverser le ventre d'une épée, il ne choisit pas le moment où on l'embrasse par le milieu du corps, il n'embroche pas avec lui ses sauveurs. Voilà pourtant ce que vous venez de faire; j'en suis fâché pour vous, compagnon, mais j'en suis désolé pour moi.

Bernard, la tête basse et le cœur serré, répliqua d'une voix émue :

— C'est vrai, j'ai compromis toi, ton frère, tous ceux qui ont été si bons pour moi.

— Compromis est un mot faible, Bernard.

— Perdu ! peut-être, oui, je vous aurai perdus comme moi !... C'est ma destinée d'entraîner à leur ruine tous ceux que je chéris le plus tendrement.

— Ce n'est jamais la destinée d'un homme qui le pousse à faire ce qu'il eût pu ne pas faire. Ah ! si par hasard, dans une foule, seul, bien libre de tes mains et de ton caprice, tu eusses rencontré les gens que tu as rencontrés ce soir chez la maréchale, cris, explosion, rixe, inspirés par la première surprise, j'eusse expliqué tout cela. Mais tu es prévenu, tu sais où tu vas, qui tu trouveras, je te mène à l'affût, bourré de recommandations, et tu t'emportes, et tu saccages tout comme un sanglier ivre. Cordieu! Bernard, ce n'est pas de la destinée, cela, c'est... c'est...

— C'est un crime, je le sais, répliqua doucement Bernard; oui, un crime, dont je te demande bien humblement pardon.

— Ouais! le voilà, maintenant! s'écria Cadenet avec une colère plus bouffonne que menaçante. Il est charmant, à présent qu'on n'en a plus besoin. C'est une gazelle, un mouton frisé. Attends un peu, bon Cadenet, prends ce ruban rose et attache-le-moi à mon petit col; tu me mèneras où tu voudras, je ne résisterai plus jamais... Oui, oui, je te mènerai quelque part, malheureux, n'aie pas peur!

— Que veux-tu dire? demanda Bernard.

— Tiens! crois-tu par hasard que l'affaire va se passer comme cela? Te figures-tu qu'on a trouvé ton intermède amusant chez la maréchale et qu'on se prépare à t'envoyer un cadeau, des friandises?

— Je sais bien qu'on me fera payer ma folie; ce sera juste. Mais pourvu que tu n'en souffres pas, ni toi, mon seul ami, ni ton frère, je me trouverai trop heureux, et tu n'entendras sortir de ma bouche pas un mot de plainte.

— Hum!... je n'en réponds pas!

— Sais-tu déjà ce qu'on me destine?

— Pas tout à fait, mais je m'en doute bien un peu.

— Aurais-tu la charité de me le dire, mon bon Cadenet.

— Ton bon Cadenet te prie de ne pas prendre cet air de résignation qui le gêne plus que toutes tes colères. Reprends-moi ce masque de diable que tu avais chez madame d'Ancre. Ça, un peu de souffre sur la peau, un peu de sang aux lèvres, une étincelle rouge dans chaque œil, alors nous causerons, je n'aurai pas l'air de frapper un ennemi à terre.

— Un ennemi ! je suis donc le tien ?

— Pardieu ! Dans quelle situation nous as-tu mis, M. de Luynes et moi ? Quel ennemi féroce nous aurait fait plus de tort ? Qui a introduit, se demande-t-on, ce sacripant dans le Louvre ? M. de Cadenet. Qui l'a posté derrière ce vitrage ? M. de Cadenet. Qu'est-ce que M. de Cadenet ! le frère cadet de M. de Luynes. Bon ! voilà une jolie affaire quand elle viendra aux oreilles du roi.

— Encore un coup, je souffre trop, qu'on me tue, et que ce soit fini une bonne fois, s'écria Bernard.

— Oh ! ma foi, puisque tu le désires tant, ce sera à peu près tout comme, dit Cadenet... Seulement, avais-tu besoin de me faire figurer là-dedans comme exécuteur ?

— Comment ! exécuteur... c'est toi qui...

— D'abord je n'ai rien dit, attendu que je ne sais pas tout. On ne se fie à moi que bien juste, comme tu penses, depuis que l'on me sait ton ami.

— Qu'a-t-on décidé ?

— Voilà : je te garde à vue, d'abord, et te consigne dans cette chambre.

— Douce punition, ta présence !

— Pas de ces gentillesses-là, Bernard ; tu ne me séduiras point, entends-tu ?

— Eh ! je n'en ai pas la prétention. Me voilà donc gardé à vue : jusques à quand ?

— Pas longtemps. Ce soir, tu échappes à ma garde.

— Ah !... ce soir ?

— Oui. Ce soir, j'ai ordre de te conduire à ta destination.

— On m'exile !...

— Tu vas trop vite !... Ce n'est peut-être pas assez sévère ; tu te flattes trop !

— Qu'appelles-tu ma destination, alors ?

— Il y a destination et destination, Bernard, répliqua Cadenet, trop sérieusement pour que son ami conservât l'envie de plaisanter, si la circonstance eût d'ailleurs été plaisante. Ainsi, il arrive tous les jours que par ordre supérieur, un gentilhomme conduit un coupable, un accusé, enfin, dans un lieu quelconque...

— Dans une prison, dis-le donc bien vite.

— Si ce n'est pas une prison, l'endroit où j'ai à te conduire renferme peut-être le geôlier qui te gardera !

— Tiens, Cadenet, sois brave comme à l'ordinaire ; dis-moi la vérité, la vraie.

— Eh bien, la voici : tout le monde est furieux de ce que tu as fait. Régente, maréchal et maréchale, je ne parle pas des Iglesias, mais mon frère Luynes, mais la jeune reine ! enfin, tu peux te flatter d'avoir provoqué la plus rare unanimité. Sans un mot de la reine ou du roi, je ne sais lequel des deux, peut-être à l'heure qu'il est, n'existerais-tu plus.

— J'avoue que je m'étonne de vivre.

— Cependant mon frère Luynes a pu conjurer le premier orage. Il n'y aura ni procès, ni arrestation publique. On m'a fait donner ma parole que je te recevrais en qualité de prisonnier d'État, que je te garderais moi-même, et que ce soir, à huit heures, je te remettrais dans un certain lieu, à certaine personne. Voilà tout ce qu'il m'est permis de te dire. N'exige pas de moi que je parle davantage.

Cadenet ponctua ce discours par un douloureux soupir.

— Je comprends, dit Bernard ; c'est le seul moyen que ton frère ait pu trouver de te réhabiliter auprès des maîtres. Il a bien fait. Il m'épargne la douleur de savoir que je vous eusse perdus l'un et l'autre ; tandis qu'en faisant preuve de dévouement, d'obéissance au roi, en répondant de ma personne, tu éteins les soupçons que ma folie a dû exciter contre toi. Sois tranquille, mon ami, mon cher compagnon ; tu n'auras plus à te plaindre de moi et je te ferai la surveillance facile.

— C'est bien ce que j'ai pensé, dit Cadenet attendri, mais la corvée n'en est pas moins dure, sans compter le moment de la séparation.

— Je te promets de ne pas, même à ce cruel moment, te faire voir l'horrible déchirement de cœur que j'éprouverai en quittant le seul ami qui me reste. Et puis, cette séparation ne sera pas éternelle.

— Oh! oh! fit Cadenet, ne te leurre pas, mon cher Bernard, ne te berce pas d'illusions. Tu es dans des mains terribles !

— Ce que je t'en disais, répliqua Bernard avec un noble sourire, n'était que pour te consoler toi-même, car pour ce qui me regarde, le sacrifice est fait, et jamais il ne m'arrivera pis que je me figure. Veux-tu que je te dise ce que je me figure, ami Cadenet? Le voici : on n'a pas voulu faire scandale au Louvre; c'était assez de mon scandale, à moi. On n'a pas voulu déplaire à ce bon la Vienne en m'arrêtant dans sa maison toute consacrée aux plaisirs. En ai-je eu des plaisirs dans cette maison ! N'importe. On a craint également de réveiller, par une arrestation en plein jour, la commisération publique, soulevée depuis quelques jours par la douloureuse histoire de mes malheurs, et alors, la nuit, par ce temps funèbre, sous l'épaisseur de cette neige qui étreint Paris comme un suaire, je disparaîtrai, je serai remis à quelque capitaine de forteresse lointaine, à quelque officier des galères qui m'emmènera; plus de bruit, plus de plaintes, plus rien des du Bourdet, des Preuil ; adieu mon bon Cadenet, au revoir là-haut !...

Cadenet se détourna, frappa du pied et haussa les épaules avec une impatience destinée à cacher ses paupières gonflées, mais qui trahissait réellement bien plus l'élan de son excellent cœur.

A partir de ce moment, Bernard ne lui parla plus de

cet avenir terrible, mystérieux ! Tous deux prirent leur repas, un peu gênés, mal en appétit, malgré les efforts qu'ils faisaient pour se tromper l'un l'autre. Parfois Cadenet feignait de dormir, Bernard griffonnait quelquefois.

Dans la journée on entendit souvent le long du corridor le petit pied sec et vif de Sylvie, dont la voix s'élevait toujours plus haut qu'il n'était strictement nécessaire pour donner des ordres aussi insignifiants que ceux qu'elle donnait. Cadenet eût bien voulu causer avec elle ; mais sa consigne lui enjoignait de ne point perdre de vue son prisonnier, et de ne laisser pénétrer personne auprès de lui ; cette dernière injonction était de rigueur.

Sylvie n'y tint plus. Vers le soir, elle arriva si près de la porte, qu'on eût entendu battre son cœur à travers la serrure. Le parfum de ses cheveux glissa comme un souffle enchanté jusqu'au prisonnier.

— Ne craignez rien, dit-elle, je suis seule pour deux minutes. La Vienne est bien en colère contre M. Bernard, mais je lui ai prouvé qu'il avait tort. Avez-vous besoin de quelque chose ?

— Hélas ! de vous ! s'écria Cadenet, de vous d'abord. Mais la consigne !

— Je sais, je sais ! profitons du moment. Mon mari est occupé à préparer le pavillon de madame de Verneuil, qui y soupe ce soir avec des amis à elle. Que puis-je pour vous, pour mon pauvre ami nouveau le prisonnier ?

— Vous pouvez vous dire, répliqua Bernard, que de près

ou de loin ce prisonnier regrettera toujours le moment où il pouvait vous baiser la main, où il pouvait garder cette main dans la sienne pendant toute une vie.

— Ne regrettez pas cela, monsieur Bernard, dit Sylvie, ma main n'était pas faite pour la vôtre. Mais vous ne m'avez toujours pas appris le résultat de cette querelle d'hier... Monsieur de Cadenet, parlez, vous.

Bernard lui fit signe de ne rien dire.

— Une plaisanterie, un enfantillage, s'écria-t-il, voyant que Cadenet avait le cœur trop gros.

Mais Sylvie ne se trompa point au silence de celui qu'elle interpellait, à l'empressement de celui qu'elle ne questionnait pas.

— Oh! murmura-t-elle avec un accent tellement pénétré, tellement grave qu'il surprit les deux amis, il n'y a jamais de plaisanterie possible là où figure le nom de Siete-Iglesias! Mais comptez sur moi pour surveiller, si ce n'est mieux, les plaisanteries de votre ennemi; je le connais aussi bien que personne. Dormez tranquille, vous le pouvez, tant que vous dormirez sous mon toit. Ailleurs je n'en répondrais pas de même.

Bernard et Cadenet se regardèrent. Elle venait de prononcer une terrible parole, la bonne Sylvie, au moment où Bernard devait quitter ce toit protecteur. Le souvenir et l'effet de son dernier mot vibrèrent dans le cœur de Cadenet et de Bernard longtemps après que le bruit de son pas furtif se fut éteint sous la voûte du corridor.

L'heure arriva. Le soir étendait ses ombres froides sur

les mornes jardins du quartier. On entendit sonner le couvre-feu. Les crieurs disparurent dans les rues tournantes. Bientôt le carillon de l'église du Petit-Saint-Antoine lança dans les brouillards pailletés de neige ses vibrantes modulations.

Cadenet regarda son ami d'un air significatif.

— Je suis tout prêt, dit Bernard. Penses-tu qu'il me soit permis de laisser quelques lignes de testament, de recommandations quelconques derrière moi ?

— On ne l'a pas défendu, répondit Cadenet.

— J'ai rédigé cela fort à la hâte, tandis que tu faisais un somme, ajouta Bernard. Je ne le cachète pas, d'ailleurs, et le laisse entre tes mains ; tu pourras le montrer à qui tu voudras... Et puis, comme je ne possède plus rien, les stipulations n'ont pas été longues. Toutefois, si jamais il arrive que...

— C'est adressé au président, dit Cadenet, eh ! diable !

— Cela te compromettrait-il ?

— Mais... on ne sait pas.

— Eh bien ! voici ce que c'est : M. le président avait, par bonté d'âme, essayé de me faire espérer que mon petit frère n'était pas mort. Je le priais, en ce cas, de reporter ses bontés sur Aubin, à défaut de mon héritage qui m'a été enlevé. Tu vois que c'est simple. Fais mieux. Ne rends pas cette lettre au président, et accepte l'héritage pour toi-même.

— Lequel ?

— Si tu retrouves jamais Aubin vivant, nourris-le de

ton pain; si tu le retrouves mort, donne lui une tombe chrétienne !

Cadenet se jeta en suffoquant dans les bras de son ami.

— J'accepte, dit-il.

Et il déchira le papier.

— Marchons, maintenant, dit le prisonnier en montrant le chemin à son gardien.

CHAPITRE XII

Remords.

Les deux amis traversèrent d'un pas mesuré les rues enveloppées dans un profond silence. On comprend qu'ils ne se pressaient pas. Cadenet surtout semblait plongé dans une atonie complète. Le cœur lui manquait sans doute au moment de l'exécution.

Mais comme tôt ou tard on arrive quand on marche toujours, Bernard se vit tout à coup à l'angle de la rue Saint-Antoine en face de la Bastille qui élevait dans les ténèbres sa masse gigantesque.

— Ah ! je comprends, dit-il, nous touchons au but, n'est-ce pas, mon ami ?

— Nous n'en sommes pas loin, murmura Cadenet.

— Je croyais que l'entrée de la Bastille était en deçà du faubourg ? reprit Bernard. Dans ton trouble tu passes la porte. Retournons.

— Ce n'est pas précisément à la Bastille que nous allons, bien que le résultat doive être à peu près le même, soupira Cadenet. Aperçois-tu, près du rempart, ce petit groupe de maisons noires, de l'autre côté des fossés?

— Sans doute! eh bien?

— Eh bien! c'est dans la première de ces maisons-là que j'ai ordre de te déposer.

— Le logis du gouverneur, peut-être?

— Quelque chose comme cela, mon pauvre Bernard!

Ils continuèrent silencieusement leur route, et bientôt, à l'entrée du faubourg, ils s'arrêtèrent devant la maison qu'avait désignée Cadenet.

— C'est ici, dit ce dernier avec un violent effort.

Bernard ne répondit pas. Il réfléchissait.

— J'ai peur, ajouta-t-il, que tu ne m'aies jugé un peu faible, et caché, par conséquent, mon sort. Je crois que tu te trompes. Si je savais tout, même une réalité affreuse, j'aurais l'angoisse de moins, tu m'aurais rendu service.

Cadenet lui prit la main.

— Je ne sais rien, dit-il, sinon que, d'après l'ordre de M. de Luynes, je vais heurter d'une façon particulière à cette porte; un homme l'ouvrira, me dira : Est-ce M. de Preuil? Je répondrai : Oui. Tu entreras, la porte se refermera sur toi, et tout ce que je sais, c'est que nous ne nous verrons plus; pourtant, devant nous, il y a l'espace... la liberté... Si, avec plus de courage...

— Frappe à cette porte, s'écria Bernard, frappe, je t'en conjure, assez de malheurs comme cela!

Cadenet se hâta de frapper comme pour échapper plus vite à des pensées trop généreuses.

La porte basse, massive, chevillée de clous de fer à tête énorme, était percée d'un petit guichet qui s'ouvrit et laissa voir derrière ses treillis renforcés comme une ombre de visage d'homme.

— Est-ce M. de Preuil? demanda-t-on.

— Lui-même, hélas! répliqua Cadenet.

Les verrous se tirèrent, la porte pivota. En la voyant glisser sur ses gonds et tracer un grand angle noir sur un fond inconnu, Cadenet crut voir s'ouvrir un abîme dans lequel la fatalité le poussait à précipiter son malheureux ami.

— Il faut se dire adieu, murmura-t-il.

— Adieu, dit Bernard le cœur serré, en s'attachant à lui comme à la dernière joie qu'il eût en ce monde.

— Tout ce que je pourrai faire... tout ce que mon frère pourra... crois bien!... ne désespère pas... articula Cadenet d'une voix saccadée.

— Adieu, adieu! dit Bernard qui craignit de laisser voir son émotion, merci, Dieu te récompensera!

Et il s'élança sous la voûte. La porte se referma; Bernard sentit que l'homme, son nouveau gardien, était resté derrière lui.

— Où faut-il que j'aille? demanda-t-il, non sans se préoccuper de ce qui l'attendait plus loin, ou sous cette voûte, peut-être.

— Tout droit, répondit-on.

Bernard avança, découvrant à chaque pas une lueur plus grande, jusqu'à ce qu'il arrivât à une sorte de vestibule qu'éclairait une petite lampe suspendue aux solives par des chaînettes de fer poli.

Alors il s'aperçut, en heurtant un siége, que Cadenet, par oubli, par charité peut-être, ne lui avait pas ôté son épée.

— Oui, mais le gouverneur va me la demander bien vite, pensa-t-il, et à quoi bon lutter?...

L'homme qui tout à l'heure suivait Bernard, se mit à le précéder; on monta un escalier de bois luisant à larges degrés carrelés de briques; le guide s'arrêta au premier étage, sur un palier donnant accès à deux chambres, dont l'une était fermée par une portière en grosse tapisserie de Flandres.

— Entrez là, dit le guide à Bernard, qui le regarda en face, stupéfait de ce calme, de ce silence, de cette solitude.

Il écarta les rideaux d'une main hésitante et passa dans cette chambre, où probablement allait se décider son sort.

Cette vaste pièce, tendue de vieux damas de laine autrefois vert, à larges dessins, un peu brouillés par les années et les morsures du soleil, n'était éclairée que par une cire brûlant dans un mortier de marbre. Elle avait son meuble du même âge que la tenture, vieux fauteuils à bras tordus sculptés dans le frêne, dont les siéges de cuir de Cordoue s'harmoniaient doucement avec la paisible lueur d'un feu de braise assoupi dans l'âtre. Un grand tapis à feuillages semés d'oiseaux et de chasseurs bizarres s'étendait sous la table massive aux pieds torses. Aux murailles pendaient, là un tableau, là une arme, plus loin un bénitier. Un gros chat blanc ronflait devant le feu, près d'une bouilloire ventrue qui ronflait comme lui. C'était peut-être la chambre d'une vieille femme, le capharnaüm d'un paisible bourgeois endormi depuis la fin de la Ligue ; c'était peut-être le dortoir d'un malade, mais nullement le cabinet d'un gouverneur de prison d'État.

Bernard cherchait à s'orienter, regardait chaque chose autour de lui et interrogeait la clarté blafarde qui glissait du ciel neigeux par l'imposte à châssis de plomb d'une vieille fenêtre, quand un grincement d'anneaux sur une tringle de fer attira ses yeux vers les rideaux d'un grand lit carré qu'il n'avait pas encore aperçu dans l'angle le plus noir, où il se confondait avec les tentures de la chambre.

En même temps, une voix d'enfant frêle et fatiguée appela Bernard, qui tressaillit de tous ses membres.

— Ne venez-vous pas m'embrasser, mon frère? murmura cette voix, cette musique du ciel.

Quelque chose d'inconnu, d'ineffable, un frisson glacial comme la mort, un serrement de cœur suave et douloureux comme les voluptés qui tuent, enchaîna Bernard au tapis qu'il foulait. Pendant quelques secondes, ses yeux ne virent plus, son sang tourbillonna et s'engourdit soudain. Il se sentit pâlir, il fléchit comme foudroyé, et ses deux mains, rencontrant la table, y tombèrent comme deux crampons pour empêcher la chute de son corps.

— Aubin... dit-il d'une voix sourde qui se nouait en replis douloureux dans sa gorge aride, toi... vivant...

— Oui, mon frère, répondit l'enfant, que Bernard put distinguer alors dans la blancheur des draps et des oreillers au-dessus desquels s'élevait sa petite figure amaigrie, nacrée, en laquelle rien ne semblait vivre que sa prunelle fixe et dilatée.

Bernard voulut lever ses mains au ciel, il voulut jeter un cri de joie : les mains retombèrent, le cri expira. Un effort suprême soutint le jeune homme pendant trois pas chancelants, au bout desquels il vint tomber à genoux devant le lit, incapable de lever jusqu'à l'enfant sa tête défaillante que le pauvre petit cherchait de ses mains et appelait de ses lèvres.

Ce spectacle devait être touchant, car on entendit comme un sanglot dans l'un des coins de la chambre.

En même temps, l'homme qui avait accompagné Bernard, voyant qu'il se ranimait peu à peu et prévoyant que son premier élan le jetterait éperdu dans les bras d'Aubin, lui dit du seuil de la porte :

— N'embrassez l'enfant qu'avec des précautions infinies ; vous pourriez rouvrir sa blessure.

Alors Bernard se redressa. Ses yeux, inondés de bonheur, envoyèrent à Aubin la première, la plus brûlante caresse ; ses mains tremblantes semblaient s'enchaîner elles-mêmes pour ne point toucher à ce lit. Mais Aubin approcha sa tête, et Bernard posa ses lèvres seules, ses lèvres avides sur la joue et les yeux du petit ami que lui rendait un miracle.

— Et mon papa... sa blessure?... il va toujours de mieux en mieux, n'est-ce pas? dit Aubin.

— Sans doute... murmura Bernard, qui comprit qu'on avait caché à l'enfant sa perte la plus douloureuse, et il étouffa un soupir.

— Il va mieux, puisque vous avez bien pu le quitter pour me venir voir, continua Aubin. Oh! j'avais de vos nouvelles tous les jours.

— Par qui? allait demander Bernard, mais il s'arrêta. Une question pareille ne donnerait-elle pas des doutes à l'enfant!

— Je... je ne connaissais pas cette maison, dit-il en prenant une main d'Aubin dans les siennes; tu es bien ici, mon petit ange!

— Oh! très-bien! Madame la Fougeraie est si bonne.

— La Fougeraie! s'écria Bernard; tu es chez...

— Sans doute, chez notre vieil ami, que mon papa aime tant!

— C'est lui qui t'a sauvé, cher enfant!

— Non, c'est lui qui m'a reçu dans sa maison; mais ce n'est pas lui qui m'a emporté.

— Qui donc? demanda Bernard, dont les idées commençaient à se troubler.

— Vous savez bien, reprit Aubin avec un regard brillant d'intelligence.

— Non... je ne sais pas, — je ne me souviens plus, mon petit Aubin... Je ne sais rien... j'ai besoin que tu m'apprennes chaque détail de cette nuit terrible, j'étais absent, tu sais... Conte-moi donc tout ce qui est arrivé... Tout ce que tu as souffert.

— Oh! j'ai beaucoup souffert, dit l'enfant, et je serais mort, à ce que l'on dit, si *elle* n'avait eu le courage de m'emporter dans ses bras.

— Elle? murmura Bernard, qui, elle?

— Ma bonne amie, celle que je prenais pour un fantôme, celle que je vous ai dit que j'avais vue aux Bordes, dans la chambre de notre mère!

Bernard se releva, pâle, saisi, mordu subitement au cœur.

— Cette femme! s'écria-t-il, c'est à elle que tu dois la vie?

— Oh! qu'elle est généreuse! qu'elle est brave! dit Aubin.

Bernard essuya une sueur glacée qui perlait sur son front.

— Après le coup de pistolet qui a blessé mon pauvre papa, reprit Aubin : — Nous sommes perdus, dit-elle. Et alors, nouant les rideaux au balcon, elle m'enleva dans ses bras, franchit la fenêtre avec moi, et nous glissâmes en bas, dans le parterre. Elle avait les mains toutes saignantes.

Bernard ouvrit des yeux égarés.

— Puis, continua l'enfant, nous courions! nous courions, elle m'entraînait : — Au bord de l'eau, disait-elle ! on nous attend ! viens vite !... je me hâtais tant que je pouvais lorsque je sentis une douleur entre les épaules oh ! quelle douleur ! je criai.

— C'était... dit Bernard palpitant.

— C'était une balle d'arquebusse qui m'a tout déchiré la poitrine, et je souffre encore quelquefois beaucoup, dit l'enfant avec un froncement de sourcils douloureux ; alors ma bonne amie m'a soulevé entre ses bras, j'étais bien lourd, et depuis le moment où je me suis senti porté, appuyé sur elle, je ne me souviens plus de rien. Je ne me suis réveillé que sur un cheval, le long d'une route, et, au lieu du ciel que je cherchais en ouvrant les yeux, ce sont les yeux de ma bonne amie que j'ai rencontrés : elle me regardait, en me soutenant toujours. Enfin, l'on m'a mené ici, l'on m'a soigné... un savant médecin qui me fit grand mal en ôtant cette vilaine balle de plomb. Il paraît qu'à présent je suis sauvé, et que je ne mourrai pas.

Bernard pencha la tête, son cœur se soulevait dans les angoisses, il se tordit les mains avec désespoir, et enfin un ruisseau de larmes tomba de ses yeux brûlants.

— C'est elle qui a fait cela ! dit-il les mains jointes.

— Ne le saviez-vous pas, mon frère ?

— Non, répondit Bernard d'une voix éteinte, je ne le savais pas !

— Oh ! mon frère, que vous serez content alors de la remercier, comme nous lui devrons de la reconnaissance !

Bernard cacha son visage dans ses mains.

— Elle m'a guéri bien plus que le médecin, continua Aubin, en me parlant des Bordes, en me rassurant sur mon papa, sur Marcelle, en me parlant aussi de vous.

— De moi! dit Bernard, dont le visage noyé de pleurs et marbré de la pression de ses mains fiévreuses n'avait plus rien d'humain depuis la fin de ce récit.

— Vous aussi, m'a-t-elle dit, vous étiez bien malade, mais de chagrin seulement; et je me disais : Quand mon frère Bernard saura que nous allons tous mieux, il se rétablira et viendra me voir. Tous les jours je demandais à ma bonne amie : Quand viendra-t-il?

— Tu la vois tous les jours?

— Oui, cependant je ne l'ai pas vue hier; c'était la première fois.

Bernard frissonna comme si un fer de lance lui eût traversé les entrailles.

— C'est la Fougeraie, ajouta l'enfant, qui m'a annoncé ce matin que j'aurais votre visite ce soir.

— Je voudrais bien embrasser la Fougeraie, dit Bernard avec une douleur amère en cherchant des yeux autour de lui.

— Tenez!... le voici, dit Aubin.

Une ombre sortit de dessous la portière et se fit voir au jeune homme qui s'avança, les bras étendus.

Après quelques moments employés à de muettes étreintes, à l'échange de douloureux soupirs :

— Monsieur de Preuil, dit l'écuyer, maintenant que

vous avez vu et embrassé Aubin, il ne faut ni le fatiguer ni vous fatiguer vous-même. Dites-lui adieu.

— Oh! s'écria Aubin gémissant.

— Allons, allons, reprit le vieillard avec douceur, soyons raisonnable. Obéissez.

— Au revoir, mon frère, dit Aubin calmé ; revenez tous les jours.

— Il ne pourra revenir tous les jours, interrompit la Fougeraie.

— Pourquoi?

— Il se doit aussi à votre père... Et puis, s'il venait ici trop souvent... ce serait dangereux.

— C'est vrai, s'écria Aubin mettant un doigt sur ses lèvres pâles comme des violettes. Oh oui! si les méchants savaient que nous vivons encore!... Cachez-vous bien, mon frère! cachez-vous comme notre bonne amie vous le dira!

— Partons, je vous prie, murmura Bernard à l'oreille de la Fougeraie. Mon cœur est déchiré, je n'y tiens plus ; un moment de plus, et je tombe à cette place.

Il embrassa une dernière fois son frère, et se précipita hors de la chambre.

Mais, dehors, ses yeux s'enflammèrent, sa voix s'altéra.

— Monsieur, dit-il en éclatant, est-ce que je suis condamné à mourir sans avoir imploré mon pardon? Monsieur, c'est fini pour moi sur la terre ; le bonheur qui m'arrive en ce moment est le plus horrible des tourments qu'un homme puisse souffrir. Par pitié, mon vieil ami, par la mémoire de mon pauvre père que vous avez tant aimé, ne me laissez pas mourir dans le désespoir.

— Comment, mourir! dit la Fougeraie ému de cette douleur qui changeait chaque syllabe en un sanglot capable d'entraîner l'âme avec lui.

— Pensez-vous donc, reprit Bernard avec véhémence, que je consentirai à vivre avec le remords qui me ronge le cœur. Quoi! Dieu m'a envoyé un de ses anges et j'ai soupçonné cet ange, et je l'ai accusé publiquement, insulté, maudit. Ah! mon cher la Fougeraie, vous n'auriez jamais été jeune, vous n'auriez jamais senti bouillonner un sang généreux autour de votre cœur, si vous ne compreniez pas que je me sens misérable, que je me fais horreur, que je me dévore et que je ne vais pas être longtemps à me punir!

La Fougeraie, inquiet de cette exaltation, essaya de prendre la main de Bernard.

— Vous qui la verrez, s'écria ce dernier tout frémissant, tout hagard, vous lui direz mes paroles, vous lui porterez mes bénédictions, mon dernier adieu!

— Bernard, interrompit le vieillard, où allez-vous?

— Où je vais! je vais trouver le dernier espoir qui me reste, l'oubli; la dernière consolation que j'attende, le pardon de Dieu; le dernier asile que je cherche, la tombe!

— Insensé!... elle vous pardonnera!...

— Mais moi! me pardonnerai-je? moi! son accusateur, son bourreau! Adieu la Fougeraie. Adieu, mon ami. Vous essayez de me retenir, mais en vous-même, j'en suis sûr, vous vous dites que je suis un lâche, et que déjà je devrais être mort!

En disant ces mots, il s'élança comme un furieux, se dégageant des bras trop faibles du vieillard, et en trois bonds il fut au bas de l'escalier.

Une ombre l'attendait sur le premier degré, une ombre devant laquelle il recula comme frappé de la foudre. C'était Marguerite, vêtue de noir, et dont les traits pâles s'esquissaient à peine dans le timide reflet de la lampe du vestibule.

— Vivez, dit-elle d'une voix triste et douce, n'allez pas détruire l'édifice qui m'a coûté si cher à élever.

Il se courba, chancelant, désespéré, étouffant sous le poids des remords.

— N'est-ce pas assez que je sois perdue? continua Marguerite.

— Vous perdue !... Par moi, n'est-ce pas ?

Elle ne répondit qu'avec un angélique sourire.

— Et vous voulez que je vive! s'écria Bernard, moi qui déjà ne m'appartiens plus depuis que mes yeux ont rencontré les vôtres, moi qui vous préférais à tout l'univers, même en vous pensant coupable, moi qui, vous croyant la dernière des femmes, fusse mort déjà de ce qu'il y avait pour vous dans mon cœur !

Et aujourd'hui que vous m'apparaissez telle que Dieu, telle que mon âme vous avaient faite, aujourd'hui que pour m'avoir sauvé, je le sais, vous vous êtes perdue, moi le vrai criminel, moi, le misérable insensé, je vivrais!

Ah! madame, avouez donc que c'est impossible, donnez-moi votre pardon, donnez-moi votre main, laissez-moi vous regarder une fois encore et oubliez à jamais que j'aie existé!

Marguerite, émue, attendrie, releva le jeune homme, qui pressait le bas de sa robe et baisait ses pieds.

— Voilà, dit-elle, que pour vous le ciel devient pur. Prenez ce sauf-conduit de la reine mère, vos biens sont restitués. Aubin vivra, vous le savez. Sans la mort de votre père, dites, qu'auriez-vous à regretter de vos jours écoulés? Fortune, amis, liberté, que vous manque-t-il? N'êtes-vous pas un homme heureux?

— Jamais pareille torture n'aura éprouvé ma vie, jamais condamné aux plus affreux supplices n'aura souffert ce que désormais je vais souffrir.

— Vous! murmura-t-elle.

— Moi!... qui vous connais!... et qui vous perds!... Aubin! heureux Aubin, il vous aime, et vous l'aimez!..... Moi, qui vous adore comme une divinité, je vous suis odieux! Moi, je vous fais souffrir!

— Tout à l'heure, derrière la tapisserie, j'ai oublié mes souffrances en vous voyant embrasser votre frère. Je vous pardonne. D'ailleurs, en souffrant par vous, hier, je vous ai admiré. Vous êtes un homme de cœur, et un homme de cœur ne pouvait agir autrement que vous avez fait. Tout ne m'accusait-il pas, moi qui ne pouvais cependant me révéler à vous sans nous perdre tous deux?... Moi, dont on guettait le regard, la parole, le silence?... Oh! oui, je vous pardonne, et vous-même, pardonnez-moi!

— Est-ce bien vrai ? vous me souriez ! Vous voulez donc à présent que je meure de joie ?

— Je veux que vous vous conserviez pour votre frère à qui je manquerai peut-être bientôt...

— Vous êtes menacée !

— Je veux que vous vous conserviez aussi pour moi. J'ai besoin d'amis fidèles ; j'ai besoin d'appuis, je ne vis plus que par une seule fibre de mon cœur !

— Oh ! bien ! prenez donc ma vie, si elle peut vous épargner une larme ! c'est à vous !... disposez...

— Votre dévouement, je l'accepte ; je l'accepte avec joie. Je le mettrai à l'épreuve. Mais pour me garder la défense, il faut que vous vous mettiez en sûreté, vous le défenseur. Fuyez ! Je vous ai envoyé hier quelque argent chez la Vienne ; la Fougeraie vous en enverra d'autre... Fuyez ! le volcan gronde sous vos pas...

— Sous les vôtres aussi !...

— Oh ! moi !... dit-elle avec un sourire sublime, je remercierai Dieu si je vous sais en sûreté. Gagnez un pays voisin, pas l'Espagne !... pas Florence !... L'Allemagne, Cologne, par exemple. Je vous y ferai protéger. Soyez parti demain ! Passé demain je ne répondrais plus de vous ! Allons, monsieur Bernard, abandonnez mes mains, qui, malgré moi, serrent les vôtres. Vous voyez bien que je n'ai pas la force de les en détacher.

— Me jurez-vous, dit-il, que vous ne risquez rien à rester à Paris.

— Je suis sous la protection de la reine, qu'après votre

départ je vais rejoindre en un lieu où elle m'attend, gardée par M. de Luynes et votre ami Cadenet, pauvre garçon qui vous aime et qui croit peut-être en ce moment vous avoir conduit au supplice. Je le détromperai, soyez tranquille... Vous êtes rassuré, quittons-nous... Adieu !

— Madame... je pars. Demain matin j'aurai quitté Paris. Madame, qui sait si je vous reverrai jamais ! Cependant la joie, la reconnaissance, la plus ardente amitié débordent de mon âme. Est-il un homme aussi malheureux que moi !

— Est-il une femme plus heureuse ? car maintenant, j'ai jugé votre cœur, vous connaissez le mien, et, vivante ou morte, vous et mon petit Aubin vous aimerez mon souvenir et bénirez ma mémoire.

Il souleva ses doigts glacés qu'il couvrit de baisers et de larmes. Elle aussi pleurait. Elle fit un signe. La Fougeraie sépara leurs mains, ouvrit la porte après avoir exploré les environs d'un coup d'œil défiant. Ils échangèrent un dernier regard, et Bernard disparut au milieu des tourbillons de neige qui fouettaient son visage dans les ténèbres.

CHAPITRE XIII

Le dernier coup.

Tandis que Cadenet conduisait Bernard à la maison du rempart, deux femmes enveloppées de mantes épaisses sortaient des Tuileries par les jardins et se dirigeaient, escortées d'un gentilhomme qui les suivait à dix pas, vers le palais, près duquel demeurait, on le sait, le premier président.

Dans la nuit, dans l'ouate molle de cette neige qui assourdissait leurs pas, les trois promeneurs arrivèrent au but de leur excursion sans avoir rien rencontré de suspect. Les bourgeois rentraient frileux, les rondes commençaient à circuler pour la sûreté de la ville, et une fois dans l'île, où les voleurs n'osaient guère s'aventurer, nul obstacle n'empêcha le guide de pénétrer chez le président, qui travaillait encore avant de se mettre au lit, et de lui faire dire que les clients qu'il attendait venaient d'arriver.

Le vieillard sortit aussitôt de son cabinet avec les signes d'une émotion qui ne lui était pas ordinaire. Il vint jusque dans l'antichambre où se tenaient les trois personnes, et, s'adressant aux dames masquées, selon l'usage d'alors, il les pria d'entrer pour l'audience qu'elles réclamaient de lui.

Mais aussitôt que ses gens furent congédiés, et les portes fermées avec ordre absolu de ne plus recevoir personne, le gentilhomme et l'une des dames sortirent du cabinet et retournèrent à l'antichambre où ils s'installèrent devant un énorme poêle; une seule des dames resta en présence de M. de Harlay.

Le vieillard, s'inclinant alors avec toutes les marques d'un profond respect :

— J'attends, dit-il, les ordres de Votre Majesté.

La dame releva la mante qui enfermait sa tête blonde,

détacha son masque et apparut brillante de sa fraîche et juvénile beauté. Ses grands yeux bleus semblaient regarder avec autant de respect que d'attention l'homme illustre, le sage par excellence qu'elle était venue trouver dans son sanctuaire.

— Monsieur, dit Anne d'Autriche, pour que j'aie bravé les dangers d'une semblable démarche, vous comprenez que j'ai dû beaucoup souffrir, et désirer beaucoup d'être conseillée par vous.

— J'eusse été moi-même aux Tuileries, madame, répondit M. de Harlay, sur un signe de Votre Majesté.

— Oui, mais on vous eût vu, et il m'importe que tout le monde ignore que j'ai eu cet entretien avec vous. D'ailleurs, votre confiance en moi n'eût pas été aussi complète aux Tuileries qu'ici, dans votre propre cabinet, et j'ai besoin de votre confiance entière ; car si vous me parlez comme on parle d'ordinaire aux rois, c'est-à-dire avec égards, avec sagesse, mais pour la gloire du conseiller, non pour l'intérêt de la personne qui consulte, j'avoue que j'aurai eu tort de venir, et je m'en repentirai. Voyez donc, monsieur le président, si vous êtes en bonnes dispositions pour moi ; et comme je sais que jamais vous ne mentez ; comme je sais que votre seule manière de mentir est de ne pas dire les vérités qu'on vous demande, répondez-moi sincèrement, me direz-vous toute la vérité ?

Le président se recueillit un moment, étonné de cette présence d'esprit, de cette clarté d'expression, de cette vigueur de pensée.

— J'espère que oui, madame, dit-il. Sur quoi Votre Majesté veut-elle m'entretenir?

— Sur moi-même. Le sujet est difficile à traiter, n'est-ce pas? Oh! je le sais bien. Je suis Espagnole, et vous, l'ami le plus sincère du feu roi, vous n'aimez pas l'Espagne.

— C'est vrai, madame. Tous nos malheurs sont venus de là, et peut-être en viendront-ils encore.

— Voulez-vous, dit Anne d'Autriche avec calme, préciser, comme si je n'étais pas Espagnole, les griefs que vous reprochez à mon pays.

— La guerre étrangère pendant dix ans, mêlée à la guerre civile. Le tout, compliqué de querelles religieuses, prétexte éternel d'envahissement et d'usurpation. Enfin... après tous ces griefs politiques... un crime, un crime odieux...

— La mort du roi Henri IV, n'est-ce pas?

— Oui, madame.

Anne d'Autriche pencha un instant son front noble et pur.

— Oui, dit-elle, on l'a répandu. Mais est-ce bien l'Espagne seule qui a fait assassiner le feu roi, répondez avec impartialité.

— Je ne le prétends pas, madame. L'Espagne a eu ses stipendiés, ses sicaires.

— Parmi les Français eux-mêmes, n'est-ce pas?

— Peut-être.

— Et certainement parmi les Italiens... continua la reine.

Le président la regarda de son œil froid et terne ; il ne répondit pas.

— Vous taire, monsieur, est un indice de défiance, reprit Anne d'Autriche. Je ne veux point que vous vous défiez de moi. Apprenez que je suis Française, ayant épousé un Français.

Le président ne sourcilla point.

— Vous semblez douter, dit-elle.

— Si je le puis sans perdre le respect que je dois à Votre Majesté, j'oserai dire que je doute, répliqua M. de Harlay, car vous suivez, en demeurant Espagnole de cœur, la loi de nature, la voix du sang, d'un sang qui n'a jamais crié bien haut en faveur des Français.

— Cependant, monsieur, examinez ma situation : reine de France, destinée à y vivre, à y mourir, à y élever pour le trône de France, pour mon héritage enfin, les fils que Dieu peut me faire la grâce de m'envoyer, n'ai-je pas à vos yeux les qualités suffisantes pour faire une bonne Française ? Je vous en prie, monsieur le président, je vous en supplie, mon père, parlez-moi sincèrement comme à une enfant entourée d'ennemis, d'embûches, et qui vient à vous, son unique protecteur.

Harlay considéra quelque temps la jeune femme avec cette lumineuse perspicacité qui savait plonger jusqu'au dernier détour des âmes les plus profondes.

— Si ma reine était mère, répondit-il, ma confiance n'hésiterait pas longtemps à suivre la vôtre. Une reine espagnole n'est bien réellement Française pour moi que le jour où elle fait prier un enfant en français, pour les Français, ses sujets futurs.

— Jusque-là, vous ne m'écouterez pas, alors, et vous ne me soulagerez pas dans mes disgrâces?...

— Les disgrâces dont vous pouvez avoir à souffrir, madame, dit solennellement M. de Harlay, vous ne pouvez les entrevoir encore. Les frivoles petits malheurs que vous déplorez, permettez-moi de ne pas y attacher autant d'importance que vous.

— Quoi! s'écria Anne d'Autriche avec véhémence, vous m'avez assez mal jugée, vous, un homme d'expérience, un sage! Vous vous abusez à ce point que vous ne me voyez pas la plus malheureuse des femmes! Quoi! vous ne sentez pas la haine de ma belle-mère, les affronts que je dévore, les menaces que me font ses amis?

— Pourquoi des menaces, madame; en quoi les gênez-vous? demanda presque sérieusement le vieillard, qui semblait lui dire : Cette haine, on ne vous fait pas l'honneur de la ressentir pour vous; ces affronts, pourquoi êtes-vous lâche au point de les endurer; ces menaces, que ne les avez-vous déjà châtiées?

Anne comprit.

— Je fais tout ce que je puis, dit-elle; malheureusement je ne puis pas beaucoup.

— Mais le roi, reprit M. de Harlay poursuivant son austère récrimination, le roi pourrait tout, s'il le voulait et s'il était appuyé d'une pensée aussi solide, d'un esprit aussi brillant que le vôtre.

Anne sentit ce nouveau reproche.

— Si j'avais le malheur, répliqua-t-elle vivement, de laisser voir cette pensée ; si je n'étouffais pas jusqu'à la plus faible étincelle de ce que vous appelez mon esprit, je serais déjà chassée... morte, peut-être !

Le président fit un mouvement.

— Me comprenez-vous mieux ? dit la jeune reine.

— Il me semble que oui, madame. Mais alors vous devinez donc le danger que vous préparent certains ennemis.

— Nuit et jour je rêve à le conjurer.

— Des rêves... c'est bien peu, madame !

— Quelquefois j'ai essayé des actions ; elles m'ont réussi assez mal.

— Des actions ?... dit le vieillard avec un reste d'ironie, je ne les ai pas soupçonnées, excusez-moi.

— Par exemple, sachant que M. de Vendôme, le frère naturel du roi, était tenu en prison au Louvre, et qu'on cherchait à l'empêcher de communiquer à son frère certaines vérités qu'il veut, dit-on, lui faire approfondir...

— Eh bien, madame ?

— Eh bien, M. le président, j'ai fait évader du Louvre M. le duc de Vendôme.

Harlay ne put retenir une exclamation.

— Oui, dit-elle tranquillement, une femme, mon amie, ma plus chère amie, qui appartient en apparence à la reine mère, s'est chargée de mettre ce projet à exécution, et elle a réussi. Que n'a-t-elle eu le même bonheur dans la fin de son entreprise !

—Achevez, je vous prie, madame.

—Volontiers. Cette amie dévouée a été forcée de se cacher dans une maison particulière pour éviter d'être reconnue par ceux qui cherchaient le prince. Car être reconnue, c'était être perdue, c'était me perdre moi-même. Elle est donc rentrée dans cette maison, aux environs de Melun, chez un avocat au Parlement?... Vous connaissez tous les gens de robe, monsieur; vous connaissez peut-être celui-là : du Bourdet?

Le vieillard tressaillit et resta immobile.

—C'était mon ami, répliqua-t-il. Vous avez pu me l'entendre dire le jour où je suis allé demander au roi grâce pour la mémoire de cet honnête homme; grâce pour les débris de sa famille; le jour où l'on m'a refusé, sans que le roi m'ait prêté secours contre une si odieuse iniquité.

—J'ai entendu, en effet, dit la reine avec son regard limpide et vigilant; et, dès ce moment, j'ai résolu de venir causer plus intimement avec vous. Vous voyez que je me confie, moi. Je vous dis que mon amie, mon agent était là, cachée, pour l'affaire de M. de Vendôme. C'est moi qui ai fait demander au prince cette lettre avec laquelle vous espériez sauver votre protégé. Eh bien! n'avez-vous rien à me confier en retour? Ne pouvez-vous, par exemple, m'apprendre ce que vous attendiez de ce pauvre homme qu'ils ont tué? Ne sauriez-vous m'estimer assez pour me révéler dans quelle intention vous appeliez du Bourdet à Paris, près de mademoiselle de Coman, par exemple?...

Harlay, surpris, releva la tête, courbée par le poids des solennelles pensées qui s'y heurtaient depuis quelques minutes.

— Oh! vous frappez juste, madame, dit-il. Votre jeunesse est bien mûre, sous les apparences riantes de ce printemps.

— Ne pensez-vous pas qu'en vous suppliant de m'accorder votre alliance, je puisse vous être parfois une aide utile?

— Je le reconnais, et j'en profiterai. Oui, vous êtes, si vos intentions sont sincères, vous êtes tout ce que je cherchais.

— Vous m'accepterez donc?

— D'autant plus volontiers que tout mon travail, toutes mes veilles, toutes mes angoisses, n'avaient pour but que votre fortune et celle de votre postérité.

— Je le sais bien!... Voilà pourquoi je suis venue à vous, voilà pourquoi je vous adjure encore de me dire : Ce secret, étouffé en 1611 sur les lèvres de mademoiselle de Coman, ce secret qui fait trembler, je le devine, tous nos ennemis... je dis nos ennemis, n'est-ce pas, mon père?... Cette arme invincible, si vous trouvez la main capable de la manier, je ne vous prie pas de la confier à mon bras, non, mais faites-la moi voir seulement d'avance; permettez-moi d'apprécier dans ma joie, dans ma reconnaissance, le poids et la profondeur des coups qu'elle saura frapper. Alors, monsieur le président, alors au lieu de me laisser abaisser peu à peu, comme je le fais, pour éviter qu'on m'écrase, alors je relèverai la tête, je persuaderai au roi sa force, notre force; je grouperai autour de notre trône, ridicule aujourd'hui, formidable demain, tous ceux qui veulent la gloire, le bonheur, l'intégrité de ce royaume. Alors, je forcerai ce fils chancelant qui n'est à présent que le fils de l'Italienne, sa mère, je le forcerai à se souvenir qu'il est fils de Henri IV, de Henri IV dont il a l'héritage à maintenir, la mémoire à honorer... à venger peut-être... Oh! comprenez-vous que je suis Française maintenant, et dites-moi loyalement que ce crime dont vous parliez tout à l'heure, vous m'apprendrez à le venger!

— Il sera fait selon vos désirs, répondit simplement l'illustre magistrat. Vous venez de détruire jusqu'à la moindre de mes objections, vous avez éteint mon dernier scrupule. Dans peu d'instants, vous saurez tout comme moi-même. Mes moyens, mes plans, mes armes, je vous aurai tout livré. Je viens de descendre dans ma conscience, c'est-à-dire de consulter Dieu, et cette voix infaillible m'a répondu que si vous me trahissiez par gré ou par faute, vous vous trahiriez vous-même, vous, l'unique objet, avec le roi, de ma pénible et magnifique entreprise. Désormais votre avenir ne sera plus qu'entre vos mains. Votre Majesté veut-elle prendre la peine de me suivre?

— Où cela, je vous prie?

— Nous allons dans la prison de mademoiselle de Coman, vous l'entendrez, vous verrez jaillir la vérité que j'ai cachée précieusement jusqu'à ce jour.

— Allons!

— Votre Majesté comprendra sur-le-champ ce que je demandais au pauvre du Bourdet, — son témoignage, car lui seul eût su appuyer de sa déposition les faits terribles qui éclatent à chaque mot de la prisonnière. Voilà pourquoi...

— Voilà pourquoi on a tué du Bourdet, n'est-ce pas? s'écria Anne d'Autriche.

— Oui, madame.

— Vous n'avez plus ce témoin, alors, et les misérables comptent sur votre impuissance à établir une conviction.

— Seule, avec moi, mademoiselle de Coman serait déjà trop redoutable pour eux. Mais soutenu par votre volonté, par celle du roi, le témoignage de mademoiselle de Coman les broiera comme une vile poussière.

— Tous?

— Ceux qui résisteraient à cette première épreuve, — les plus forts, — je leur en garde une seconde...

— Décisive, au moins!

— Oui, madame, décisive, même pour les plus puissants!

Anne tendit la main au président et la serra dans ses petites mains nerveuses.

— Je vous suis chez mademoiselle de Coman, dit-elle.

Le président ouvrit la porte de son cabinet et montra le passage à la reine, qui avait repris déjà son capuchon et son voile. Mais comme ils allaient franchir la porte du vestibule dans lequel les attendaient Luynes et dona Estefana, un homme accourut, affairé, troublé, demandant aux officiers à voir le président sans délai.

— Monsieur le bailli! dit de Harlay, que voulez-vous? pourquoi ce désordre?

— Tenez, monseigneur, répliqua cet homme, en offrant au magistrat un parchemin que celui-ci prit avec étonnement, tandis qu'un laquais lui éclairait l'étrange missive.

— « Ordre de la reine mère, dit-il, son visage s'altérant à mesure qu'il lisait, ordre de transférer du palais à la Bastille la demoiselle de Coman! »

Anne frissonna sous ses voiles.

— On attendra, s'écria le vieillard, que j'aie fait à Sa Majesté mes remontrances.

— Hélas! monseigneur, murmura le bailli tremblant.

— Qu'est-ce à dire? Vous hésitez, vous vous cachez le visage! Monsieur le bailli, où sont les gens qui ont apporté cet ordre?

— Partis, monseigneur.

— Partis! Mais mademoiselle de Coman.

— Partie avec eux.

Anne poussa un cri étouffé. Le vieillard stupéfait, pâlissant, saisit le bras du bailli et l'amena en face de la lumière des flambeaux :

— Partie!... Ce n'est pas possible! vous m'eussiez fait prévenir!

— Monseigneur!

— Vous saviez que je tenais à garder cette prisonnière

sous ma main. Vous le saviez, vous, mon officier, presque mon ami !...

Le bailli baissa la tête. Son front s'empourprait. On voyait les veines se gonfler sur ce front autrefois uni et calme comme celui d'un honnête homme.

— On ne m'a pas permis, balbutia-t-il.

— Vous mentez ! dit froidement le vieillard. Vous mentez ! je vous ai connu capable en un certain temps de passer à travers dix hommes armés pour m'apporter une importante nouvelle...

— Monseigneur... croyez...

— Je crois que vous n'êtes plus le même ; je lis sur votre visage les signes effrayants que Notre-Seigneur se refusait à lire sur le visage de Judas !

— Oh !... s'écria le bailli.

— Depuis que vous avez fait le voyage des Bordes, continua M. de Harlay... depuis ce malheur que vous ne sûtes ni prévoir ni empêcher...

— C'est lui qui a porté votre lettre aux Bordes ? demanda à l'oreille du vieillard Anne, sombre, masquée, comme une statue des déesses inconnues.

— Oui, madame.

— Eh bien ! dites-lui, continua-t-elle, qu'il avait vendu cette lettre à vos ennemis.

— Madame !... cria le traître épouvanté de cette révélation soudaine.

— Dites-lui, reprit la jeune reine, que sa lettre a été récitée mot par mot à du Bourdet par l'assassin qui l'a frappé à mort, et, s'il avait l'audace de continuer à mentir, annoncez-lui que je vais répéter, moi, chacun des mots que contenait cette lettre !

— Misérable ! dit M. de Harlay dont les cheveux blancs semblaient se hérisser comme pour faire une couronne de gloire à ce front irréprochable. Lâche et cupide, tu t'es vendu; mais ce n'est pas ton maître seul qu'ils t'achetaient, les corrupteurs; ils t'achetaient le sang des meilleurs citoyens, ils t'achetaient l'honneur, la fortune de la France. Tu as vendu ton pays, ton Dieu, va-t'en, je te maudis jusque dans la dernière parcelle de leur or. Va ! tu payeras ta richesse par les supplices de l'éternité !

— Peut-être avant l'éternité, murmura Anne, les doigts crispés sur le bras du vieillard, qu'elle essayait de soutenir et qui pliait.

Le bailli s'enfuit, écumant, hagard, éperdu, poursuivi par cette malédiction qu'il sentait déjà ratifiée par la colère de Dieu.

M. de Harlay rentra dans son cabinet avec Anne. On avait vu pâlir, chanceler le président. Plusieurs de ses officiers voulaient s'approcher. Le vieillard les avait éloignés d'un geste.

— Mademoiselle de Coman à la Bastille ! Elle n'est plus à nous, mais à eux, dit la reine.

Il leva les yeux au ciel.

— Que faire? continua-t-elle, les voilà qui nous soupçonnent. Comment les confondre maintenant? Comment même leur résister?

Le président, immobile, assis, ou plutôt écrasé sur son fauteuil, luttait contre une angoisse douloureuse qui tordait son généreux cœur et montait en l'étouffant à sa gorge.

— Un mot, mon père, un mot qui me sauve et sauve notre sainte cause ! dit la reine.

Il essaya de se relever, de parler, impossible. Il put seulement, par un effort suprême, allonger le bras vers la plume debout dans son encrier.

La reine lui mit cette plume dans les doigts, une feuille de papier sous la main. M. de Harlay ne put écrire. On le vit alors prendre sa main droite avec sa gauche, et réunir toutes ses forces pour tracer une lettre. Ses yeux vivaient encore, mais un froid mortel glaçait déjà ses membres.

Anne prit et réchauffa cette illustre main du feu de ses mains, du souffle de sa bouche. Elle guida, elle soutint la plume.

M. de Harlay traça lentement le mot Pontis, et ses doigts s'ouvrirent, la plume s'en échappa.

Anne lut et saisit avidement le papier. Au même instant Luynes entra.

— Madame, dit-il, voilà madame la comtesse qui arrive. Elle signale une troupe de gens à cheval qui paraissent vouloir nous couper la retraite.

— Vite ! partons, répliqua la reine. Le vieillard la suivait toujours de cet œil ferme et vaillant, habitué à regarder les rois. Anne revint au président, baisa la main qui venait d'écrire, et s'élança hors du cabinet.

CHAPITRE XIV

La chambre des coussins.

C'était le soir fixé par la marquise de Verneuil pour recevoir ses amis dans le pavillon de la Vienne. On sait que ce mystérieux pavillon avait son entrée tout à fait indépendante par la rue de Lesdiguières, et qu'à l'exception du baigneur, qui, les jours de festin ou de galanterie, venait y faire lui-même le service par sa porte de communication, nul ne pénétrait dans cette forteresse, sur laquelle couraient par la ville des bruits étranges, qui faisaient sourire ceux-ci, rougir ceux-là et frissonner les autres. C'est ce réduit voluptueux et suspect que Sylvie avait si souvent demandé à explorer. La Vienne, qui d'abord avait promis, éludait à chaque instant sa promesse. Il forgeait mille raisons excellentes que Sylvie appelait des prétextes, et, à la moindre occasion, elle représentait sa demande avec la ténacité infatigable des femmes dont la curiosité ou la passion ne s'endort jamais sans avoir été satisfaite.

Comme tout homme qui a refusé longtemps à une femme qui a demandé toujours, la Vienne finit par céder. Il choisit, pour montrer le pavillon à Sylvie, cette soirée même à la fin de laquelle madame de Verneuil devait souper avec ses trois convives.

— Comme les hôtes de la marquise n'arriveront qu'à dix heures, dit la Vienne à sa femme, je vous ferai entrer à huit. Une demi-heure nous suffira pour voir tout ce qu'il y a de curieux à voir. Vous aurez l'avantage de jouir du coup d'œil de l'illumination et du couvert, puis vous rentrerez vous coucher, tandis que je ferai mon service, et vous pourrez vous flatter de m'avoir fait commettre une indiscrétion qui me coûterait cher si elle était découverte, car la marquise ne plaisante pas sur l'inviolabilité de son domicile d'amours.

— Eh! mon Dieu, répliqua Sylvie, qui, sûre de ce qu'elle avait tant désiré, n'était pas fâchée de le déprécier un peu. Est-ce donc tellement secret que je sois seule à le savoir? Suis-je l'unique personne qui ait pénétré dans ce pavillon?

— Je ne crois pas que vous soyez la seule, répliqua la Vienne avec un gros rire, mais je crois aussi que celles qui y sont entrées ne s'en vanteront jamais.

Sylvie, surprise, demanda, un peu émue, si elle avait bien entendu, et s'il entrait d'autres femmes dans ce pavillon que la marquise.

— Je pensais bien, ajouta-t-elle, que madame de Verneuil y recevait des amis à elle, mais non des amies.

— Oh! répliqua la Vienne, riant toujours, c'est une dame très-charitable que la marquise, et elle a plus d'une fois prêté la clef de son pavillon à des gentilshommes dans l'embarras... Ceux-ci, alors, ouvraient la porte à qui bon leur semblait. Cela ne regarde personne que les maris de ces dames.

Et plus que jamais, sur cette plaisanterie, la Vienne continua de rire. Sylvie fronça le sourcil et rêva. Le baigneur, préoccupé de ses fonctions, ne remarqua ni ce pli significatif dans le front uni de sa femme, ni ce regard plein d'ombrages qu'elle dirigea involontairement vers le pavillon.

Nous savons qu'elle était allée, à travers la porte de Bernard, nouer une conversation de quelques instants avec Cadenet et son ami. Nous l'avons vue également s'enfuir après cet entretien si court. Bernard n'était pas encore sorti de la maison quand Sylvie, exacte à l'heure, entra furtivement dans le pavillon, que la Vienne lui ouvrait plus furtivement encore.

La nuit, on le sait, était favorable aux aventures. Partout le silence et la solitude. Une neige épaisse achevait de chasser au gîte les promeneurs que le couvre-feu et l'inquiétude des voleurs ou des embuscades n'eussent pas empêchés de rester dehors. Le jardin de la Vienne était clos et calfeutré par cette neige comme une boîte de jouets par des cardes d'ouate, et les grands lierres bourrés de neige qui tapissaient les murs du pavillon semblaient en avoir matelassé l'épaisseur. A peine Sylvie eut-elle pénétré dans le sanctuaire, qu'elle sentit une douce chaleur mêlée à la vapeur de parfums délicats. Un péristyle vaguement éclairé s'offrit d'abord à sa vue. Il était peuplé de statues de marbre, toutes antiques, toutes précieuses par le travail et l'idée, et dignes d'arrêter longtemps le regard même d'une femme, malgré la hardiesse au moins païenne des poses et des contours.

Sylvie, en se voyant au milieu de ces figures blanches qui semblaient la railler et l'agacer dans la demi-teinte du vestibule, frissonna tout à coup et regarda autour d'elle avec une sorte d'inquiétude, comme pour faire appel à des souvenirs plus précis.

— Qu'avez-vous, mignonne? dit la Vienne. Ces statues, ah! dame oui, elles ne sont pas tout à fait assez vêtues; c'est un spectacle un peu violent pour des yeux habitués aux saintetés des Feuillantines; mais vous avez voulu voir, tant pis.

Sylvie rougit plus ardemment encore à ce nom des Feuillantines, que par un hasard étrange son mari venait évoquer à un pareil moment.

— Je regardais, dit-elle, au bout de ce vestibule, c'est bien une porte que je vois?

— La porte d'entrée, oui, celle de la rue de Lesdiguières, par laquelle entrent tous ceux qui se cachent avec toutes celles qu'ils cachent.

Un nouveau frisson courut sur les épaules de la jeune femme, qui tout à coup monta l'escalier devant la Vienne au lieu de se laisser précéder.

— Eh bien, eh bien! reprit-il d'un air enjoué, est-ce que c'est vous qui me montrez la maison, par hasard?

Sylvie s'arrêta court, s'arrêta pâle.

— Je comprends, continua le digne mari, ces nudités vous ont chassée vite; ah! vous n'êtes pas encore assez marquise pour avoir l'œil aussi vaillant. Tenez, retournez-vous; là, à droite, est la salle à manger; non, pas à gauche ;... vous regardez toujours à gauche. Je vous dis à droite, car à gauche ce n'est pas la salle à manger : c'est...

— C'est? demanda Sylvie, le cœur palpitant.

— C'est une autre pièce que je vous ferai voir tout à l'heure. Commençons par la salle à manger.

La Vienne passa le premier dans une longue et haute salle entourée à hauteur des yeux d'une frise de bas-reliefs anacréontiques, qui, pour n'être que de la sculpture italienne du seizième siècle, brillait par un tel luxe d'imagination et une si exquise perfection de détails, qu'immédiatement Sylvie, redevenue cramoisie, leva les yeux vers des fresques qui surmontaient cette frise. Mais ses yeux descendirent de la fresque encore plus vite qu'ils n'y avaient monté. Elle sortit de la salle à manger sans vouloir remarquer, ainsi que l'y engageait la Vienne, les magnificences du service; le jeu des lumières sur les cristaux et dans les miroirs, le cliquetis des orfévreries reflétant les nacres, et, par-dessus tout, le mécanisme si ingénieux qui, sans le concours d'aucun instrument humain, faisait passer du dehors dans cette salle les mets, les vins, les fleurs, et remportait chaque chose usée ou dédaignée. La jeune femme, disons-nous, quitta son mari au milieu des explications dans lesquelles il se complaisait, et passa rapidement sur le palier, plus semblable à un jaloux qui suit une trace qu'à un curieux qui repaît sa curiosité.

— Si c'est ainsi que tu vois, mignonne, dit la Vienne, nous ne mettrons pas une demi-heure. La salle à manger est pourtant l'une des pièces les plus remarquables.

— On mange à peu près de même partout, murmura Sylvie dont le trouble allait croissant, et j'aimerais mieux voir les endroits où la marquise, cette femme d'un goût illustre, reçoit sa compagnie... N'y a-t-il pas quelque part, de ce côté, un salon ?

— Comme vous devinez ! Le salon est là, précisément en face de vous.

La Vienne tourna, en parlant ainsi, le bouton ciselé d'une porte, et il passa, les flambeaux à la main, devant sa femme qui murmurait tout bas :

— C'est cela ! oh ! c'est cela !

Le salon était immense et encombré du massif et splendide mobilier de cette époque : tables à lourds tapis de soie plus épais que le cuir, sculptures dans l'ébène, l'ivoire et le cèdre, lustres de verres aux riches couleurs, gigantesques fauteuils aux franges d'or, émaux précieux comme des pierreries, horloges dont le dessin flottait encore entre les fantastiques arabesques de l'Orient et le goût plus roide de la mystique Allemagne.

Sylvie traversa ce salon, après l'avoir à peine honoré d'un coup d'œil.

— Eh ! dit la Vienne, où allez vous donc si vite ? Ceci n'est-il pas bon à voir ? Patience !

— C'est un salon, reprit Sylvie, il en est d'un salon comme d'une salle à manger ; quelques pistoles en plus ou en moins, tous se ressemblent. Voilà, sauf le goût,

— Comme vous y allez! et quel mépris pour les richesses, s'écria la Vienne. Vous étiez si curieuse de voir, et vous ne regardez rien.

— Je m'attendais, je l'avoue, à un spectacle plus extraordinaire, balbutia Sylvie, qui ne tenait plus en place. Ma curiosité, comme vous dites, était fort excitée ; la réalité me refroidit un peu. Mais, puisque nous voilà arrêtés, un mot d'explication, je vous prie. Ne me disiez-vous pas tout à l'heure que la marquise prêtait parfois cette maison à des gentilshommes, ses amis?

— Oui, certes.

— Qui... à leur tour, y amenaient leurs compagnies.

— Je l'ai dit, et on l'a fait.

— Ces gens-là, reprit Sylvie avec un battement de cœur qu'elle ne dissimulait pas sans de violents efforts, ces gens-là n'ont donc pas de maison à eux, ce sont donc des croquants?

— Ce sont les plus grands seigneurs de France, ma toute belle.

— Ah! fit-elle comme étonnée.

— Il y est venu mieux que des grands seigneurs, et tous ont témoigné plus d'admiration que vous pour le talent de l'architecte qui a bâti cette maison.

— Leurs yeux sont faits autrement que les miens, alors, répondit Sylvie, jouant toujours l'indifférence. Qui sont ces gens-là... ces seigneurs, ces princes, est-ce aussi un secret?... Oh! alors, cachez-le moi.

— Les secrets de madame de Verneuil sont tous assez

publics — j'excepte le secret de cette maison! — pour que, si je les égratigne, on ne puisse me soupçonner seul d'avoir parlé. Oh! oui, mignonne, il est venu ici de grands seigneurs... Tenez, M. de Joinville y est venu bien souvent ; mais pour la dame de la maison, celui-là, pas pour d'autre. A celui-là, on ne prêtait pas, on ouvrait le pavillon.

— D'accord ; mais ceux à qui on le prêtait pour qu'ils le prêtassent eux-mêmes ?

— M. de Feria, l'ambassadeur. Il y conduisait certaine grande dame qui, aujourd'hui, me fait bien rire *in petto*, quand je la vois passer si austère, si majestueuse... Oh! mignonne, si elle pouvait savoir ce que je sais !...

— Ah !... vous voyiez parfois ces fugitives hôtesses...

— Quelquefois par hasard, quelquefois par malice, parfois aussi, malgré toutes mes ruses, je ne voyais rien. Ainsi, par exemple, la dernière fois que le comte est venu...

— Quel comte ? demanda Sylvie respirant à peine.

— L'Espagnol.

— Ah !... un Espagnol.

— M. de Siete-Iglesias, continua la Vienne en clignant l'œil si malignement qu'il ne vit pas le nuage d'opale qui envahit les traits de Sylvie. Je disais donc qu'il vint, et pas seul assurément, j'entendis bruire robe et mante dans ce salon. Mais je ne réussis pas à voir, j'étais arrivé trop tard pour me placer à mon observatoire.

— Quand donc cela ? dit Sylvie les deux mains sur son cœur, qui repoussait l'obstacle trois fois par seconde.

— Voilà... voyons, c'était deux mois avant son mariage, voilà dix-huit mois, ma foi oui, un jour d'hiver maussade, comme qui dirait aujourd'hui.

Sylvie se détourna pour s'appuyer à une crédence sur laquelle glissa sa main tremblante et moite.

— Vous avez donc un observatoire, reprit-elle après un long silence que la Vienne avait employé à caresser, à effleurer de ses grosses lèvres, les boucles frisées qui ondoyaient en vrilles sur le col blanc de sa jeune femme.

— Oui, fit-il finement. Le voulez-vous voir?

— Non, non, s'écria-t-elle avec vivacité. Reconduisez-moi, je vous prie.

— Mignonne, pour une femme de goût, permettez-moi de vous dire que vous faites fausse route. C'est le plus curieux qui nous reste à visiter.

— J'ai assez vu, monsieur.

— Non, tant que vous n'aurez pas admiré le cabinet de la marquise, vous n'aurez rien vu.

— Je me figure bien.

— C'est impossible de se figurer. Venez... oh! mignonne, ne me refusez pas ainsi. Je ne vous conduis pas à la damnation, moi; je ne suis pas un M. de Siete-Iglesias, et, d'ailleurs, celle qu'il a amenée ici ne se défendait pas comme vous.

Sylvie, encore une fois brisée par ce terrible retour de souvenir, détendit sa main, suivit la Vienne et pénétra toute chancelante, toute éblouie dans le cabinet dont il venait d'ouvrir la porte.

La Vienne avait raison. Cette pièce était la plus curieuse de l'appartement.

Complétement tendue de brocart de Balsorah, sans autres meubles que les coussins de même étoffe adossés à la muraille ou semés çà et là, tapissée d'un épais tapis de Perse, fermée de portières pareilles au tapis, cette chambre bizarre n'avait rien de remarquable au premier aspect que l'extrême richesse des tentures et la singularité de cet ameublement oriental. Partout des nattes, des peaux de tigre ou de lion, des peaux d'autruche. Dans l'épaisse litière de ces moelleux pelages, le pied heurtait des kangiars magnifiques, des colliers d'ambre, des chapelets de bois d'aloès, des flacons d'essences précieuses, des ceintures tressées d'argent, de soie et d'or. On devinait que ces richesses semées parmi le duvet ou les fourrures attendaient le caprice d'une main énervée qui se joue, d'un bras nu qui s'y enroule. Chambre digne de Sardanapale ou du voluptueux Saad qui a dit :

— Mieux vaut être assis que debout ; mieux vaut être couché qu'assis.

Quand le pied mignon, le pied chaussé de Sylvie foula cette moelleuse et profonde jonchée, elle s'arrêta. Ses yeux ne voulaient plus voir, ses jambes refusaient de marcher.

— Ah ! ceci est moins commun, mignonne, dit la Vienne, avec un rire amoureux qui redoubla la frayeur de sa femme, et vous faites moins la dédaigneuse, je crois.

— Votre observatoire, je vous prie, dit Sylvie précipitamment.

— Un moment, de grâce, veuillez d'abord regarder ce plafond.

— A quoi bon, c'est un plafond comme tous les autres.

— Non pas! non pas! je tiens à ce que vous le regardiez, à ce que vous l'examiniez en détail. J'ai mes raisons, et d'abord observez qu'il est formé d'un entrelacement de bois de cèdre formant des caissons, des volutes, des arabesques, heureusement fouillées dans l'épaisseur du bois, car il est tout en bois, ce plafond, remarquez!

— Je remarque, oui, le plafond est beau; mais sortons d'ici, je vous supplie.

— Les parfums vous incommodent-ils? le fait est qu'il s'exale d'ici un air enivrant. Mais de grâce, un dernier coup d'œil à mon plafond, dont je vous conterai l'histoire, si vous êtes une adorable mignonne.

— Votre observatoire, dit Sylvie en bondissant hors du cercle trop étroit où la Vienne l'enfermait avec ses bras trop courts.

— Soit donc, dit-il, époux complaisant pour les fantaisies de sa femme.

Et il poussa dans le mur un bouton qui fit ouvrir la porte invisible d'un petit cabinet voisin, sombre et large de six pieds au plus, et exhalant une violente odeur composée d'une agglomération des plus doux parfums.

— Où sommes-nous ici? dit-elle.

— Au mur de clôture du pavillon. Là finit le royaume de la marquise.

— Il n'y a pas d'issue de ce côté?

— Aucune. Ce petit cabinet, entrez-y, est le vestiaire de madame.

— Il y a des habits, là?

— Des robes turques, romaines, grecques, indiennes, rien que des robes, grandes et petites. Ces robes-là sont les seuls habits qui résistent un peu au frottement des peaux de lion, lesquelles, sans en avoir l'air, usent, dit-on, toute autre espèce de vêtements.

En parlant ainsi, la Vienne donna largement carrière à son gros rire.

Mais alors Sylvie, qui le fuyait avec tant d'adresse, lui prit la main tout à coup.

— Qu'y a-t-il, mignonne?

— Vous n'entendez pas?

— Non. Quoi donc?

— Une porte qui crie.

La Vienne écouta.

— Encore! tenez, dit Sylvie.

Le baigneur fit un bond et s'élança hors du cabinet.

— Qu'est-ce? fit la jeune femme.

— On marche, — on vient.

— Qui cela peut-il être?

— La marquise!... Bonté du ciel!

— Eh bien!

— Cachez-vous! cachez-vous! Quoi! la marquise une heure et demie d'avance. Cachez-vous, mignonne, je vais venir vous reprendre quand je l'aurai fait entrer au salon. Cachez-vous bien, et pour l'amour de moi, ne bougez pas.

Sylvio se blottit derrière les robes persanes, prête à défaillir à la suite de tant d'émotions.

Il était temps. On entendait une voix qui appelait de loin :

— La Vienne ! la Vienne !

Le baigneur s'élança dans cette direction. Il arriva au moment où madame de Verneuil, déjà étonnée, commençait à appeler avec plus d'impatience.

— Quoi ! madame la marquise, déjà ? dit la Vienne.

— C'est toi, si tard, la Vienne.

— Je rangeais et apprêtais.

— Fort bien. Mais nous avons le temps.

— Certes, madame... Oh ! tout sera prêt à l'heure.

— J'en suis sûre. Va-t'en.

— Plaît-il ?

— Va-t'en, répéta Henriette, qui, dans l'ombre à peine combattue par les deux flambeaux que tenait la Vienne, ne remarqua rien, tant elle semblait préoccupée elle-même.

Cependant, ne voyant pas bouger le malheureux baigneur :

— Qu'as-tu ? dit-elle.

— Mais... j'attends les ordres de madame. Est-ce que madame n'entre pas au salon ?

— Je t'ai dit de te retirer.

Il recula et fit quelques pas ainsi, le visage bouleversé.

— Je te rappellerai tout à l'heure, dit-elle. Tu es tout singulier, ce me semble.

— Moi ? madame.

— Laisse-moi ces flambeaux. Que regardes-tu autour de toi ?

— Rien, rien.

— Je suis bien seule ici, je suppose ?... dit la marquise avec un regard qui eût fait rentrer en terre Goliath ou Briarée.

— Oh ! madame...

— C'est bon ! va. Tu peux revenir dans un quart d'heure, pas avant !

Il soupira, continua de reculer peu à peu devant la marquise, qui le conduisait doucement à sa porte de communication, et enfin il se trouva dehors.

Henriette resta seule, et promena autour d'elle un long regard, plutôt pour se recueillir que pour observer.

CHAPITRE XV

Mécanique et politique.

Du réduit où elle était cachée, Sylvie ne pouvait rien voir, rien entendre. L'obscurité, l'épaisseur des étoffes sous lesquelles elle s'était blottie changeaient cette prison en un véritable cercueil.

Immobile, frissonnante, bien qu'elle se rappelât avec espoir la parole de la Vienne et qu'elle l'attendît bien vite, Sylvie ne pouvait chasser de son esprit troublé mille pensées, mille remords plus douloureux que des terreurs. Ainsi, de cette place où elle était, la Vienne prétendait avoir vue dans le mystérieux cabinet aux coussins. Ainsi le hasard seul avait permis qu'il ne vît pas, dix-huit mois avant, celle qu'aujourd'hui il amenait là pour rire des autres ! Ainsi ce redoutable hasard voulait qu'elle fût aujourd'hui la femme de la Vienne, et qu'elle rentrât dans le pavillon par la porte légitime de la Cerisaie. Et la Vienne riait, le pauvre homme !

Mais Siete-Iglesias, que devait-il penser ? quel sourire diabolique n'allait-il pas trouver pour complimenter le baigneur, le comte qui dans une heure entrerait aussi dans ce pavillon, et demanderait peut-être à la Vienne des nouvelles de sa jeune femme ? Ces idées fermentaient dans la tête de Sylvie, et en firent jaillir d'atroces douleurs, rapides et pétillantes comme des étincelles.

Tout à coup, elle crut entendre marcher, elle prêta l'oreille. Le mouvement involontaire qu'elle fit dérangea les étoffes, et, par un trou semblable à une lentille rouge, elle vit sourdre un filet lumineux qui pénétra jusqu'à son visage. Elle était sans doute à l'observatoire de la Vienne. Elle voyait.

Le pas qu'elle avait entendu était celui de la marquise, qui s'avançait lourde, rêveuse, tenant de chaque main un sac assez pesant.

Henriette posa sur la litière fourrée ces sacs, qui renfermaient des quadruples d'Espagne, dont on voyait les surfaces rondes et les tranches repousser le cuir souple qui les contenait. Elle approcha, un moment après, son flambeau sur une natte ; car, nous l'avons dit, il n'y avait dans cette chambre singulière ni table ni meuble quelconque d'une matière solide et résistante. Puis, s'asseyant parmi les fauves toisons, elle dénoua ses sacs et compta l'or. Ensuite elle tira ses tablettes de sa poche et parut y inscrire la somme à la suite d'une liste raisonnablement longue.

Le visage autrefois si beau, si fin, si spirituel de cette femme qui avait rivalisé avec Gabrielle et tenu en échec Marie de Médicis, n'offrait en ce moment qu'une vulgaire expression d'avarice satisfaite. Elle repassa son addition tranquillement, mangea, tout en comptant, quelques pastilles ou pâtes sèches qu'elle puisait dans cette même poche, et lorsque toutes ces opérations peu poétiques furent terminées, Henriette se releva pesamment, reporta son flambeau sur le seuil de la pièce voisine, dont elle ferma la porte au verrou, et revint prendre ses deux sacs.

— Où en aboutira-t-elle avec tout ce manége, se demandait Sylvie, qui ne perdait ni un geste ni un tressaillement de la physionomie d'Henriette, et à quoi bon s'enferme-t-elle ainsi ?

Mais l'autre dessina bientôt plus nettement ses intentions ; elle les dessina d'une manière si effrayante, que Sylvie commença à trembler de tous ses membres. La marquise venait en droite ligne sur la porte secrète du cabinet.

Non-seulement elle y vint, mais elle chercha le bouton

de cette porte, et Sylvie entendit le frottement de son doigt sur le brocart de la tenture. Nous disons qu'elle entendit, car elle ne voyait plus, le rayon lumineux était intercepté ; d'ailleurs, un premier instinct de la prisonnière l'avait poussée à se réfugier au plus profond fouillis des robes et des chlamydes parfumées.

La porte céda ; elle s'ouvrit dans le cabinet dont elle doubla l'ombre ; la marquise entra. Sylvie crut que ses genoux allaient manquer sous elle. Si madame de Verneuil eût hésité un moment ou regardé avec défiance autour d'elle, Sylvie vaincue poussait un cri et tombait.

Mais la marquise jeta par terre ses deux sacs, qui rendirent un son métallique, aigu, et, tournant le dos à Sylvie, elle chercha une petite clef parmi ses clefs fort nombreuses.

Sylvie aperçut alors comme une porte d'armoire qui s'ouvrait dans le mur, et, dans cette armoire, une sorte de mécanique pareille à un cric à l'axe duquel madame de Verneuil adapta un tourniquet. Puis elle fit jouer la bascule d'un cliquet d'acier, et alors les roues de l'engrenage se repoussèrent l'une l'autre avec un bruit rond et mat qui décelait toute la perfection de ce travail. Sylvie, un peu rassurée par ce bruit même qui couvrait tous les autres, se hasarda. Elle était d'ailleurs protégée par le développement de la porte, elle osa regarder.

A mesure que les roues tournaient, une ombre, un bruit encore vagues pour la tremblante Sylvie, se produisaient dans la chambre aux coussins. En regardant plus attentivement, la jeune femme finit par comprendre ; le plafond de bois de cèdre, cette merveille de travail tant vantée par la Vienne, descendait régulièrement, sans secousses, de sa place habituelle.

L'énorme masse, docile à l'impulsion de la mécanique, s'abaissait, glissant le long d'invisibles coulisses; elle s'a s'abattait majestueusement comme un nuage, et l'œil surpris en calculait déjà l'épaisseur. Enfin le puissant quadrilatère toucha le sol, et Sylvie comprit alors pourquoi cette chambre ne renfermait pas de meubles solides : tout autre objet que des coussins et des fourrures eût été écrasé par une si formidable pression.

Mais ce qui étonna par-dessus tout la jeune femme, ce fut de revoir, sur ce nouveau parquet, les mêmes coussins, les mêmes peaux, les mêmes nattes que dessous, ou plutôt une nouvelle jonchée d'objets absolument pareils, en sorte que rien ne semblait être changé dans cette chambre, et qu'en y entrant l'on n'eût pu soupçonner ce qui venait de se passer. Un autre plafond tout semblable remplaçait en haut celui que le cric avait fait descendre.

La seule différence sensible consistait dans l'élévation du nouveau parquet. Mais ainsi, que le remarqua Sylvie, cette saillie faisait l'effet d'une marche à monter pour entrer dans la chambre. La marquise franchit cette marche et foula le parquet nouveau.

Là, dans un coin bien connu d'elle, car elle n'hésita pas à s'y arrêter, elle souleva une peau d'autruche, dérangea duvets et nattes, fit jouer la vis d'une des lames de ce plancher, et plaça les deux sacs dans l'excavation, sans doute à côtés d'autres qui les attendaient. Son opération terminée, elle revint au cabinet des robes, tourna de nouveau le cric dont les dents affamées recommencèrent à mordre en sens inverse, et sans nul effort cette petite main reporta ainsi le lourd plafond à sa place primitive.

Sylvie ne pouvait en croire ses yeux. La marquise referma soigneusement l'armoire secrète, et lorsqu'elle eut du pied et du poing regonflé les coussins les plus aplatis, le quart d'heure qu'elle avait demandé à la Vienne n'était pas aux deux tiers écoulé.

Cependant le baigneur frappait à la porte voisine. Henriette se hâta de lui tirer le verrou.

— J'ai voulu essayer de dormir, dit-elle avec indifférence, mais le sommeil ne veut pas de moi. Soupera-t-on bien ce soir ? Pourquoi viens-tu si vite ?

— Madame, répliqua la Vienne, dont le premier coup d'œil avait été pour la porte invisible, j'arrive pour vous annoncer déjà un convive.

— Ah ! qui donc ?

— M. de Siete-Iglesias.

— Eh bien !... il devance l'heure... ce me semble, répliqua Henriette qui essayait de paraître naturelle.

— Madame la marquise est attendue au salon, où le feu est magnifique, interrompit la Vienne de plus en plus gracieux.

— J'y vais.

La Vienne tressaillit de joie. Le salon était de l'autre côté du palier. Tandis que madame de Verneuil s'y installerait, le baigneur aurait le temps de tirer Sylvie de prison et de la faire évader par la salle à manger.

Il conduisit Henriette jusqu'à la porte, s'assura qu'elle était bien occupée avec le comte et assise; puis, revenant avec la rapidité d'un jeune homme, il délivra sa captive. Après nombre de marches, de contre-marches, d'arrêts, de pauses derrière les portes, l'heureux couple sortit du pavillon.

— Eh bien! tu voulais voir, j'espère que tu as vu, mignonne, dit la Vienne respirant à pleins poumons, avec délices, la bise glaciale et les flocons de neige.

— Oh! oui, j'ai vu, répliqua Sylvie essoufflée.

— Une autre fois, je t'expliquerai le fameux plafond que tu ne connais pas, continua le baigneur. Voilà un morceau intéressant de mécanique.

Ici Sylvie redevint Sylvie.

— Quel plafond, dit-elle ingénument.

— Tu verras !... c'est une invention que la marquise avait eue pour faire cacher les gens en cas de visite domiciliaire. Je te réponds que M. de Joinville s'en est bien trouvé certain soir que le feu roi jaloux était venu faire perquisition et menait grand tapage.

— Expliquez un peu, dit Sylvie.

— Ce plafond s'abaisse ou se lève à volonté, de sorte que soit dessus, soit dessous, par un moyen... Mais tu ne me comprendrais pas, mignonne. Une autre fois je te ferai jouer le secret. J'ai une clef... Oh! si la marquise s'en doutait. Chut!... Sois gentille, mignonne, je vais faire souper ces gens-là, et je reviens!... je reviens! répéta-t-il avec cette calme assurance que donne la possession légale, et il ponctua sa phrase par un sourire de pédant qui promet une friandise.

— J'ai couru un grand danger, sans doute, pensa Sylvie, j'ai bien rougi, j'ai bien souffert, mais il me semble que je ne donnerais pas ma soirée pour le double de ce que la marquise enferme dans ce plafond magique.

Elle rentra chez elle plus rêveuse que jamais.

Cependant, il y avait alors dans le pavillon qu'elle regrettait si peu, bien de la joie et du triomphe.

Siete-Iglesias baisait les mains de madame de Verneuil et lui disait, l'œil étincelant :

— Oui, ma belle amie, à l'heure qu'il est nous sommes en train de gagner la partie.

— En êtes-vous assuré, comte?

— A l'heure qu'il est la Coman est entre nos mains, le maréchal a donné à ses gens l'ordre de la reine, et ce n'est pas notre bailli qui refusera de l'exécuter.

— Je le crois bien, cela lui rapporte cent mille écus.

— Trouvez-vous que ce soit cher?

— Oui et non.

— Expliquez-vous, marquise.

— S'il faut encore acheter la Coman, ou celui qui la gardera dans la Bastille, c'est cher.

— Oui, mais si toute la dépense est faite, s'il n'est besoin ni d'acheter le silence de cette femme ni même de la faire garder...

— A votre tour, soyez clair.

— Si, en un mot, la Coman ne doit plus parler… jamais…

La marquise regarda fixement Siete-Iglesias.

— Ah! ah! dit-elle, c'est autre chose.

Puis après un silence :

— Elle est bien causeuse pourtant cette créature, reprit-elle.

— A partir de cette nuit, je crois qu'elle se corrigera ; d'Espernon, qui est ingénieux, m'en a répondu.

— C'est différent.

Les deux interlocuteurs se turent.

— Comment va mademoiselle votre fille, reprit Iglesias, celle qu'on appellerait bien justement aussi la belle Gabrielle?

Henriette fronça le sourcil. L'Espagnol ne savait-il pas la valeur du mot qu'il venait de prononcer?

— Et la comtesse votre femme? répliqua froidement la vipère.

— C'est une femme qui n'a pas de santé, dit l'Espagnol d'un ton aigu comme le cri d'une lame dans la chair.

Henriette le regarda encore et ajouta :

— Ma fille devient, en effet, plus belle de jour en jour. Ce sera une princesse accomplie. Heureux le prince à qui je la donnerai!

— Quiconque la voit, répondit Siete-Iglesias, fût-ce un simple gentilhomme, fût-ce un simple comte, se promet de devenir prince, et prince régnant pour lui offrir une couronne.

Au moment où Henriette accueillait avec une faveur marquée cette déclaration trop positivement accentuée pour n'être qu'une simple politesse, la Vienne vint annoncer que le duc d'Espernon et le maréchal d'Ancre traversaient le vestibule.

— Fermez tout! dit la marquise, qui se leva pour aller au-devant de ses hôtes, et pressa d'une façon significative la main de l'Espagnol.

Les deux nouveaux venus attendirent que la Vienne eût disparu. Mais il ne le fit pas si vite que Siete-Iglesias ne l'eût aperçu et ne lui eût en ricanant demandé des nouvelles de sa femme.

La Vienne répliqua par un remerciment. Siete-Iglesias, se penchant à l'oreille d'Henriette, lui fit sans doute quelque conte bien plaisant, car la marquise se mit à rire aussi et dit au baigneur :

— A propos, n'oublie pas de me faire voir ta femme.

Oh! si madame la Vienne les eût vu rire; oh! si elle eût entendu ces huit mots! La Vienne, enchanté, se hâta de les lui aller transmettre, et certes le diable n'y perdit rien.

A peine les quatre amis se trouvèrent-ils seuls, que leurs figures, s'interrogeant les unes les autres :

— Eh bien! dit le maréchal, le moins embarrassé de tous, c'est fini, la Coman est à nous.

— Attendez, attendez, dit d'Espernon, pas de hâte; elle ne sera bien à nous que lorsqu'on la tiendra dans la Bastille. Elle n'y est pas encore, puisque nos gens ne l'ont pas annoncé.

— Vous attendez leur rapport, demanda la marquise après avoir échangé un coup d'œil avec Siete-Iglesias, qui le rendit à d'Espernon.

— D'un moment à l'autre.

— Et une fois à la Bastille, poursuivit le maréchal, comme le gouverneur est à moi...

— Oui, reprit d'Espernon, ce sera un répit, jusqu'à ce qu'on soit forcé de recommencer.

— Alors, comme alors, allons au plus pressé, dit le maréchal. Le plus pressé était d'arracher cette langue venimeuse au président.

— C'est fait, dit Siete-Iglesias.

— Mais après ? demanda la marquise.

— Après, rien de plus simple, reprit le maréchal. Comment jette-t-on bas les arbres dans ce pays? On commence par la racine, n'est-ce pas?

— Mais oui, généralement.

— Et la racine coupée, la cime croule. Eh bien! puisque nous avons entamé l'arbre à la base, achevons. Puis aux cimes!

— Elles sont deux, dit Siete-Iglesias, le roi, la jeune reine.

— Avant peu, poursuivit le maréchal, j'en attaquerai une.

— Moi l'autre, dit d'Espernon.

— Restons aux racines, continua Concino. Le président va se remuer beaucoup quand il comprendra la portée du coup; il ira au roi.

— Nous sommes là, dit d'Espernon.

— Vous n'y serez pas toujours vous, duc, mais la reine mère s'en charge, c'est convenu.

— Défiez-vous du président, dit la marquise avec calme. C'est un homme de ressources.

— Que je surveille, interrompit Iglesias, et j'attends dès ce soir le rapport de mon bailli, pour savoir comment il a pris la chose. Selon ce qu'il fera, nous ferons.

— Reste-t-il assez d'existence en ce vieux tronc pour nous tourmenter ainsi ! s'écria d'Espernon blême de rage. Toujours ce président, cette robe, ce mortier, c'est monotone. Oh ! que j'en finirais vite.

— On ne peut pas en finir vite avec tout le monde, répliqua tranquillement Iglesias. Attendre est dur, mais il faut attendre.

Il parlait encore, lorsqu'en bas, à la porte de la rue Lesdiguières, retentit un signal.

— Mes gens ! dit le maréchal, qui descendit jusque dans le vestibule, où Corbinelli l'attendait pour ouvrir la porte. Les trois autres convives écoutèrent avidement en haut du palier.

— Ouvre ! dit Concino à Corbinelli.

L'Italien obéit. Un homme entra, le chapeau, le manteau chargés de neige.

— Eh bien ? demanda le maréchal sur le degré.

— Eh bien, monseigneur, il y a du nouveau.

— La prisonnière, est-elle à la Bastille ?

— Mais, pas précisément.

— Comment? coquin!...

— Patientez, monseigneur... Au moment où on l'allait tirer du carrosse, devant les fossés, elle s'est enfuie.

— Enfuie! double traître!

— Attendez donc, monseigneur, nous l'avons poursuivie...

— Je le crois pardieu bien!

— Elle criait, la malheureuse! elle se nommait... si bien que nous avons dû la bâillonner pour la faire taire et la garotter solidement.

— Très-bien! Après?

— Ah? voilà. Non pas après, mais avant, elle a attiré quelqu'un par ses cris.

— Qui?

— Un jeune homme qui sortait d'une maison près du rempart Saint-Antoine.

— Eh bien! cet homme?

— Aux cris de la femme, il s'est approché, nous a questionnés, pressés... et nous avons dû nous emparer de lui. Ce n'a pas été sans peine.

— Parfaitement bien.

— Oui, continua le coquin en jouant la désolation, mais pendant ce temps la damnée femme n'a-t-elle pas entraîné celui de nous qui la tenait jusqu'au revers du fossé de la Bastille, et, sans qu'on sache comment, ne s'est-elle pas trouvée tout à coup dans le fossé!

— Dans l'eau? demanda Concini, en frémissant malgré lui.

— Douze pieds !

— En sorte que... reprit le maréchal.

— Mais, dame, monseigneur, qu'arrive-t-il quand on tombe dans l'eau sans pouvoir nager ?

La marquise, l'Espagnol et d'Espernon se regardèrent sans échanger un mot, un souffle. Siete-Iglesias salua d'Espernon avec son infernal sourire.

— Ainsi... dit le maréchal.

— Ainsi, c'est fini, monseigneur, répliqua le scélérat en tournant son chapeau dans ses mains rouges.

— Mais l'homme arrêté ?...

— Oh ! nous le tenons bien, et malgré tout ce qu'il a pu dire, nous l'avons déposé provisoirement à la Bastille, où le gouverneur l'a reçu tout de suite, au seul nom de monseigneur.

— Mais qu'a pu dire cet homme ? demanda du haut du palier Siete-Iglesias.

— Des sottises, monsieur, fit le sbire en levant la tête pour répondre à la voix invisible ; il montrait un papier, un sauf-conduit, je ne sais quoi.

— Que vous lui avez laissé ? demanda d'Espernon.

— Que je lui ai pris et que voici, répliqua le sbire.

Concino prit le papier, le lut, et, frappé de stupeur, remonta vers ses amis.

— Mais, murmura-t-il, mon cher comte, c'est ce que vous m'avez fait demander l'autre soir, chez ma femme, à la reine mère. Tenez plutôt. Le sauf-conduit, la restitution, vous savez...

— Voilà une arrestation providentielle, dit l'Espagnol avec un féroce sang-froid. Nous jouons de bonheur, marquise ; nous sommes en veine.

Comme il achevait ces paroles, un nouveau signal se fit entendre.

— Mon bailli, dit Siete-Iglesias, vite, qu'il monte.

Corbinelli ouvrit au traître.

— Eh bien ! s'écrièrent tous les conjurés à la fois, quelle figure fait-il, le terrible président ?

— Le président vient de mourir d'apoplexie, répliqua le bailli d'une voix lugubre.

Un silence se fit, froid comme la mort elle-même.

— Cette fois, ne voilà-t-il pas toutes les racines coupées, dit Siete-Iglesias.

— Aux cimes ! murmura la marquise ; quand commencera-t-on ?

— Demain, répondit le maréchal.

— Eh bien ! messieurs, ajouta Henriette, soupons.

CHAPITRE XVI

Le dernier million de Henri IV.

Plus d'une semaine s'était écoulée depuis la mort du président, et Paris frémissait encore de mille bruits sourds, précurseurs des grandes colères populaires, lorsque la reine Marie de Médicis se rendit du palais du Louvre au château de la Bastille pour y prendre un des quarante millions enfermés dans la forteresse par la sage prévoyance du feu roi Henri IV.

Ces millions, il faut le dire, faisaient, depuis la mort du grand prince, l'orgueil de tout Parisien un peu intelligent. C'était la première fois, depuis plusieurs siècles, qu'un roi léguait tant de richesses à ses peuples, après un règne plein de guerres. Aussi le royal trésor, amassé par Sully, ressemblait-il dans l'esprit des bourgeois et même des plus maigres plébéiens de Paris, à ce fameux Palladium de Troie, grâce auquel une éternelle prospérité était promise au royaume.

Par cette raison, chaque fois que la reine mère était venue enlever de la Bastille un morceau de ce trésor sacré, Paris avait fait la grimace. Grimace de déplaisir aux premiers voyages, mais de rage et de honte à mesure que le tas diminuait. Car la bonne dame Marie prenait toujours et ne remettait jamais.

On se demandera pourquoi les millions ainsi soutirés sortaient de leur retraite en plein jour avec escorte et fanfares au lieu de s'en aller au Louvre la nuit, prudemment dissimulés dans quelque bateau de farine ou de charbon. De cette façon, les badauds partisans de l'ancien régime n'y eussent rien connu. Mais, même en ce temps d'esclavage, Paris avait ses garanties, ses priviléges constamment entretenus et protégés par les rois eux-mêmes, à qui le besoin de sauvegarder l'avenir conseillait parfois la popularité. Aussi le roi Henri IV avait-il décidé que jamais son argent ne passerait de la Bastille au Louvre sans l'autorisation de la cour des comptes, et par conséquent sans un contrôle rigoureux. Cette fois la cour des comptes avait fait des remontrances, qu'en un autre moment le conseil de la régente eût peut être écoutées, mais que dans l'ivresse du triomphe et dans la fièvre de dominer enfin la situation, reine et courtisans résolurent de mépriser. On passa outre.

Le peuple était donc amassé dans la rue Saint-Antoine et tout autour de la Bastille pour voir passer le cortége royal. Plusieurs charrettes, accompagnées d'archers, devaient rapporter le million dont la cour avait besoin. Ces charrettes passèrent et disparurent une à une sous la voûte sombre de la Bastille.

— Voilà donc, se disaient les groupes, encore un lambeau de notre fortune qui s'en va. Quel besoin a-t-on d'argent ? Jamais impôts plus lourds ; jamais nécessités moins impérieuses ; pas de guerre importante ; pas une victoire pour nous consoler de la perte de notre argent.

Dans les groupes allait et venait, le casque en tête, le hausse-col au gosier, un capitaine de garde bourgeoise, tout reluisant, tout sonnant ; on le regardait, non sans admiration, car s'il n'avait pas tout à fait l'air d'un chevalier, il ne manquait pas d'un certain cachet de reître. Ses bottes en colonne torse, son haut-de-chausse râpé, formaient un contraste bizarre avec sa cuirasse polie et son armet qui agaçait le soleil ; il y avait dans cet accoutrement un rez-de-chaussée digne de l'échoppe, un premier étage ambitieux. Ce capitaine était le cordonnier Picard, élevé par l'opposition parisienne à la dignité militaire la plus respectable du quartier de Bussy.

Depuis son avancement, Picard était devenu un homme politique. S'il raccommodait encore les chaussures, il ruinait les empires par manière de compensation ; son crédit n'était peut-être pas énorme parmi les gros bonnets de la bourgeoisie, gens qui pensent aussi sagement que d'autres, mais qui ont de meilleures raisons que d'autres pour ne divulguer leur idée qu'à bon escient. En revanche, Picard était le chef d'un parti de mécréants très-forts en politique pratique. Gens de la bouticaillerie, imprudemment nantis de hallebardes et d'épées rouillées, bourgeois quant à l'incorporation dans la milice, peuple et même populace au premier tintement du tocsin, à la première oscillation du pavé.

Tout ce monde, mêlé sur le passage du cortége de la reine mère, se gênait assez peu pour exprimer ses opinions. Et, disons-le impartialement, bien qu'exhalées de rictus assez ignobles, bien que jaillissant d'une foule d'yeux peu rassurants, ces opinions populaires étaient le plus pur, le plus patriotique sentiment de la France.

— Les voyez-vous, disait Picard en montrant du doigt la troupe dorée. Ils sont brillants comme des faisans, et ce sont des vautours. Ils s'abattent sur notre misérable pitance à la fin rongée. Ils y ont réussi : plus de viande. C'est aujourd'hui le dernier repas qu'ils vont faire sur notre carcasse

— Si du moins ils étaient bons à manger eux-mêmes, dit tout bas à Picard un de ses amis, — un émule.

— Je les crois assez gras, répliqua le cordonnier. Ce sera peut-être coriace ; mais si on ne les mange pas, on en tirera la graisse.

Ces paroles furent accueillies avec des rires de mauvais augure. Quelques gros bourgeois sourirent dans leurs visières ; d'autres s'écartèrent prudemment d'un endroit où l'on parlait si haut.

— Sommes-nous lâches ! reprit Picard ; sommes-nous plats ! Quoi ! le dernier million de ce bon roi Henri IV, on nous le prend, et nous ne disons rien !

— Le dernier ! c'est le dernier ? demandèrent cent voix inquiètes et réveillées par cette assertion toute nouvelle.

— Pardieu ! s'écria Picard, vous en doutez ? vous n'êtes pas comme moi, vous autres, vous n'avez pas tenu registre ; écoutez bien : en 1610, l'année de la mort du roi, pour son deuil et les cérémonies, un million seize cent mille livres, comme si nous ne le lui eussions pas fait pour rien, son deuil ! Mais ces brigands-là portent le deuil en violet, avec des larmes d'argent, nous l'avons porté en chemise, nous, à jeun, avec des larmes de sang !

Le peuple frissonna aux sauvages accents de cette éloquence.

— Trois mois après, continua Picard, deux millions pour le sacre du nouveau roi, qui n'est pas roi et ne le sera jamais. Puis, autant pour une prétendue guerre contre l'Espagne ; à la fin de l'année, six millions pour la réconciliation avec l'Espagne. En 1611, fêtes à la cour et largesses aux voleurs d'Italiens, quatre millions. En 1612, à ce coquin, à ce brigand, à ce larron de Concino, un million ; à sa femme, la sorcière Galigaï, autant; au brigandeau leur petit, autant. En 1613, pour Arcueil, pour nous donner de l'eau à boire, mais rien que de l'eau, cinq millions ; quelques autres petits pour faire boire du vin aux gens d'Italie et d'Espagne. En 1614, majorité du roi, pauvre sire ! il sera mineur encore à soixante ans ! En 1615, noces et festins, millions pour la dot de la princesse que nous envoyons en Espagne, millions pour le douaire de la princesse que l'Espagne nous envoie.

— C'est pourtant vrai, tout cela, murmurèrent les auditeurs.

— Enfin, cette année, poursuit Picard, arrestation des princes et indemnité à ce pauvre Concino ; comptez messieurs... Et l'année commence, et dès ce soir il n'y aura plus rien à la Bastille.

Frémissements, murmures.

— Je me trompe, interrompit le cordonnier. Il y aura le prince de Condé. Il y aura un pauvre garçon qu'on a jeté là une nuit sans qu'il sache pourquoi. Mon sergent l'a entendu arrêter, il y a eu dimanche huit jours. Et enfin, il y a dans les fossés des cadavres de femme comme celle que nous avons vu repêcher la semaine dernière. Voilà ce qui reste à la Bastille, mes enfants ! depuis la mort du vieux président, notre protecteur !

La fureur populaire commençait à bouillonner. Cependant les courtisans passaient, suivant la reine, soit à cheval, soit en carrosse, quelques-uns à pied, car il faisait un temps superbe, et le ciel, purifié de toute neige, balayé par les dernières gelées suivies d'un soleil splendide, prenait déjà les tons fins et nacrés du printemps.

La foule ameutée, haletante, cherchait du regard dans le cortége les visages les plus exécrés. Partout des Italiens ou des Espagnols, reconnaissables à leur teint bilieux, à leurs barbes noires, et le sang gaulois s'indignait, et les imprécations grondaient, et les menaces faisaient chorus aux sinistres prédictions de Picard.

— Dire, murmurait-il, qu'avec quatre pauvres potences, quatre seulement, et le droit d'y accrocher ce que je voudrais, je purgerais tout le royaume — en cinq minutes.

Picard, on le voit, avait ses idées fixes.

Mais par delà ses miliciens, par delà ses menaces, au-dessus de ses misérables tempêtes, le cordonnier-capitaine vit avec un sombre désespoir planer et passer la régente vermeille et fleurie au milieu de son escadron empanaché, miroitant, qui franchit, comme avaient fait les charrettes, le pont-levis et le porche de la vieille citadelle.

Nous ferons un peu comme la reine mère, nous passerons.

D'après les ordres envoyés à l'avance, le million était tiré des caves, aligné en piles d'écus par catégories de mille livres, et ces mille tranches de cent rouleaux formaient une masse d'argent dont l'œil ne laissait pas d'être ébloui.

Rangés autour de la proie, le vautour italien Concino, le vautour espagnol Siete-Iglesias, et le vautour français Espernon, couvaient de l'œil chacun son lambeau promis.

La reine mère s'appuyait sur Léonora, et semblait lui demander si elle trouvait le régal de son goût. La Florentine, après un geste de satisfaction, se reposait, comme rassasiée.

— Eh bien, qu'on place cet argent dans les charrettes, dit la reine mère.

Le gouverneur hasarda de demander un acquit à caution, pour ses registres, dit-il.

— Avec cela qu'ils sont bien tenus, ses registres, dit d'Espernon bas, en ricanant, au maréchal d'Ancre.

— On vous donnera les reçus, repartit Concino, soyez sans inquiétude, messire, et sans qu'il soit besoin du contrôle des comptes.

Le gouverneur soupira, mais s'inclina, et comme il n'avait plus rien à faire, comme il ne voulait plus rien dire, il se mit à l'écart; les officiers de la Bastille commencèrent à jeter l'argent dans des sacs, que l'on scellait aux armes du roi avant de les porter dans les charettes.

A ce moment, l'on entendit les trompettes sonner à l'entrée de la Bastille. Une vague rumeur, pareille à des acclamations ou à des murmures lointains, s'engouffra par la porte demeurée ouverte, et monta jusqu'à la salle où Marie de Médicis se tenait avec ses courtisans.

— Qu'est-ce donc ? demanda Léonora toujours inquiète dans les plus brillants accès de prospérité.

L'Espagnol, sans se retourner, dit en haussant les épaules :

— Quelque grognement de ces marauds Parisiens qui voudraient nous disputer leurs écus rognés.

— Le roi ! messieurs ! cria dans l'escalier la voix du capitaine des gardes, dont en même temps l'on entendit sonner les éperons.

— Le roi ! répéta la régente surprise en regardant Léonora, dont les prunelles mobiles se dilataient comme à l'approche d'un danger.

— Que vient faire ici le roi ? demanda assez insolemment le maréchal en interrogeant d'un coup d'œil la reine mère et ses complices.

Une autre voix cria du bas des degrés :

— La reine !

— Oh ! oh ! murmura Siete-Iglesias, il y a à la fête quelque chose de neuf, car ils viennent sans avoir été invités.

En effet, le roi parut au haut de l'escalier, vêtu de noir avec un nœud de ruban rouge feu sous son collet de guipure et un autre à l'épée. Soit que la montée l'eût essoufflé, soit que l'émotion rendît sa respiration difficile, il s'arrêta un instant au seuil de la chambre, et après avoir touché le bord de son chapeau pour saluer sa mère, il resta immobile à contempler l'énorme amas d'argent qui jonchait le plancher.

La reine le joignit pendant cette pause, et demeura muette à ses côtés. Ses cheveux blonds, sans perles ni rubans, tranchaient comme des tresses d'or sur le velours noir du manteau royal. Il y avait sous l'azur transparent de ses grands yeux une flamme sourde et mal contenue, qui fit baisser autour d'elle plus d'un fauve regard.

A la droite de la petite reine venait la comtesse de Siete-Iglesias, blanche et résolue. A sa gauche, derrière le roi, marchait Luynes impassible.

— Quoi ! dit Marie de Médicis froidement, c'est vous qui venez ainsi nous rejoindre, sire, — à l'improviste ?

— A l'improviste est le mot, madame, répondit Louis XIII ; car j'ignorais que vous fussiez à la Bastille. Et, sans une visite qui me l'a appris, je l'ignorerais probablement encore.

— Quelle visite, je vous prie ?

— Messieurs de la cour des comptes, madame, qui prétendent que vous demandez encore un million.

— C'est vrai, répondit ironiquement la reine. Ces messieurs sont bien informés. Le voici sur ce plancher.

Le roi s'approcha de sa mère. Les courtisans se reculèrent peu à peu, moins par respect que par habitude du cérémonial.

— Madame, reprit le jeune prince, ces gens de la cour des comptes prétendent en outre...

— Que prétendent-ils encore ?

— Que ce million est le dernier de ceux que mon père avait amassés dans sa Bastille, répliqua Louis en soutenant assez énergiquemnet le regard presque hostile de la régente.

— Il se peut bien, dit-elle avec hauteur. Je ne sais pas le compte.

— Il le faudrait peut-être savoir, ajouta timidement le roi, car le peuple se plaint. Il a crié beaucoup sur mon passage.

— Il n'a pas crié sur le mien, dit Marie de Médicis, rouge de colère.

Le roi se tut. Mais son regard éloquemment baissé vers le million qui jonchait le plancher acheva d'exaspérer la régente.

— C'est encore quelque bon conseil qu'on vous aura suggéré, dit-elle les lèvres serrées comme si elle se fût appelée Catherine au lieu de s'appeler Marie.

La petite reine ne l'entendit pas, mais la devina, et ne détourna ses yeux que lorsqu'ils eurent envoyé un jet de feu à Louis XIII.

— Ces conseils-là, poursuivit Marie tout haut, vous donnent-ils de l'argent quand vous n'en avez pas ?

— Non, répondit le roi honteux d'avoir été faible en présence de sa femme. Non, ils ne me donnent rien ; mais ils m'enseignent à ne pas dépenser trop vite ce que j'ai, surtout quand il me reste si peu.

— Que concluez-vous, mon fils, dit la régente rouge et frémissante, car elle sentait Louis soutenu par le souffle vaillant de la petite reine.

— Je conclus en vous demandant, madame, si nous avons un réel besoin de cet argent.

— Tellement besoin qu'il est déjà dépensé.

— Même avant d'être sorti de la Bastille ?

— Oui, sire.

Anne toussa pour attirer le regard du roi.

— Et, puis-je savoir quelle part on m'a faite, reprit Louis.

Marie tressaillit.

— A vous... balbutia-t-elle.

— Sans doute, à moi ; j'ai besoin comme tout le monde, plus, peut-être.

— Cet argent s'est trouvé destiné, mon fils...

— A qui...

— Mais... on devait une indemnité au maréchal d'Ancre pour cet incendie... On doit les pensions de l'Espagne. M. d'Espernon, colonel-général de l'infanterie, attend sa solde ; ma maison à moi n'est pas payée... le million est loin de suffire... Un État est un corps cher à nourrir, mon fils !

— Fort bien, dit froidement le roi.

Et se retournant vers sa jeune femme, au milieu des sourires impertinents qui insultaient à sa défaite.

— Madame, lui dit-il, et toi, Luynes, ce que vous voyez d'argent là, par terre, c'est un million. Que de place cela tient !... Eh bien ! mon père, ce grand roi, ce glorieux seigneur, avait mis quarante millions comme cela dans la Bastille... Vous voyez le dernier. Nous avons donc bien fait de venir ici aujourd'hui, car c'est un beau spectacle que demain il eût été trop tard pour voir.

En parlant ainsi, Louis tourna le dos et se dirigea vers

la porte sans marquer ni colère ni souffrance; mais on voyait à l'agitation de son pourpoint, à la teinte plus bleuâtre de ses joues, qu'il n'avait pas parlé ainsi de son père sans un battement de cœur équivalent à une torture.

Anne semblait disposée à suivre son époux; mais au moment où elle touchait le seuil, Marguerite l'arrêta d'une voix émue, d'un geste suppliant.

— Et notre pauvre prisonnier, madame, murmura-t-elle avec angoisses, l'oublions-nous, l'abandonnons-nous ici, à la mort!...

— Je n'oublie rien et n'abandonne personne, sois tranquille, répliqua Anne qui fit soudain volte-face.

— Sire, dit-elle alors, élevant la voix pour la première fois, avec un accent aussi dégagé, aussi suave que dans la conjoncture la plus insignifiante, — ne voudrez-vous pas que notre présence à la Bastille, si elle n'a pas servi à quelque chose, ait au moins servi à quelqu'un?

Le roi s'arrêta. La régente et ses fidèles se regardèrent, pressentant une nouvelle attaque.

— A qui puis-je servir? demanda Louis assez spirituellement.

— Il est d'usage que la présence du roi en une prison d'État, reprit Anne, rende la liberté à un prisonnier quelconque.

— C'est un usage, en effet, dit le roi.

L'éclair de joie qui brilla dans les yeux de Marguerite, révéla toute sa pensée à Siete-Iglesias, dont le visage se couvrit d'une hideuse pâleur.

— De quel prisonnier voulez-vous parler, madame, s'écria la reine mère à qui Concino venait de faire un signe.

Anne prit un air indifférent.

— Je ne sais trop, dit-elle. Monsieur le gouverneur, apportez vos registres d'écrou. Le roi a droit de choisir son protégé ; il choisira.

Le gouverneur, troublé par cet ordre, plus troublé encore par les clignements d'yeux du maréchal, balança quelques secondes ; mais Anne le regarda si fermement, qu'il obéit.

L'intervalle fut bien employé. Marguerite murmura une action de grâces. Le roi puisa du courage dans un sourire de sa femme. Siete-Iglesias, tremblant, dit tout bas au maréchal :

— Souffrirons-nous qu'on nous enlève ce jeune homme, qui a entendu les cris et le nom de la Coman ?

— Soyez calme ! dit Concino avec un rire goguenard, et il acheva sa phrase à l'oreille de l'Espagnol.

Le registre arriva. Le gouverneur le tendit au roi en s'agenouillant comme pupitre.

— Cherchez vous-même, madame, dit Louis à Anne d'Autriche, qui courut soudain à la dernière page. Marguerite à deux pas en arrière dévorait les noms d'un œil perçant. Le sang disparut de ses joues. Le nom de Bernard ne se trouvait pas sur le registre.

Anne comprit tout en voyant sourire Iglesias. L'oubli de ce nom, c'était la disparition du prisonnier au premier caprice de ses ennemis : absent du livre, il était rayé de la vie. Anne sentit que Marguerite allait perdre connaissance. Elle la ressuscita et la redressa d'un regard impérieux.

Puis se tournant vers le gouverneur :

— Je cherche vainement dans ce registre, lui dit-elle, le nom d'une personne qui a dû être amenée ici récemment...

Tous les conjurés se regardèrent avec triomphe, espérant que la petite reine allait enfin se compromettre.

— Quelle personne? demanda la régente; nommez!

— J'avais ouï dire répliqua Anne d'Autriche en accablant sa belle-mère d'un regard éblouissant, que Votre Majesté, il y aura tantôt treize jours, avait fait transférer ici une certaine demoiselle de Coman, autrefois prisonnière au palais?

Ce fut au tour des conjurés à s'émouvoir. Mais déjà d'Espernon avait poussé en avant le gouverneur.

— Il est vrai, madame, dit cet officier.

— Eh bien! continua Anne, si elle est en ce château pourquoi son nom manque-t-il au registre?

Le gouverneur, empruntant chaque syllabe soit à Concino, soit aux autres :

— Parce que, madame, balbutia-t-il, cette prisonnière est morte dans le trajet du palais à la Bastille.

Luynes, Marguerite, le roi même tressaillirent. Anne enfonça ses ongles aigus dans sa petite main et elle ne changea pas de couleur.

— C'est différent, tout s'explique, répliqua-t-elle avec tant de tranquillité, que ses ennemis, qui épiaient sur son visage l'effet d'une pareille révélation, ne purent soupçonner qu'ils venaient de lui briser au cœur sa dernière espérance.

Concino s'approcha l'ironie aux lèvres :

— A défaut, dit-il, de mademoiselle de Coman, que sans doute vous eussiez voulu libérer, madame, bien que jamais criminel d'État n'ait été si dangereux, est-ce que Votre Majesté ne choisira pas quelque autre prisonnier pour le rendre libre.

— Conseillez donc la reine, madame, dit tout bas Siete-Iglesias à sa femme, dont le premier mouvement fut un geste d'horreur.

— Ma foi, répliqua la jeune reine en défiant tous ces bandits avec le fier accent et l'intrépidité de sa race, je vois bien qui je voudrais envoyer à la Bastille, mais je ne vois pas qui j'en voudrais faire sortir.

Elle ferma le livre qui claqua sinistrement au milieu du silence général, et prenant la main du roi, elle sortit.

La reine régente, provoquée par ces paroles et ce regard, poussée à bout surtout par les murmures de ses amis qui, dans leur rage, commençaient à oublier jusqu'au respect, arrêta son fils à trois pas de la porte et lui dit brusquement : — Tout cela veut des explications. Je vous parlerai, sire, dès que je serai rentrée au Louvre.

— Je vous attendrai, madame, répliqua Louis, tandis que l'œil de la jeune reine disait : Nous vous attendrons.

Le jeune couple sortit de la Bastille.

— Allons, madame, allons, dit Concino à la régente, l'occasion est arrivée. Finissez-en une bonne fois.

— Concino, murmura la prudente Léonora, qui, placée derrière le maréchal pendant cette scène, avait tout observé dans le recueillement et le silence, Concino, vous allez trop vite, malheureux. Taisez-vous!

CHAPITRE XVII

Naufrage.

Le roi et la jeune reine revinrent silencieusement aux Tuileries. Sur leur route ils recueillirent peu de vivats; le peuple songeait aux charrettes d'argent qui allaient sortir de la Bastille, et se figurait que la part du jeune roi et de l'Espagnole était dans l'une ou l'autre de ces charrettes.

Anne ne manqua pas de faire observer à son époux ce silence glacial. La tristesse du prince redoubla. Il rentra consterné, interrogeant du coin de l'œil son capitaine des gardes, ses officiers, dont la contenance était aussi humiliée que celle du maître.

Quant à la reine, elle s'enferma en toute hâte dans son appartement où Marguerite la suivit, plus avide que jamais de se concerter avec elle.

Estefana fut chargée de retenir M. de Luynes avant

qu'il ne passât chez le roi pour y rester selon son habitude.

— Eh bien! s'écria Anne, libre enfin avec sa confidente, voilà-t-il une scène assez douloureuse! Sommes-nous assez insultés! Oh! ma comtesse, ceux qui ont eu l'audace de traiter ainsi le roi doivent être bien assurés de réussir, quel que soit le but qu'ils se proposent.

— Votre Majesté soupçonne-t-elle ce but? demanda Marguerite.

— Non, je pressens une catastrophe, voilà tout; je ressemble à ces gens qui vont la nuit dans un grand bois peuplé de serpents, de tigres, et semé d'abîmes. Où s'arrêter? le reptile est là peut-être. Où marcher?... Le tigre entendra; l'abîme est béant. Marguerite, cette situation est affreuse. Ce n'est pas dans ces ténèbres, dans ces viles terreurs qu'une reine devrait marcher à la ruine, même à la mort!

— Mais le roi, madame, dit timidement la comtesse.

— Le roi m'épouvante; ou il ne voit rien et cet aveuglement nous perd, ou il sait tout et son immobilité est si lâche... Moi! moi! reine d'un royaume qu'on m'arrache lambeau à lambeau; moi, femme d'un prince méprisé de tout un peuple!...

— Votre Majesté agit peut-être avec trop de délicatesse, elle n'excite peut-être pas assez la volonté du roi, qu'une longue habitude a courbé sous sa mère.

Anne, frappant avec colère ses mains l'une contre l'autre:

— Avec quoi l'exciter? dit-elle. Où sont mes stimulants, quelles preuves ai-je dans la main? Contre qui le pousserai-je? Là où le président, cet illustre esprit, cet invincible courage est mort à la peine, que ferai-je, moi, atome couronné? Oh! Marguerite, tu le vois, le ciel n'est pas pour nous... Ils ont tué la Coman, ils ont emprisonné ton malheureux Bernard; ils ont peut-être aussi tué ou emprisonné ce Pontis, que j'attends comme on attend la vie, et qui ne vient pas!

Marguerite plongea sa tête dans ses mains glacées.

— Pauvre Bernard, murmura-t-elle avec un sanglot. C'est moi qui l'ai sacrifié!

— As-tu vu, continua Anne, l'infernale prévoyance de ces misérables? Aucun nom sur le livre d'écrou. Comment réclamer? où est l'indice? M. Bernard de Preuil?... nous ne le connaissons pas. Et qui dirait le contraire! Sommes-nous sûres seulement aujourd'hui qu'il ait été jeté dans la Bastille? J'avoue que je me surprends à en douter.

— Oh! madame, n'en doutez pas; car alors je verrais s'éteindre la dernière étincelle de mon espérance. Votre conviction qu'il est à la Bastille, c'est un gage pour moi; c'est pour moi la certitude que vous le sauverez, vous si magnanime, vous si puissante dans votre bonté. D'ailleurs, le fait nous est assuré. La Vienne a dit à sa femme — et celle-ci est sûrement dans les intérêts de Bernard; la Vienne, dis-je, a appris à Sylvie qu'il avait entendu chez la marquise raconter l'arrestation d'un jeune homme à cent pas d'une maison près du rempart. Cette maison, vous la connaissez, Bernard en sortait, l'heure coïncide; et depuis cette fatale nuit il a disparu. Libre, ne m'eût-il pas fait parvenir de ses nouvelles? ne se fût-il pas informé de son petit Aubin? Oh! madame, il a entendu mademoiselle de Coman crier au secours, crier son nom, et pour l'empêcher de le répéter, ce nom terrible, ils le tueront dans un cachot, comme ils ont assassiné son père! Sauvez-le! sauvez-nous!... Madame, n'est-ce pas que vous ne l'abandonnerez jamais?

— Ne sais-tu pas, pauvre Marguerite, dit la reine, que je suis perdue toute la première s'il ne m'arrive un prompt secours de Dieu!

Dona Estefana rentra, Luynes la suivait.

— Eh bien! monsieur, dit Anne courant à sa rencontre, quoi de nouveau?

— Tout va mal, madame, répliqua le jeune homme d'un air découragé; mais chez lui cette froideur était un grave symptôme, car il se rebutait difficilement.

— M. de Pontis n'arrive donc pas? N'aurait-il pas reçu l'avis que nous lui avons fait passer?

— Madame, il l'a reçu, j'en réponds, et tous les jours mon frère Cadenet et M. de Brantes, que j'ai fait venir exprès, guettent M. de Pontis : l'un, Cadenet, devant l'hôtel du président, où, sans nul doute, il descendra tout d'abord, puisqu'il se croit mandé à Paris par M. de Harlay lui-même; l'autre, Brantes, sur la route de Lyon, que le voyageur suivra probablement pour venir de Grenoble; et malgré leur vigilance, malgré mes vœux ardents, je n'ai rien encore à vous apprendre.

— La situation est critique, n'est-ce pas?

— Au suprême degré, madame, répondit tranquillement Luynes, et, d'après mon calcul, ceux qui demain ne seront pas les plus forts...

— Eh bien?

— Ceux-là sont parfaitement perdus.

— Quels qu'ils soient, n'est-ce pas? dit la reine.

— Quels qu'ils soient, oui, madame. Car Votre Majesté n'ignore pas qu'à dater de la mort du président, nous jouons carte sur table, tandis que les adversaires ont leur jeu dans la main.

— Et... si nous perdons, comme c'est probable, ajouta Anne... cela nous coûtera ?...

— A Votre Majesté, beaucoup; une disgrâce d'au moins un an. C'est bien cher!... je le sais.

— Mais à vous, dont ils ont deviné le dévouement au roi et à notre noble cause... à vous, que coûtera ma disgrâce?

— Oh!... à moi... madame, dit Luynes avec un pâle sourire, à moi et à mes frères, presque rien, un bout de corde ou un coup de hache, si l'on daigne se souvenir que je suis bon gentilhomme !

— Allons donc! nous n'en sommes pas là! s'écria bravement la reine.

Ces paroles rassurantes vibraient encore dans le cœur de Marguerite lorsque dona Estefana vint annoncer que le capitaine des gardes du roi, M. de Thémines, cherchait la reine de la part de Sa Majesté. Luynes se glissa rapidement sous un rideau pour ne pas compromettre Anne d'Autriche par sa présence.

— Qu'y a-t-il donc, monsieur de Thémines? demanda celle-ci au capitaine.

— Madame, le roi attend Votre Majesté dans son cabinet des armes.

— Seul?

— Non, madame, la reine régente et M. le maréchal d'Ancre, qui viennent d'arriver de la Bastille, sont dans le cabinet avec le roi.

Anne et Luynes échangèrent un coup d'œil.

— Je me rends sur-le-champ aux ordres du roi, dit la jeune reine en congédiant Thémines qui sortit.

— Voilà l'orage, reprit Anne en soupirant, il vient plus tôt que je ne croyais. Monsieur de Luynes, vous aviez raison, ces gens-là jouent à coup sûr.

— Prudence! prudence! s'écria Marguerite en baisant les mains de sa maîtresse.

Luynes secoua mélancoliquement la tête.

— Prudence ou non, dit-il, vous n'arrêterez pas le torrent, le voilà qui roule!

Anne fronça le sourcil.

— Qui sait? dit-elle. En tout cas, tombons bravement! Vous, Marguerite, attendez ici; vous, monsieur, faites le guet, et tâchez d'entendre ce qui va se dire chez le roi.

— J'entendrai, répondit le fauconnier.

Anne prit sa résolution, comme on prend son élan pour franchir un obstacle. Deux minutes après, elle entrait calme et le front serein dans le cabinet du roi.

D'un premier coup d'œil elle embrassa tous les acteurs de la scène, et reconnut que la scène serait violente.

Louis, tête nue, ses longs cheveux noirs en désordre, arpentait la vaste salle, en mordant sa main gauche et sa moustache.

Marie de Médicis était assise, se recueillant. Le maréchal, debout derrière son fauteuil, examinait l'attitude du roi et tirait des conjectures de son agitation fiévreuse.

Au bruit que fit la jeune reine en paraissant, Louis se retourna. Son visage trahissait les combats d'une âme indécise entre l'ennui de lutter et la honte de céder encore.

— Madame, dit-il à sa femme, voici ma mère qui veut me parler, et qui attend que vous soyez présente.

Anne fit la révérence et ne répondit rien.

— Oui, dit Marie de Médicis, les faits graves dont j'ai à entretenir mon fils, ont besoin d'être débattus contradictoirement. Asseyez-vous, mon fils. Prenez place, madame.

— Il s'agit donc de faits graves? dit Anne tranquillement.

— Le roi va en juger.

— De faits, continua Anne, qui concernent le roi, vous, madame, et moi?...

— Précisément, répliqua la régente.

— Eh bien, alors, une quatrième personne n'est pas ici

à sa place, dit la jeune reine en regardant le maréchal qui rougit.

— Monsieur le maréchal, interrompit vivement la régente, a besoin d'être ici, car lui aussi est en cause et doit pouvoir se défendre au besoin. Voilà pourquoi je l'ai amené.

Anne se tut.

— J'écoute, dit le roi dont le cœur battait horriblement.

— Sire, commença Marie de Médicis, il faut enfin que le voile se déchire et que la lumière se fasse autour de nous. Dans le royaume et dans votre famille tant de bruits circulent, tant d'abus se commettent, que, lassés par des attaques incompréhensibles, nous venons chercher une explication définitive auprès de Votre Majesté.

— Qui, vous? demanda le roi.

— Madame et M. le maréchal, répliqua Anne avec la promptitude et la roideur d'une riposte qui touche.

Ceux qu'associait ainsi le mot de la jeune reine se cabrèrent sous la douleur de la blessure.

— Oui, nous, puisque madame l'a dit, reprit Marie de Médicis, car je ne vois pas pourquoi je renierais mes amis loyaux et dévoués, dont la vie, la fortune, la position sont incessamment menacées par des inimitiés invisibles. Eh bien, oui, je viens, avec M. le maréchal, demander au roi quels sont les reproches qu'il peut nous adresser, à moi et à mes ministres ou conseillers. De la franchise! J'en exige; j'en aurai.

— Je ne me suis jamais plaint, murmura le roi, et vous allez, ma mère, au-devant de reproches qui ne vous sont pas faits.

— Quelquefois, mon fils, les reproches se produisent sous une forme déguisée... Le respect dû à une mère peut paralyser l'expression des griefs...

— Ni reproches, ni griefs, ni expression, dit le roi. Je ne sais pas ce que vous voulez dire.

— C'est donc là votre réponse, mon fils?

— Exacte.

Marie de Médicis, se tournant vers la jeune reine qui n'avait pas sourcillé durant ces préambules :

— Et vous, madame, que répondez-vous? dit la régente. Vous êtes ma fille, vous êtes reine de ce royaume. Je vous adresse la même question qu'à mon fils.

— J'y ferai la même réponse que le roi, dit Anne d'Autriche plus que jamais sur ses gardes.

— Eh bien! reprit Marie, impatiente de passer de l'escarmouche à la bataille, je n'ai pas, moi, le bonheur que vous avez tous deux. Je ne suis pas sans grief, pas sans plaintes à formuler; les voici : on n'a pour moi ni respect ni confiance; on n'a pour mes conseillers ni reconnaissance ni égards; on n'a envers l'État ni zèle ni fidélité.

— Ma mère, ce sont de grosses accusations, demanda le roi fort ému; contre qui les dirigez-vous?

— Oui, nommez les gens, dit Anne d'Autriche.

— Je vais commencer par leurs actes, poursuivit Marie de Médicis. Aux actes, les coupables se reconnaîtront.

Mon fils, voilà déjà quelques temps que vous êtes majeur, et bien des gens m'accusent de ne pas avoir complétement remis entre vos mains le gouvernement de l'État.

Louis sourit; Anne sourit.

— Savez-vous pourquoi? dit la régente. Devinez-vous le motif qui m'a conduite, bien malgré moi, à garder une part d'un pouvoir qui me fatigue?

— J'avoue que je ne me le suis pas demandé, balbutia Louis.

— Moi, répliqua Anne indignée de ces pusillanimes temporisations, je me le suis demandé souvent, mais je ne l'ai jamais bien compris.

— Vous allez le savoir, dit Marie de Médicis avec un regard flamboyant; oui, vous-même, qui osez répondre avec tant de hardiesse. Si j'ai conservé le pouvoir, c'est que je me défiais des conseils dont on environne mon fils; c'est que je craignais les influences qu'on lui fait subir; c'est qu'en un mot j'avais la preuve du danger qui menacerait l'État si ces conseils et ces influences, armés de l'autorité suprême, dominaient dans la politique de la couronne.

A cette sortie furieuse, qui succédait si brusquement à un exorde insinuant, le roi se leva, pâle et décontenancé.

— Je n'ai ni conseillers ni maîtres, murmura-t-il, puisque je ne m'occupe point d'affaires.

— On s'en occupe pour vous! s'écria la régente, s'abandonnant peu à peu à la colère. On vous fait mettre en liberté M. de Vendôme, non pas votre frère, mais votre ennemi naturel, comme tous les bâtards de votre père qui convoitent sa couronne. On ressuscite contre vos amis, contre vos serviteurs et les miens, les vieilles calomnies usées dans tous les carrefours; on laisse répandre, on propage même les accusations les plus odieuses contre des hommes honorables, parce que je les aime et qu'ils me servent; on correspond avec les conspirateurs, on trame des complots, on m'attaque enfin moi-même, moi, votre mère, nommée régente par le feu roi !

— Est-ce bien possible ? dit le roi.

— C'est trop certain, mon fils. Voulez-vous savoir quelle est la main qui a ouvert la prison de M. de Vendôme? Voulez-vous connaître le secret de la conspiration de du Bourdet? Savez-vous quel génie inspirait la Coman, cette furie, cette source inépuisable de blasphèmes sacriléges, et soufflait même au président la flamme de ses révoltes incessantes contre mon autorité? En un mot, faut-il vous nommer l'auteur de nos troubles, le brandon de discordes qui alimente la haine entre une mère et son fils?

— Je ne sais si je voudrais en savoir davantage, articula le roi si faiblement qu'on eut peine à l'entendre.

— Et moi je vous supplie de nommer ce phénomène, dit Anne d'Autriche avec un méprisant sourire; car si c'est une même personne qui a seule conçu et exécuté tout ce que vous venez de dire, le mot phénomène ne lui suffit pas, je la qualifie merveille, et veux la connaître, nommez-la.

— C'est vous ! dit Marie de Médicis égarée par la fureur. Vous qui êtes venue ici distiller tous les venins de l'Espagne.

— Pour les venins de tous genres, répondit Anne d'Autriche se redressant, l'Espagne est bien stérile auprès de l'Italie.

— Madame ! s'écria le maréchal.

— Madame ! dit la jeune reine, se tournant pâle et superbe vers Marie de Médicis, enseignez à vos compatriotes qu'à la cour de France comme à la cour d'Espagne, les sujets ne se mêlent jamais aux entretiens des rois !

— Moins d'orgueil, dit la régente ; vous êtes la première sujette du roi de France, envers lequel je vous accuse de trahison. Est-ce bien vous qui avez protégé la fuite de M. de Vendôme ? Répondez !

— Oui ! J'en rendrai compte à mon roi, dont je comprends l'intérêt à ma façon.

— Est-ce bien vous qui avait pratiqué une de mes femmes, la comtesse Siete-Iglesias, et l'avez poussée, malgré son mari, malgré toute retenue, dans des intrigues de nature à compromettre la sûreté de ce royaume ?

— C'est moi qui ai prié la comtesse de m'aider dans une grande entreprise ; moi qui ai voulu chasser de France les pillards et les meurtriers.

— Qu'appelez-vous meurtriers ?... s'écria le maréchal tremblant de colère.

— C'est un mot français qui s'applique à tous ceux qui ont versé le sang, répondit fièrement la jeune reine. S'il s'applique à vous, tremblez! S'il ne vous concerne pas, taisez-vous!

— C'était un des mots favoris de feu l'illustre président, dit la régente avec un rire brutal.

— C'est de lui que je l'ai appris, en effet, repartit Anne, et il l'avait appris, lui, de mademoiselle de Coman, votre prisonnière.

— Sire! s'écria Marie de Médicis en secouant le bras du roi, qui semblait évanoui plutôt qu'enfoncé dans son fauteuil, on insulte votre mère!

— Le roi sent bien aussi qu'on insulte sa femme, dit Anne d'Autriche.

— Alors, entre sa femme et sa mère il choisira, reprit l'Italienne dans un élan de fougueuse rage. J'ai accusé, j'ai prouvé; la coupable est convaincue, si maintenant elle n'est pas punie...

— Et que lui ferait-on, je vous prie, à cette coupable? s'écria Anne les bras croisés avec un regard chargé de dédain et de haine; lui trancherait-on la tête en Grève, par hasard?

— Il est d'autres châtiments plus sensibles peut-être, riposta la belle-mère.

— Vous consulterez bien un peu mon père le roi d'Espagne, avant de prononcer vos arrêts, continua la jeune princesse, dont l'éclat de rire strident écrasa Marie et réveilla Louis XIII.

— Sire, dit Concino en s'approchant, j'ai dix mille hommes à moi, levés et payés par moi, je les offre à Votre Majesté, en cas de guerre.

A ces paroles, tellement insolentes qu'elles pourraient paraître invraisemblables, le roi bondit sur son siége; un éclair parti de ses yeux, éclair capable d'incendier tout le royaume, révéla qu'il avait encore aux veines une goutte du sang de Henri IV.

— Vous entendez, sire, dit Anne d'Autriche, qui avait saisi au vol cette fugitive espérance, vous n'avez pas d'armée, vous, mais monsieur vous prêtera la sienne, et il la commandera au besoin, en sa qualité de maréchal de France.

— Il est temps de terminer tout cela, interrompit Marie de Médicis, qui ne se contenait plus.

— C'est mon avis, dit le roi épuisé. Vos conclusions, ma mère.

— Les voici. Madame a avoué ses complots, ses intrigues.

— J'ai avoué mes actes, dit majestueusement Anne.

— Elle a aussi avoué ses complices, poursuivit Marie.

— J'ai reconnu le service d'une amie dévouée.

— Oui, mais vous avez oublié le nom de votre agent, M. de Luynes; car il est votre agent, madame.

Le roi tressaillit. Outre sa femme, son favori! pauvre roi!...

— Que vient faire dans tout cela le nom de M. de Luynes? s'écria Anne.

— Depuis longtemps nous le surveillons, continua l'implacable marâtre, il faut donc le comprendre dans mes conclusions; je finis. Ou demain matin, à l'heure du conseil, la paix régnera dans l'État : ce qui veut dire que madame aura été punie avec ses complices...

— Précisez bien la punition, demanda Anne, pour que nous sachions sur quoi compter les uns et les autres. Les bons comptes font les bons amis !

— Madame, vous serez envoyée provisoirement dans un château de province, dit Marie de Médicis, à Amboise, par exemple. Là, Dieu vous inspirera de meilleures pensées; nous le prierons à cet effet. Dans vingt-quatre heures vous serez partie.

— Voilà votre ultimatum, madame et chère belle-mère ?

— Quant à vous, ma bru. Quant à M. de Luynes, la Bastille, d'abord. Pour madame la comtesse de Siete-Iglesias, que vous enlevez indécemment à son mari, malgré les lois et la religion, elle lui sera rendue sans délai, car il la réclame. J'ai dit.

— Fort bien, murmura Anne, plus émue qu'elle ne voulait le paraître, car ces conclusions étaient d'autant plus redoutables, qu'elles paraissaient moins exagérées. Moi chassée, les autres livrés à vos bourreaux. Mais si le roi refusait ? ajouta-t-elle, voyant que sa vigueur, sa ténacité magnétiques venaient échouer devant l'immobilité de roche du malheureux roi.

Marie prit l'accent pathétique, larmoyant.

— Si mon fils donnait tort à sa mère, dit-elle, à sa mère qui l'aime plus que tout au monde, à sa mère si malheureuse sous l'autre règne, et qui n'a supporté la vie que pour assurer la gloire et la sûreté de ses enfants, demain, à l'heure que j'ai fixée, ce serait moi qui, pénétrée de douleur, prendrais des mesures décisives pour assurer l'autorité que je tiens de Dieu et pour sauver mon fils, malgré lui-même, des périls où l'entraînent son ingratitude et son aveuglement.

Elle acheva cette phrase en baisant la main du roi et en la baignant de ses pleurs.

A cette menace de la guerre civile, de la guerre parricide, le roi fit un mouvement que l'Italienne et Concino interprétèrent comme un indice de terreur. Certes ils ne se trompaient pas. Anne aussi crut y lire sa condamnation. Elle regarda Louis XIII qui ne répondait à personne. Elle attendit que Marie et Concino se fussent retirés, ce qu'ils firent sans dissimuler leur joie triomphante, et alors, satisfaite d'avoir au moins gardé le champ de bataille, elle passa devant le roi, toujours écrasé par la terrible alternative, et rentra dans son appartement, où l'attendait Marguerite, dévorée d'angoisses.

— Eh bien ! madame, dit la comtesse du plus loin qu'elle l'aperçut.

— Eh bien ! la partie est perdue, dit amèrement la reine : on me relègue au château d'Amboise.

— Vous vous soumettriez !...

— Bien mieux que cela, je dépasserai leurs prévisions :

ils veulent me voir en province, je retournerai en Espagne. Quant à toi, pauvre enfant ! on te rend à ton mari.

— C'est la mort ! il me tuera ! dit Marguerite épouvantée.

— Aussi feras-tu bien de partir cette nuit. Fuis en Allemagne, chez ta grand'mère, tu as le temps.

Marguerite baissa la tête, dans un sombre désespoir.

— Pas d'hésitations continua Anne ; pas de larmes ; des actions, Marguerite ! Prends tes pierreries, deux poignées d'or, un cheval rapide, et que l'aube, demain, te trouve à vingt lieues de Paris !

Luynes parut sur le seuil, plus irrité que consterné.

— Ah ! s'écria la reine, quant à vous, mon féal, je vois que vous savez déjà à quoi vous en tenir. Vous ne comptez pas attendre l'événement, je pense ?

— Oh ! non, madame, dit le fauconnier, le roi est homme à me laisser couper en quatre. Et, sitôt que j'aurai réuni mes frères, que je ne veux pas abandonner, je gagne la frontière, où j'attendrai des temps meilleurs.

— Mais vous êtes pauvre, vous, reprit la reine avec une affectueuse délicatesse. C'est vous qui souffrirez le plus.

— Ce n'est pas ma bourse, c'est mon cœur qui souffre, dit le fauconnier. J'eusse aimé le roi, s'il eût voulu.

Anne fouilla précipitamment dans son coffre.

— Tenez, dit-elle, voici les perles qui m'ont été données ici en cadeau de noces ; elles m'ont porté malheur. Ce n'est plus bon qu'à vendre. Prenez, prenez, vous dis-je, et pardonnez-moi les maux que je vous ai causés.

— C'est un présent d'un demi-million ! s'écria Luynes ébloui. Y songez-vous, madame ?

— Ce n'est pas le quart de ce que je vous donnerai si jamais je redeviens reine. Seulement un dernier service. La pauvre Marguerite que voici ne peut fuir seule — une femme !... Aidez-la, escortez-la, vous et vos frères, je vous la confie comme ma sœur !

Marguerite fondit en larmes.

— Ne nous attendrissons pas, dit la jeune princesse qui s'attendrissait elle-même. Embrasse-moi, ma douce Marguerite. Maintenant, donnez-vous rendez-vous pour ce soir à l'entrée de la nuit.

— J'attends les ordres de madame la comtesse, répliqua Luynes.

— Sept heures, dit Marguerite après un moment de réflexion, derrière la Bastille, au rempart.

La reine et la comtesse s'embrassèrent encore une fois, puis Anne rentra dans ses appartements avec Estefana.

CHAPITRE XVIII

Les bénéfices de l'association.

Sept heures allaient sonner. La nuit était déjà noire. Une bise aigre et sèche, qui succède aux soleils trop prématurés vers la fin de l'hiver, avertissait les promeneurs déjà rares que le souper les attendait près d'un feu clair.

Une petite troupe de trois cavaliers passa dans la rue Saint-Antoine, et tandis que l'un d'eux mettait pied à terre devant la rue du Petit-Musc, les deux autres continuèrent leur route, emmenant le cheval de leur compagnon.

Le cavalier démonté entra bientôt rue de la Cerisaie, chez la Vienne. C'était Cadenet. Il s'y glissa en habitué de la maison, et courut droit à la salle basse que nous connaissons, et dans laquelle il comptait trouver Sylvie, puisqu'il était l'heure de souper.

Sylvie, en effet, était assise devant le feu, seule, pensive, irritant de son petit pied inquiet une énorme bûche qui ne brûlait qu'à contre-cœur. Elle se retourna au bruit et poussa un cri de joie en apercevant son hôte.

Mais celui-ci ne portait rien d'encourageant sur sa figure, d'ordinaire si avenante. Les soucis pâlissaient son teint; la bise avait rougi son nez.

— Qu'avez-vous encore? demanda Sylvie, qui le fit asseoir.

Cadenet promena autour de lui ce regard instinctif qui signifie toujours : Je n'ai pas confiance.

— Parlez, parlez, dit la jeune femme. La Vienne est allé voir des chevreuils, parmi lesquels il choisit, pour un grand dîner demain chez la reine mère.

— C'est cela, un grand dîner, murmura Cadenet, pour célébrer notre départ.

— Vous partez! s'écria Sylvie, qui n'avait pas encore remarqué le manteau, l'épée de voyage et les grosses bottes de Cadenet.

— Hélas! oui, et je viens vous faire mes adieux.

Sylvie joignit les mains avec tant de réelle douleur, que Cadenet les lui prit mélancoliquement, et, mélancoliquement aussi, les couvrit de baisers plaintifs.

— Oui, nous partons, reprit-il, et si vite, belle Sylvie — on disait belle Sylvie encore en ce temps-là — que je ne sais si j'aurai le temps de faire mon compte de dépenses avec vous.

— Oh! rien ne presse, dit la jeune femme... Expliquez-moi plutôt pourquoi vous partez.

Cadenet prit un air mystérieux.

— Vous entendrez parler de grands événements, murmura-t-il, mais silence...

Sylvie s'était approchée pour mieux entendre; Cadenet l'embrassa deux fois et répéta :

— Silence!

— De grâce... quelques détails, dit la jeune femme.

— En aurais-je le temps?... les chevaux attendent. Ne parlez pas même de ma visite à la Vienne : il n'est pas des nôtres, lui!

— Mais j'en suis, moi!... Il est donc arrivé quelque chose?

— Tout est perdu, chère Sylvie; et en partant je n'ai que deux regrets : le premier, de vous quitter, peut-être pour toujours.

Sylvie se sentit attendrie. Cadenet essuya ces précieuses larmes.

— Mon second regret, poursuivit-il, c'est de laisser

ainsi le pauvre Bernard à la merci de nos ennemis, sans savoir s'il est mort ou vivant.

— Hélas ! répliqua Sylvie, je ne sais rien encore de positif, mais déjà j'ai ouvert des intelligences dans la place.

— Dans quelle place ?

— Dans la Bastille; mon mari, vous savez, est ami intime du nouveau gouverneur.

— Vous me l'avez dit ! s'écria Cadenet, et j'avoue que j'ai toujours bien compté sur vous pour un moment ou l'autre.

— Oui, le gouverneur M. du Thiers a dîné chez nous hier, et j'ai commencé à lui faire la cour. Il est gourmet, il trouve ici d'un vin qui lui plaît. Je lui en ai envoyé trente bouteilles.

— Bon !

— Un cuissot de ce chevreuil que choisit en ce moment la Vienne lui est déjà destiné, en sorte qu'avant peu je l'aurai apprivoisé, — il me dira ce qu'est devenu M. Bernard.

— Voilà qui est bien, soupira Cadenet ; mais cet : avant peu, dont vous me faites fête, sera venu peut-être trop tard. D'abord nous partons, et sans nouvelles de notre ami ; ensuite, que feront-ils de lui... avant peu?

— Vous avez raison, dit Sylvie effrayée.

— C'est une réponse plus prompte, continua Cadenet, une réponse... immédiate que nous eussions désiré avoir.

— Immédiate !... Quoi... tout de suite?

— Nous avions roulé toute sorte de projets dans notre

tête, mes frères et moi... Mais pour exécuter ces projets, la première condition serait d'entrer dans la Bastille.

— Impossible ! sans préparation.

— Ah !... Eh bien ! n'y pensons plus. Je vous avoue que nous avions espéré... avec certains amis de Bernard ; nous avions beaucoup compté sur vous, sur votre esprit, sur votre inépuisable esprit...

— Vous êtes bien bon, mais encore faut-il pouvoir.

— Oh ! nous disait cette dame, Sylvie pourra.

— Quelle dame ? demanda Sylvie, se jetant sur le mot avec une avidité que Cadenet avait parfaitement prévue, et dont il feignit d'être embarrassé.

— J'ai fait une indiscrétion, balbutia-t-il, excusez-moi.

— De quelle dame parlez-vous donc ? poursuivit-elle. Voyons, n'hésitez pas ainsi, ne suis-je plus votre amie ?

— C'est que la personne en question est amie de Bernard, et je ne sais si j'ai le droit de...

— Mais moi, ne suis-je pas aussi l'amie de M. de Preuil ? Voyons, achevez ; que disait cette dame ?

— Instruite par moi des rapports que vous avez avec le gouverneur, elle espérait que vous pourriez nous procurer des nouvelles de Bernard avant notre fuite pour l'exil.

— Qui donc est cette dame ?

— Oh ! permettez-moi de taire son nom, dit Cadenet d'un air réservé. Qu'il vous suffise de savoir qu'elle vous connaît parfaitement et que vous la connaissez bien aussi.

— Vous me mettez au supplice, monsieur de Cadenet.

Le nom de cette amie de M. Bernard, qui me connaît, que je connais?...

— Une amie... de couvent, peut-être.

— J'en ai eu vingt... laquelle... C'est barbare de me tenir ainsi en suspens.

— Écoutez, j'ai promis de ne pas la nommer, mais voulez-vous la voir? s'écria Cadenet.

Sylvie se leva comme pour s'envoler.

— Où? dit-elle.

— A cent pas d'ici.

— Partons!

Sylvie jeta sur ses épaules une mante épaisse à coqueluchon et dit à Cadenet :

— Partez le premier; je me glisserai par le jardin sans qu'on me voie sortir; attendez-moi dans la rue de Lesdiguières.

— C'est justement notre chemin, répondit Cadenet. Et il partit.

Cinq minutes après il tenait Sylvie sous son bras et la menait près du rempart derrière la Bastille, où dans les ténèbres on apercevait des chevaux cachés sous l'abri d'un vieux pignon.

Sylvie étonnée cherchait des yeux la dame qu'on lui avait promise; cette dame lui tenait déjà la main. Elle était vêtue d'un habit de voyage, sa tête cachée sous les plis d'un épais capuchon qu'elle souleva quand Sylvie se retourna.

— Marguerite de Valleranes! s'écria celle-ci, rouge de confusion; la comtesse de Siete-Iglesias...

— Oui, dit Marguerite ; moi qui, confiante en vous depuis ce que m'a dit un ami de vos bonnes dispositions à notre égard, n'ai pas voulu quitter Paris sans vous avoir demandé un service.

— Lequel ? Oh ! je vous le rendrai...

— Merci ; mais, avant tout, je ne vous laisserai pas de moi l'opinion trop favorable que vous avez encore... Vous me prenez sans doute pour une compagne, pour une amie ? Détrompez-vous ; j'ai eu envers vous un tort, un tort grave, peut-être impardonnable...

Ici Marguerite baissa les yeux à son tour.

— Quoi donc ? demanda Sylvie.

— En ma qualité d'amie de M. du Bourdet, c'est moi qui, aux Bordes, lui ai conseillé de ne pas donner suite à votre mariage.

— Vous étiez aux Bordes ?... murmura Sylvie stupéfaite.

— Cachée, fugitive, comme aujourd'hui ; mais pardonnez-moi, Sylvie, je vous estime assez pour croire qu'à ma place vous eussiez agi de même. Seulement, je vous jure par mon salut éternel que du Bourdet seul a su les motifs de l'avis que je lui donnais, et que Bernard les ignore encore aujourd'hui et les ignorera toujours.

— De quoi me plaindrai-je, dit sourdement Sylvie, mon malheur n'est-il pas mon ouvrage ?

— Oh ! non ! s'écria généreusement Marguerite. Sans les séductions d'un misérable, vous fussiez demeurée pure ; votre âme est noble, votre cœur est bon !

— Merci ! merci ! dit Sylvie avec effusion. Vous êtes

toujours cette brave et loyale amie que j'ai tant admirée, tant respectée, tant aimée, et dont la chaste image est venue si souvent troubler le repos de mes nuits. Marguerite, vous avez empêché Bernard de m'épouser; vous avez bien fait!... Vous l'avez sauvé, je vous en rends grâces!

Marguerite, émue, serra la main de cette femme, plus belle et plus estimable dans sa fragilité que tant d'autres restées sans tache.

— Eh bien, reprit-elle, voulez-vous m'aider à le sauver encore.

— Comment?

— Voulez-vous m'introduire dans la Bastille, vous le pouvez, puisque vous connaissez le gouverneur.

— Je puis y entrer, moi... mais vous... Il est vrai que vous passeriez au besoin pour ma parente... ma compagne...

— Pour votre servante, Sylvie. Nous saurons si Bernard est dans cette forteresse, nous saurons si les misérables lui ont laissé la vie. Alors, j'ai mes pierreries dans ma valise, je les donnerai à ce gouverneur pour qu'il me prouve au moins que Bernard est en sûreté.

Sylvie regarda Marguerite avec cette profonde intelligence d'une femme qui puise sûrement un secret dans le cœur d'une autre.

— Sans doute, dit Marguerite, répondant, bien que confuse, à cet invincible regard. Tous les malheurs de M. de Preuil sont mon ouvrage : je lui dois rendre, sinon son père, dont peut-être j'ai causé la mort, sinon sa fortune, que peut-être il refuserait d'accepter de moi, je lui dois au moins le salut, je lui dois d'essayer tout pour lui rendre la liberté. Encore une fois, Sylvie, veux-tu m'aider?

— Oui, je suis à toi à l'instant, s'écria la jeune femme, toujours prête à rebondir sous la pression d'un noble élan. Messire du Thiers aime beaucoup l'argent, plus encore que le vin du Rhône et le chevreuil. Essayons; viens!

Marguerite courut au groupe de cavaliers qui attendaient l'issue de cette conférence, glissa quelques mots à Cadenet et à ses amis, prit sur son cheval le coffret attaché au porte-manteau, puis, au bras de Sylvie, s'achemina rapidement vers l'entrée de la Bastille.

Le nom de madame la Vienne ouvrit toutes les portes devant les deux amies. On arriva chez le gouverneur, qui soupait seul et tristement de l'ordinaire assez maigre de la Bastille.

Une femme aussi belle que Sylvie, une femme qui envoie de bon vin et dont le mari fait une cuisine royale ne saurait être mal accueillie. Le gouverneur reçut Sylvie plus gracieusement qu'il n'eût fait une princesse.

— J'ai amené avec moi ma cousine, dit pudiquement Sylvie, pour que mon mari ne se fâche pas trop de la visite que je vous rends.

— En effet, je le crois jaloux, ce bon la Vienne, dit le gouverneur, repoussant le légume fumeux et la viande inculte qui garnissaient sa table, et il a, ma foi, raison.

Cependant, les deux femmes s'étaient assises dans cette salle haute, sombre, déjà prison, bien qu'elle n'enfermât que des gens libres. Le cœur de Marguerite battait à lui rompre la poitrine. Tandis que Sylvie, plus délibérée, attaquait les préliminaires oiseux de la conversation, elle, la comtesse, essayait de préparer ses arguments à elle, — et la délicate question de la corruption d'un officier du roi, et la question bien autrement importante du secret, — terribles négociations au travers desquelles Marguerite, tressaillant de joie, apercevait déjà Bernard à cheval sur la petite place près du rempart.

— Monsieur mon voisin, dit enfin Sylvie après une courte escarmouche, vous ne devineriez jamais le motif qui m'amène près de vous à une pareille heure.

— Vous me le direz, charmante hôtesse, et je le saurai, dit-il galamment.

— Nous sommes inquiètes, ma cousine et moi, d'un de vos pigeonneaux.

C'était le terme badin qui servait à désigner dans le vocabulaire de la Bastille ces martyrs, auxquels un gouverneur de prison d'État arrachait chaque jour une plume.

Le gouverneur redevint sérieux. Marguerite frémit. Sylvie redoubla d'aménité.

— Il faut vous dire, continua-t-elle en se rapprochant, que ma cousine que voici devait épouser un aimable garçon...

— Eh bien! dit sèchement le gouverneur.

— Eh bien! ce pauvre jeune homme a été conduit ici.

— Ah!... son nom...

— Bernard de Preuil.

Du Thiers tressaillit. Marguerite, qui le dévorait des yeux sous son capuchon, surprit ce mouvement, et sa terreur en redoubla.

— Je ne sais pas même si nous avons ici un prisonnier de ce nom, répliqua le gouverneur.

— Oh! vous l'avez, dit Sylvie.

— Qu'en savez-vous, belle dame?

— Ma cousine était avec lui quand on l'a arrêté, bien innocent, le pauvre Bernard... Je vous le jure.

— Il m'est interdit de répondre, même un mot, au sujet de ce qui se passe à l'intérieur de la Bastille, répliqua le gouverneur, se roidissant à vue d'œil.

Marguerite et Sylvie se regardèrent. La dernière revint à la charge.

— Oh! dit-elle avec un ton de voix qui eût désarmé Phalaris, vous refuseriez une pauvre petite parole à une femme, à une malheureuse femme qui se meurt d'inquiétude.

— Il ne s'agit, monsieur, ajouta Marguerite tremblante, que de nous dire s'il est vivant ou non.

Cette voix, harmonie irrésistible d'une âme qui s'exhalait tout entière, émut une fibre dans le cœur coriace du gouverneur.

— Il vit, répliqua-t-il, croyant, le pauvre homme, qu'il suffit d'une goutte d'eau pour satisfaire deux femmes altérées.

— Oh! merci, s'écria Sylvie, merci! vous êtes un galant homme. Je me souviendrai éternellement de votre bonté, monsieur le gouverneur. Ainsi, il vit!

— Il vit! répéta tristement Marguerite en secouant la tête.

Elle avait le paradis dans cœur.

— Comme il doit être malheureux, reprit Sylvie, qui comprenait la soif ardente de sa compagne... Il vit!... Est-ce bien sûr qu'il vive et que vous ne nous parlez pas ainsi seulement pour nous rassurer?

— Oh! fit le gouverneur sans défiance et un peu étourdi par les caresses et les promesses si habilement transparentes de Sylvie.

— Écoutez donc, continua-t-elle, il est bien permis de douter... dans cette terrible Bastille... avec un homme sévère comme vous... et les ordres féroces que vous avez contre certains prisonniers.

— Le fait est que j'en ai de durs... quelquefois... dit du Thiers, flatté de passer pour un homme féroce.

— Et... contre M. Bernard... n'est-ce pas? interrompit vivement Marguerite.

— Je ne dis pas non.

— Oh! vois-tu, cousine, s'écria Sylvie avec une explosion de douleur bien jouée, ce bon M. du Thiers nous trompe; il ne nous dit pas la vérité : il est arrivé malheur à notre pauvre ami.

— Je vous assure que non, dit le gouverneur dupe de la scène. Le prisonnier est parfaitement vivant.

— Hé! comment vous croire, quand vous nous avez confié tout à l'heure que jamais vous ne révéliez ce qui se passe dans votre abominable prison.

— S'il est vivant encore, il est peut-être si malade... dit Marguerite.

— Ou blessé si cruellement, fit Sylvie...

— Non, non, répliqua du Thiers, ni l'un ni l'autre.

— Si vous pouviez nous en donner une petite preuve, cher voisin, s'écria Sylvie, rien qu'un soupçon de preuve.

— Et laquelle ? bon Dieu !

— Mais... l'apercevoir seulement, dit Marguerite avec une adresse telle que le gouverneur ne bondit pas.

Cependant il répondit vivement, presque brutalement :

— Vous figurez-vous, par hasard, que je vous conduirai dans sa chambre ?

— Oh !... s'écria Sylvie avec un geste qui éloignait cette supposition de mille lieues, et elle appuya sa main sur l'épaule du gouverneur, qui vous parle de cette énormité, cher monsieur du Thiers, nous conduire chez un prisonnier ! Ce serait folie à nous de le croire, ce serait coupable de le demander. Mais n'est-il pas un moyen plus naturel de nous faire voir, entrevoir même ce pauvre Bernard, ne fût-ce que son ombre ?

En achevant, elle s'aperçut qu'elle avait presque serré ce vieux du Thiers dans ses bras.

— Pardieu, je voudrais bien, répliqua-t-il tout souriant, que vous m'apprissiez comment cela se pourrait faire.

— Bien simplement, dit Marguerite. Mandez ici le prisonnier.

— Cela se fait, dit Sylvie

— Nous nous cacherons où vous voudrez, reprit Marguerite.

— Dans un trou de souris, ajouta Sylvie.

— Que nous l'apercevions par la fente d'une porte, monsieur, dit la comtesse.

— Par la serrure! bon monsieur du Thiers, dit Sylvie.

— Et nous voilà heureuses.

— Et je danse de joie. Et, glissa Sylvie dans l'oreille même du vieil officier, qui frissonna sous ce frais contact, je vous envoie cent bouteilles de ce bon vin de Mercurolles... hein?

— Est-ce que c'est si difficile au gouverneur de faire venir un prisonnier? s'écria Marguerite.

— Tous les jours cela se fait, répliqua Sylvie. Allons, c'est convenu. Vois comme il est bon, ce cher M. du Thiers; tiens, je ne puis pas y résister, je l'embrasse : M. la Vienne dira ce qu'il voudra. Viens, cousine, cachons-nous bien. Oh! d'abord, il ne faut pas que M. Bernard nous voie!

— Pas même qu'il nous soupçonne, chère Sylvie.

— Cela ferait arriver du désagrément à ce bon M. du Thiers! continua la fine commère, et j'aime mieux mourir. Marguerite, où nous mettons-nous? Dans ce cabinet vitré? Oui. C'est l'office, tant mieux. Viens, cousine!

Elles s'étaient déjà blotties dans ce cabinet, elles en avaient déjà fermé la porte sur elles que le gouverneur était encore là, non plus ébranlé, mais convaincu.

— Au fait, se dit-il, qu'est-ce que je risque?... Des

petites femmes sans conséquence... et elles sont charmantes.

Il rouvrit cette porte vitrée.

— Je vous avertis, reprit le bonhomme, que si j'entends un mouvement, un soupir, je me fâche, et le prisonnier en portera la peine.

— Oh! muettes comme vos affreux murs, s'écria Sylvie.

Le gouverneur passa dans la grande salle, et donna un ordre à quelque porte-clefs qui s'éloigna.

Pendant son absence, qui fut assez courte, les deux amies s'embrassèrent, folles de joie, dans l'ombre, et Marguerite dit à Sylvie :

— Prie Dieu pour qu'il attendrisse cet homme.

— Prie aussi, dit Sylvie. Toi!... tu as plus de chances que moi d'être exaucée là-haut.

— Oh! moi, répliqua Marguerite, je n'ai plus une idée, plus une goutte de sang dans les veines ; je ne sais plus même où je suis, ma tête est vide, mon cœur gonflé. Veille! veille pour nous, bonne Sylvie! Il me semble que je vais mourir.

— De joie. Mais sois tranquille, dit la Feuillantine. Le bonhomme a franchi le pas le plus difficile. Prépare tes pierreries ; nous le tenons.

CHAPITRE XIX

La chance tourne.

L'intérêt exalté de cette situation dérobait heureusement aux deux amies le danger terrible où les eût placées l'arrivée d'un messager de la cour. Elles concentraient depuis quelques minutes toute leur attention, toute leur vie sur cette salle où Bernard allait paraître.

Le gouverneur fit enlever son couvert et s'installa le plus majestueusement qu'il put dans son fauteuil, la lampe derrière lui, de façon à ce qu'elle frappât le visage de son interlocuteur. Plus le temps avançait, plus le charme exercé par les enchanteresses se dissipait. Le gouverneur revenait peu à peu de sa générosité comme d'une ivresse. Et, au moment où l'on entendit des pas dans la galerie voisine, ceux du porte-clefs, sans doute, le repentir commençait à s'emparer de du Thiers.

Bernard entra. Qu'avaient fait la solitude et le doute de sa jeunesse, de ses vives couleurs, de son frais sourire ? Bernard, depuis douze jours, avait vécu douze années. Son front, couvert de ses cheveux, brillait par places blanches et mates sous ce voile noir. Ses yeux avaient contracté la rigide fixité de l'inquiétude qui guette. Ses habits, déjà usés, collaient à son corps comme pour en accuser la maigreur. On eût dit que ses mains pâles s'étaient allongées; elles sortaient pendantes et froides de sa manchette en lambeaux.

Tout en lui respirait, non pas cette langueur du corps qui souffre, mais cette morne atonie de l'esprit malade, prélude effrayant des fièvres morales qui rongent peu à peu l'intelligence. Bernard, tant éprouvé depuis si peu de jours, n'avait pas encore épuisé toute sa religion, mais il était à bout de courage : il croyait encore qu'il y a un Dieu, mais il n'en espérait plus rien.

Quand il parut, ainsi faible, ainsi défait, dans la haute et noire chambre, quand, avec la politesse déjà timide du prisonnier, il salua M. du Thiers, ce fut, dans le cabinet voisin, derrière la porte, une telle surprise, un tel saisissement des deux pauvres femmes, qu'involontairement elles s'appuyèrent l'une à l'autre, une main sur la bouche, pour contenir le cri que chacune d'elles eût voulu pousser.

Le gouverneur examinait son prisonnier sans le voir. Il ne s'occupait que de la répercussion de la scène sur ses privilégiées. Faire marcher son automate, le faire un peu parler pour prouver qu'il vivait encore, en arriver même à le faire sourire, s'il était possible, tel était le but que se proposait l'honnête gouverneur. L'atteindre lui eût paru le *nec plus ultrà* de la libéralité, de la prud'homie.

— Eh bien ! jeune homme, dit-il de ce ton léger qui navre les profondes douleurs, nous voilà donc habitué à cette terrible Bastille?

— Non, monsieur, je ne m'y habitue pas, répliqua le malheureux d'une voix creuse et vieillie.

— Pourtant, vous menaciez de vous tuer lorsqu'on vous a mis en votre chambre, et je ne vois pas que vous soyez mort. C'est un progrès.

— Je n'aurai pas besoin de me tuer pour mourir, monsieur le gouverneur, ajouta Bernard.

— Allons! allons! dit vivement l'officier en se levant, pour couvrir du bruit de son pas ces sinistres paroles; je vois que vous n'êtes pas encore bien raisonnable, mais cela viendra. Un homme courageux ne doit ni désespérer ni gémir, mort de tous les diables! Et vous qui êtes jeune, vous qui êtes fort comme dix, vous poussez des lamentations dont une femme rougirait!

— Monsieur, répondit Bernard, je ne me pique pas de courage ni de force. Celui qui souffre pour une cause quelconque, pour une conviction quelconque, celui-là trouve peut-être des consolations, des ressources dans son dévouement ou dans sa haine. Mais moi, j'étais fait pour une vie douce, retirée; le mot ambition me fait pitié. J'ignore donc pourquoi l'on m'a mis ici. Je ne comprends rien à ce flot de malheurs qui m'engloutit. Un jour j'ai trouvé mon père égorgé, ma maison en flammes; puis l'on m'a proscrit, traqué, arrêté, enfermé comme un malfaiteur; et je n'ai rien fait, je ne me suis pas même vengé, je n'ai pas même vengé mon malheureux père? Où sont ceux que je connais, ceux que j'aime, ils vous attesteraient que je dis la vérité!

— Là, là ! assez ! interrompit le gouverneur effrayé de ce détail qu'il n'avait pas prévu, je ne vous ai pas mandé pour entendre vos doléances, non qu'elles ne me touchent, mais à quoi bon le cri quand le remède est impossible... Allons, vous êtes un beau garçon, vigoureux, vivace ; Dieu est grand et notre reine clémente, tout s'arrangera ; retournez à votre chambre.

— Eh ! pourquoi m'avez-vous fait venir ? demanda Bernard avec un accent de douleur qui fit jaillir du cabinet comme un sourd murmure, j'espérais au moins une consolation.

— Retournez à votre chambre, mon ami, répéta du Thiers en insistant pour éloigner cet orateur trop éloquent.

— J'attendais, continua Bernard s'animant peu à peu, que vous me diriez quelque chose de ce qu'on me réserve, quelque chose de la part de mes amis, de mon frère... auxquels on m'a traîtreusement enlevé. Hélas ! savent-ils seulement où je suis ? Sont-ils à jamais perdus pour moi ? Se doutent-ils qu'ici je languis, qu'ici je meurs ? et leur a-t-on fait croire que j'étais déjà mort pour qu'ils m'oublient si cruellement, quand à leur souvenir, au simple bruit de leur nom, que je me répète tout seul entre vos murailles, mon cœur se fond d'amour, mes bras se tordent dans les angoisses, mes yeux se noient et s'éteignent dans les pleurs ! Ah ! monsieur, soyez bon, soyez clément, dites-moi si l'on pense encore à moi ; dites si l'on vous a parlé de moi. Si je le sais, je vivrai, je serai docile. Si vous me laissez dans ces ténèbres, dans cet enfer, adieu la vie; celui qui aime et qu'on oublie est mort!

Au moment où du Thiers entraînait Bernard vers la porte, et l'allait remettre aux mains du gardien, un sanglot, ou plutôt une explosion de douleur éclata dans l'office, la porte s'ouvrit avec fracas, et les deux femmes s'élancèrent, incapables de résister plus longtemps à cette accusation, à ce désespoir qui les déchiraient. A force de comprimer leur cœur, elles l'avaient brisé.

— Non! s'écria Sylvie, nous ne vous oublions pas!

— Sylvie!... murmura Bernard.

— Ah! c'est ainsi que vous me trahissez, dit le gouverneur furieux...

Bernard, en se retournant, aperçut Marguerite, il tressaillit, et dans un transport inexprimable :

— La comtesse! s'écria-t-il éperdu, les bras ouverts à l'aspect de cette vision adorée.

— La comtesse? répéta du Thiers stupéfait, qui s'aperçut alors qu'on l'avait joué, et tomba dans une rage de soupçons plus dangereux que la colère : A moi! gard...

Il n'acheva pas, Sylvie s'était jetée sur lui, et de sa douce main lui fermait la bouche en disant :

— N'appelez pas, c'est inutile! vous ne feriez que vous compromettre.

Le gouverneur réfléchit quelle avait raison.

— Monsieur, lui dit vivement Marguerite l'accaparant à son tour, pourquoi vous tromper plus longtemps, il faudra toujours que vous sachiez ce que j'attends de vous :

je suis la comtesse Siete-Iglesias, amie de la reine.

Ce nom d'Iglesias était magique, du Thiers avait l'habitude de le respecter. Marguerite comprit l'effet qu'il venait de produire.

— Monsieur, ajouta-t-elle avec tant de véhémence que le pauvre homme s'en étourdissait, vous avez là un prisonnier qui n'est pas inscrit sur le registre. Par conséquent, il ne compte pas à la Bastille. Nul ne peut donc vous en demander compte. Aucune formalité à suivre pour sa libération. D'ailleurs, vous voyez qu'un plus long séjour ici le tuerait. Vous n'avez rien contre ce jeune homme, vous ne tenez pas à ce qu'il meure. Eh bien, je viens de la part de la reine — vous m'avez vue tantôt avec elle, — et j'emmène M. de Preuil.

Du Thiers, tout vieux qu'il était, fit, en entendant ces paroles moitié sensées, moitié folles, un bond qui l'éloigna de Marguerite et le rapprocha de son prisonnier.

— Êtes-vous dans votre bon sens, madame? s'écria-t-il; vous ne savez donc pas ce que vous me demandez?

— La vie d'un homme innocent.

— La mienne!... c'est ma tête!... Demain quand le maréchal me réclamera son prisonnier...

— Rien sur le registre!

— Madame, je suis officier de l'État, fidèle à mon serment! Le prisonnier m'est recommandé par votre mari lui-même! et terriblement recommandé, puisqu'il faut le dire!

— Monsieur, s'écria Marguerite épouvantée, voici un

coffret qui renferme pour cent mille écus de pierreries, il est à vous.

Du Thiers, pauvre officier de fortune, répondit avec l'embarras qu'un pareil chiffre est capable de jeter dans les idées :

— Allez, madame, allez, vous êtes trop dangereuse pour moi. Ma tête ne vaut peut-être pas cent mille écus, mais mon honneur vaut plus que ma tête. Retirez-vous au plus vite... j'en ai trop fait déjà.

En parlant ainsi, il la conduisit assez énergiquement vers la porte. Sylvie accourut au secours.

— Quoi ! dit-elle, c'est donc un homme sans entrailles.

— Vous, ma voisine, répliqua le gouverneur, vous êtes une perfide petite commère. J'aurais plus peur de vous que de tous les canons de la Bastille. Allons, allons, prenez-vous par le bras toutes deux et remerciez-moi de vous laisser partir ainsi, après le mauvais tour que vous m'avez joué.

Sylvie voulut essayer des cajoleries, Marguerite des larmes, le coffret revint plusieurs fois à la charge, vains efforts ! Le gouverneur, remis dans son sang-froid, était inexpugnable, et poussait toujours les deux femmes vers la porte de sortie, surveillant avec défiance l'ennemi qu'il laissait derrière.

Bernard intervint.

— Ma destinée l'emporte, dit-il. Ne craignez rien, monsieur le gouverneur, je ne ferai point un pas contre vos ordres. J'ai vu des visages amis, j'ai entendu de bonnes paroles, je sais qu'on ne m'a pas oublié, vous me verrez désormais aussi brave que j'étais accablé tout à l'heure. Et je vous remercie de tout mon cœur pour votre générosité ; et je me trouve si heureux auprès de ce que j'étais il y a un moment, que je vous garde une reconnaissance éternelle.

L'officier se retourna tout surpris, tout charmé.

— Voilà qui est bien, jeune homme, dit-il ; je vous en tiendrai compte. — Allons, mesdames, adieu !

La porte était ouverte, les deux amies avaient un pied dans le corridor. Ce corridor était gardé par deux archers en faction. Tout ce qui roulait de folles imaginations dans la tête chaude de Sylvie s'évanouit en fumée à l'aspect de ce renfort inattendu.

— Adieu, répéta plus bas le gouverneur, et cachez bien votre visage, madame, pour ne pas même laisser à mes gens le soupçon de la folie que j'ai faite.

Mais, au moment de se séparer, peut-être à jamais, du malheureux dont elle avait causé la perte, Marguerite sentit encore une fois se révolter son cœur.

— Monsieur ! s'écria-t-elle en reculant, je ne lui ai pas même adressé la parole, je ne lui ai pas serré la main. Oh ! vous ne craignez plus rien, maintenant ; laissez-moi une minute, une seconde près de lui, et pour cette seule seconde, prenez ces pierreries qui vous refusiez si loyalement tout à l'heure, vous pourrez les garder sans remords.

— Une seconde ! dit Sylvie.

— Une seconde ! s'écria Bernard les mains jointes, car

cet éclair lui promettait plus de bonheur qu'il n'en tient dans une éternité.

Sylvie profita de l'hésitation qui parut aux yeux de du Thiers, elle poussa Marguerite vers Bernard; celui-ci s'était élancé : la foudre tombe moins rapidement des cieux.

— Il faut donc que je vous dise adieu! murmura Marguerite palpitante.

— Non... ce n'est plus adieu; je sens que nous nous reverrons.

— Vous ne savez donc pas de quoi notre ennemi est capable?

— Je sais, dit Bernard délirant de joie, que maintenant je veux vivre; je sais que vous avez pensé à moi, je voi: que vous pleurez. Oh! je vivrai, malgré leur prison, malgré leurs menaces. Marguerite, mon seul trésor... oh!... mon seul espoir! sous le fer même de leurs bourreaux, je vivrai! je vivrai! Mais vous, qu'allez-vous devenir, vous au pouvoir de ce misérable... vous pour qui je tremble à chaque instant du jour, car il est lâche, cet homme, et j'ai lu sa haine pour vous dans ses yeux!

— Moi, j'allais partir, lui échapper, tout était prêt... J'emmenais votre petit frère, la Fougeraie m'attend avec nos autres amis; mais comme j'ai manqué mon dessein, comme je ne puis vous emmener aussi, je reste!

— Oh! s'écria Bernard ne faites pas cela, je mourrais de terreur et d'angoisses! Partez, partez au contraire, laissez-moi cette dernière joie. Songez à vous, à vous seule, soyez libre, soyez sauve!... Quand je vous dis que je leur échapperai... tenez, c'est écrit devant moi, je vois ces mots qui rayonnent! Mais s'ils vous gardent, s'ils vous tuent, à quoi m'aura-t-il servi de vivre?... Non, non, si je ne vous sais hors de péril, ma vie ne sera qu'une abominable torture! Partez, Marguerite, partez!

Ces mots brûlants comme des flammes, rapides comme les fluides de l'électricité, avaient duré pourtant plus d'une seconde. Du Thiers fit un mouvement pour s'arracher aux amabilités de Sylvie. Sylvie elle-même n'avait pu s'empêcher de jeter un regard, peut-être un soupir, vers ces deux amis, vers ces deux félicités vivantes!

Bernard comprit le danger de se faire avertir. Il prit les mains de la comtesse, il eût bien voulu les baiser, mais on le regardait.

— Me voici, monsieur le gouverneur, dit Marguerite tout égarée, en s'acheminant vers la sortie.

— La voici, elle part, nous partons, dit Sylvie emmenant du Thiers tout à fait rassuré.

Tous deux tournaient le dos, l'instant était suprême; Marguerite s'arrêta court sous le regard enivré de Bernard.

— Embrassez mon cher Aubin, murmura-t-il.

Et comme il avait ouvert ses bras, elle sentit un frisson sur ses cheveux, une étincelle brûlante dans sa poitrine : les lèvres de Bernard avaient effleuré son front, le cœur du prisonnier avait battu contre son cœur!

Sylvie se retourna. Le songe était fini. Elle tendit en

souriant sa petite main à Bernard, et Bernard ne craignit pas de baiser cette main devant tout le monde.

Les archers croisèrent à ce moment leurs pertuisanes. La porte se referma ; les deux amies disparurent.

— Monsieur, dit Marguerite pâle et chancelante au gouverneur, acceptez au moins un souvenir de ma visite.

— Rien, madame, dit le vieil officier.

— Gardez-nous au moins le secret, dit Sylvie.

— Vingt-quatre heures, répliqua du Thiers, qui commençait à tout comprendre. Je ne crois pas qu'il en faille davantage à madame la comtesse.

— Soyez bon pour le pauvre captif, ajouta Marguerite.

— Tant que mes ordres ne prescriront pas le contraire, comptez sur moi.

Ces mots, gros de noirs orages, furent les derniers que Marguerite entendit. Une fois que les verrous furent tirés, les chaînes du pont remontées, une fois hors de la Bastille, Marguerite et Sylvie se regardèrent.

— N'es-tu pas contente, dit Sylvie, de laisser derrière toi une bonne amie, qui t'a comprise et se dévouera pour toi, — et aura toujours un œil ouvert du côté de la Bastille?

— Oh ! c'est Dieu qui t'a remise sur mon chemin, répliqua Marguerite ; mais sois prudente, vois-tu, nous sommes dans des mains terribles...

— J'ai aussi de bonnes griffes, sois tranquille. Quant à toi, tu auras échappé bientôt, Marguerite. Vite! vite! à cheval! je te sais une bonne escorte et n'ai plus peur pour toi.

— Comment te remercier... toi à qui j'ai fait tant de mal, peut-être... toi dont j'ai changé la vie.

Et un nuage, une ombre jalouse passèrent sur ce front d'ange.

— Écoute, dit Sylvie avec héroïsme, quand tu seras par les routes avec notre ami Cadenet, dis-lui tout bas que je le trouve charmant, et que je le remercierai un jour de tout ce qu'il aura fait pour toi.

Marguerite embrassa tendrement l'aimable femme. On vit un cavalier sortir de l'ombre du rempart. Il était temps de se séparer. Sylvie, après un dernier baiser, prit sa course du côté de la rue Lesdiguières. Marguerite revint près de ses amis qui trouvaient le temps bien long.

— Bernard vient-il? dit Cadenet.

— Hélas! non, soupira Marguerite, rien n'a réussi.

— C'était certain, dit M. de Luynes, et une femme seule pouvait être assez brave pour tenter cette aventure. Dieu veuille que les suites ne nous perdent pas!

— Croyez-vous? demanda Marguerite, que Cadenet avait déjà mise à cheval.

— Ce du Thiers, continua Luynes, est la créature du maréchal et du comte. Vous ne serez pas à la Villette, que déjà il les aura prévenus. Gare la poursuite!

— Il m'a donné parole pour vingt-quatre heures de silence, dit Marguerite ébranlée dans sa confiance.

Luynes secoua la tête.

— N'en courons que plus vite, dit-il.

Marguerite s'assura que la Fougeraie avait bien enveloppé Aubin dans son manteau. L'enfant, engourdi, dormait ou se taisait pour ne pas gêner.

Luynes donna le signal du départ; la petite troupe se mit en marche. Brantes en éclaireur, Marguerite ayant Luynes à sa droite, la Fougeraie à sa gauche ; Cadenet à l'arrière-garde et bien décidé.

— Si l'on nous joignait, dit Luynes après un moment de réflexion, quelle est votre intention, madame? Vous vous rendriez sans doute, n'est-ce pas?

— Moi! s'écria Marguerite, me rendre... à M. de Siete-Iglesias!... Oh!... Mais, vous-même, messieurs... votre dessein?...

— Oh! nous... nous nous ferons tuer tous trois, dit tranquillement Luynes. Ainsi, ne nous consultez pas, madame.

— Eh bien ! messieurs, mes amis, reprit Marguerite, soyez charitables pour une pauvre femme que la reine vous a confiée... Si nous sommes attaqués et que l'ennemi m'épargne... tuez-moi.

— Sérieusement? dit le fauconnier.

— Je vous demande seulement la vie pour ce pauvre enfant... La Fougeraie l'emportera.

— S'il en est ainsi, s'écria Luynes, nous voilà plus forts que toute une armée.

Ils marchèrent le reste de la nuit; le jour les surprit entre Dammartin et Nanteuil. Leurs chevaux avaient faim; la comtesse avait froid. On mit pied à terre dans un mauvais cabaret isolé sur la route, et toute la troupe, bêtes et gens, se reposa, se chauffa, mangea. Luynes calculait qu'on ne serait en sûreté qu'à Soissons, et qu'à tout prix il fallait gagner cette ville, dussent les chevaux tomber en arrivant.

On se disait aussi, car chacun des voyageurs avait sa pensée, regret ou rêve, chacun laissait derrière soi un souvenir; on se disait que la fortune a des caprices bien misérables et qu'elle se joue parfois avec une bien féroce malignité de la vie des hommes et des empires.

— Ainsi, pensait Luynes, ce matin, tandis que le soleil monte à l'horizon, des scélérats, des idiots le saluent et appellent le jour qu'il va éclairer un jour de régénération, un jour de prospérité pour la France. Et notre roi tombe abruti, et notre reine part pour l'exil, et nous croulons, nous et nos fortunes si laborieusement échafaudées, et nous en sommes réduits à ne plus penser qu'à la vie; tout cela parce qu'un homme devait venir chez la reine et qu'il n'est pas venu; tout cela parce qu'un fer du cheval de cet homme aura perdu un clou en chemin...

Tandis qu'il parlait ainsi et que le cabaretier soignait les chevaux, et que Cadenet jetait du bois dans l'âtre pour réchauffer Marguerite, et que Brantes, beau jeune homme pensif, écoutait, Aubin, heureux de se sentir libre et de respirer la douce verdure, la tiède chaleur du jour naissant, s'était assis devant la porte de l'auberge, sur une pierre qui servait d'auge, et il jetait des miettes de pain aux poulets qui voletaient autour de lui.

Tout à coup on l'entendit pousser un cri singulier. Marguerite se leva, la Fougeraie courut. Aubin regardait et désignait du doigt un cavalier bien monté, passant au pas de l'autre côté de la route.

— C'est mon oncle Pontis, dit-il enfin avec un éclat de joie.

— M. de Pontis! s'écria Luynes en bondissant.

— Mais oui, interrompit Cadenet, qui s'élança en criant : M. de Pontis! M. de Pontis!

Le cavalier s'arrêta. Son cheval était déjà entouré de six personnes. C'était bien Pontis, frais, dispos, vigoureux.

— Aubin... la Fougeraie... M. de Cadenet... murmura le gentilhomme saisi de surprise.

Et il promena autour de lui un regard investigateur.

— Où donc est ton père ? demanda-t-il à l'enfant, et Bernard ? je ne le vois pas...

Cadenet, qui lui tenait l'étrier, lui fit signe de ne pas questionner plus longtemps. Pontis descendit de cheval, Marguerite rendit Aubin à la Fougeraie, Luynes et Cadenet demeurèrent avec le chevalier.

— Qu'y a-t-il donc, dit Pontis de plus en plus étonné, pour que je trouve ainsi mon neveu seul avec vous sur cette route.

— Des événements graves, répondit Cadenet. Voici mon frère, M. de Luynes, ajouta-t-il.

Pontis salua.

— Monsieur le chevalier, dit Luynes, vous êtes un homme à qui l'on peut tout dire sans de trop grandes préparations.

— Ah! ah! il s'agit de malheurs, à ce qu'il paraît, murmura Pontis.

— D'affreux malheurs.

— Pour moi? dit le chevalier, ferme et froid comme une lame d'acier.

— Pour vous.

— J'écoute.

— Si l'on vous a fait signe de ne plus parler du père devant l'enfant, c'est que le malheureux père est mort assassiné.

— Assassiné!... du Bourdet! s'écria Pontis saisi au cœur.

— Vous ne lui parlerez pas non plus de son frère Bernard, continua Luynes. Il est enseveli dans un cachot de la Bastille. Vous ne lui parlerez pas même de lui, pauvre Aubin. Il est à peine guéri d'une blessure qui devait être mortelle.

Pontis, pâle et frissonnant, agita les mains comme pour écarter de lui cet ouragan d'horreurs.

— Pourquoi, murmura-t-il d'une voix altérée, pourquoi ces iniquités, ces massacres?

— Parce que, dit Luynes, M. du Bourdet savait le secret du président et l'allait peut-être révéler. Ceux que sa révélation eût perdus l'ont fait taire!

— Le secret!... s'écria Pontis; Mais M. de Harlay va nous venger sans doute? Et c'est pour cela qu'il m'appelle!...

— Il y a douze jours que M. de Harlay a quitté ce monde.

— Il reste mademoiselle de Coman, alors, dit le gentilhomme, navré, rugissant, se débattant dans cet épouvantable naufrage.

— Ils l'ont tuée. Elle ne parlera plus !

— Oh !... s'écria Pontis, trépignant de fureur et les poings crispés. Il reste le roi, la reine... Je reste, moi !

— Le roi sera peut-être déposé domain. La reine part aujourd'hui pour l'exil. Nous, ses amis, vous nous voyez proscrits, fuyant. Hélas ! si vous fussiez arrivé hier, il était temps encore. Pourquoi n'avez-vous pas pris la route la plus courte, monsieur, elle vous eût permis d'arriver hier.

— Monsieur, dit le sévère gentilhomme, vient-on par la route ordinaire quand on s'appelle la vengeance, quand on apporte le châtiment et qu'on veut arriver à coup sûr !

— Oh ! s'écria Luynes, il est trop tard, les coupables sont vainqueurs. Ils triomphent ! Vous vous perdrez comme les autres et voilà tout.

— Nous verrons ! dit Pontis avec un regard dans lequel s'alluma une tempête de sang et de flamme. Vous fuyez, vous !... Bien ; moi, je vais à Paris ! Dieu soit loué ! vous m'avez versé dans les veines tant de poison et tant de soufre, que je défie au combat tous les démons de l'enfer !

A ces mots il courut à Aubin et l'embrassa, tremblant et grondant comme un fou. Puis sautant sur son cheval :

— Vous entendrez parler de moi, dit-il.

Une seconde après l'animal furieux l'emportait dans un tourbillon de poussière.

— Madame, dit Luynes à Marguerite épouvantée,

poussez jusqu'à Soissons avec l'enfant et la Fougeraie ; là vous êtes en sûreté : notre intérêt, notre honneur nous commandent maintenant de retourner en arrière. Voilà un brave gentilhomme qui demain sera mort ou vainqueur. On dirait que la chance tourne. Allons, Cadenet, Brantes, à Paris !

CHAPITRE XX

L'ancre de salut.

L'heure du conseil allait sonner. La cour des Tuileries s'emplissait de la foule accoutumée. Mais on y remarquait une agitation insolite, un certain triomphe parmi les partisans de la vieille cour, un sombre silence des jeunes gens, une étude attentive de la part des habiles pour conserver la neutralité la plus rigoureuse tant que l'événement ne se serait pas tout à fait décidé.

Il se décidait pourtant. Concino, d'Epernon, radieux, apparurent suivis chacun d'une armée plutôt que d'une escorte. Celle du maréchal atteignait des proportions quasi ridicules. Plus de douze cents gentilshommes venaient à sa suite.

Le comte de Siete-Iglesias, avec tout le parti espagnol, entra bientôt au conseil. Celui-là, le plus retors, le plus dangereux, ne s'endormait pas comme les autres sur les premiers lauriers de la victoire. On le voyait sérieux, recueilli, méditant quelque nouveau pas en avant. Il fut le seul qui donnât un regard au fond de la cour, à l'endroit où commençaient les appartements de la jeune reine, et ce regard observateur parcourut toute la ligne des bâtiments. Le comte entra enfin chez la reine mère.

Nous ne le suivrons pas. Nous n'assisterons pas à l'ovation que ces vainqueurs prématurés décernaient un peu vite à la régente. Nous la laisserons elle-même annoncer à sa cour que la jeune reine, inquiète pour sa santé, avide d'air pur, a voulu, malgré toutes les instances, passer quelques semaines à la campagne, et qu'elle a choisi la riante solitude du château royal d'Amboise.

Quittons l'assemblée sur les murmures de félicitation ou de vile joie qu'excite cette déclaration significative. Laissons le parti vainqueur inaugurer ainsi son nouveau bail d'autorité. L'élan du récit et quelque sympathie, avouons-le, nous entraînent du côté des vaincus.

Chez Anne d'Autriche, consternation, activité silencieuse. Les préparatifs du départ se font; ils s'achèvent lentement. Comme s'ils comprenaient l'intérêt que leur maîtresse aurait à demeurer au Louvre, les serviteurs essayent de retarder, sinon d'empêcher ce voyage.

Anne, déjà prête, habillée pour la route, est assise devant le feu. Derrière elle, Estefana marche et s'agite pour tirer la reine de la sombre absorption où elle est plongée. Mais rien ne lui réussit : rien n'était capable de distraire la blessée du sentiment de sa douleur.

Tout à coup elle se leva:

— Qu'on prévienne le roi, dit-elle, que je vais lui adresser mes adieux.

Mais à ce moment même Louis XIII, tête nue et le visage altéré par l'insomnie, traversait le palier qui séparait son appartement de celui de sa femme. Il écarta doucement la tapisserie, et après avoir congédié Estefana d'un regard, il entra dans la chambre. Anne le vit dans le miroir ; elle observa sa pâleur, sa tristesse, et un sentiment d'indignation pour tant de faiblesse souleva encore une fois son cœur.

— Est-il donc vrai que vous partiez? dit le jeune prince en s'approchant.

— Sire, c'est convenu depuis hier.

— Nullement. Ce qui est convenu, c'est que ma mère devient plus que jamais reine de France, c'est que je suis moins roi que jamais. Voilà ce qui est convenu, pas autre chose ; du moins, voilà ce que j'ai accordé.

— Oh ! répliqua Anne un peu surprise, vous avez bien accordé aussi l'exil de vos amis les meilleurs.

— Vous voulez parler de Luynes. C'est vrai, dit le pauvre roi avec mélancolie. Luynes m'a quitté. C'était mon seul ami. Je l'aimais tendrement. Il m'a quitté sans attendre que je le retinsse.

— Il savait trop bien qu'on l'eût fait arrêter jusque dans votre chambre, sire, et que vous ne l'eussiez pas défendu, puisque vous n'avez pas défendu votre femme.

— Contre ma mère? répondit Louis gravement. Puis-je donc défendre quelqu'un contre ma mère?

— J'avais entendu dire dans mon enfance, et le ministre de Dieu qui nous a unis m'avait répété que le mari et la femme peuvent tout quitter l'un pour l'autre, — qu'ils le doivent même.

— Vous m'avez hier menacé des armées de votre père, dit le roi avec amertume.

— Était-ce vous, mon Dieu, que je menaçais? s'écria Anne. Vous, sire, n'est-ce pas moi? Ma couronne n'est-elle pas votre couronne; ma vie n'est-elle pas la vôtre? Ce que je voulais défendre est à vous comme à moi. D'ailleurs, votre mère ne vous a-t-elle pas menacé, elle, de la guerre civile?

— Voilà pourquoi j'ai cédé, répliqua Louis abattu. Entre deux guerres, entre deux armées, moi qui n'ai pas d'armée, moi qui n'ai pas d'amis!

— Vous ne voulez pas en avoir! Quiconque tient à conserver des amis, sire, les nourrit et les protége.

— Où sont mes trésors pour nourrir, où sont mes armes pour protéger?

— Vous vous êtes laissé prendre l'un et l'autre.

— Par ma mère!

— Oh! sire, vous êtes trop bon fils pour votre femme. Et d'ailleurs, est-ce bien votre mère qui confisque ainsi toute l'autorité? Ne l'aide-t-on pas un peu, dites? Si vous n'êtes pas roi contre votre mère, ne sauriez-vous l'être contre ses conseillers, surtout lorsque ceux-ci deviennent mes bourreaux!

— Que ne m'aidez-vous, alors, au lieu de conspirer contre moi, répondit Louis XIII.

— Moi! j'ai conspiré contre vous! Est-ce de la démence?... Moi qui voulais vous entourer des vrais soutiens du trône, je conspirais contre vous!... Moi qui, écoutant les cris du peuple, la voix de Dieu, voulais les apporter à vos oreilles, et vous forcer à ouvrir les yeux, je conspirais!

— Quels cris? quelle voix?

— Vous aviez le président de Harlay, vous l'avez laissé mourir de dégoût, de désespoir. Cependant je l'ai vu, moi, dans votre Louvre, ici, vous apporter cette lumière, cette flamme avec laquelle vous eussiez réduit en cendres les vrais conspirateurs. Vous avez détourné la tête..... Alors, j'ai poursuivi l'œuvre; j'ai vu en secret le président, je lui ai rendu le courage, j'ai conspiré avec lui, toujours pour vous, sire, et vous m'envoyez en exil!

— Mais parlez donc, madame! s'écria Louis. Donnez-moi donc la preuve de cet intérêt si grand dont vous m'entourez. Ma mère et ses amis me prouvent vos intrigues, prouvez-moi donc votre fidélité. Alors, si je vous abandonne, alors, si je vous trahis, vous aurez le droit de m'accuser. Mais au lieu de cette clarté, au lieu de cette franchise : Prends garde, me dit-on, pauvre roi! je connais un gouffre; — tremble, Louis! je devine un poignard; — défie-toi de tout le monde, nous sommes entourés de voleurs, d'assassins! Vous l'avez dit, vous le dites toujours : prouvez-le moi.

Anne appuya un instant son front brûlant au marbre de l'immense cheminée.

— Vous avez raison, sire, répliqua-t-elle ; c'est à vous chercher toutes ces preuves que mes amis et moi nous nous sommes épuisés. Les uns y sont morts égorgés, les autres y sont morts de fatigue. Il y en a dans les cachots, il y en a de proscrits, et moi, la dernière, je vais comme eux, disparaître faute d'avoir pu prouver ce que je sens, ce que je sais, ce que, seul dans votre royaume, vous ne devinez pas, vous ne comprenez pas ; car il n'est point un bûcheron dans les bois, un semeur dans le guéret, un mendiant dans la dernière de vos villes qui ne puisse, si vous l'interrogez, vous répondre pourquoi est mort du Bourdet, pourquoi la Coman, pourquoi le président.

— Mais pourquoi ? pourquoi ? s'écria Louis tremblant de colère. Ce que le bûcheron, le semeur et le mendiant me diraient, dites-le moi, vous !

— Non ! car à moi vous demandez des preuves, et je n'en ai pas à vous donner. Ils le savent bien, ceux qui me chassent ! ils savent bien qu'ils les ont toutes détruites ; ils se sentent invulnérables. Oh ! si j'eusse seulement tenu la main de l'homme qu'hier encore j'attendais ; oh ! s'il était venu, ce suprême espoir de ma vengeance, de la vôtre, ce dernier soutien que je vous ménageais... Mais à quoi bon tout cela?... je m'emporte à des discours inutiles. Votre Majesté a raison, toute accusation doit être prouvée. Je ne puis rien, je ne dirai rien ; vous voyez, sire, que mon parti est bien pris. J'ignore si Dieu, dont les desseins sont d'autant plus puissants qu'ils sont impénétrables, si ce Dieu que jamais le martyr n'invoque en vain; j'ignore, dis-je, ce qu'il vous réserve. Mais je ne partirai pas sans vous dire encore : Oui, sire, votre royaume, votre honneur, votre vie, sont au pouvoir des voleurs et des assassins. — Je me tais, je ne puis rien prouver. Adieu, sire!... Quand la preuve sera venue, si c'est à vous, rappelez-moi, je suis votre servante; si c'est à moi, je reviendrai plus rapide que si j'avais des ailes; car je vous aime et je veux que vos fils montent glorieux sur le trône de France. — Adieu!

En achevant ces paroles, prononcées avec tant de vigueur et de conviction, qu'elles remuèrent chez le roi jusqu'à la dernière fibre, Anne fit une révérence et se dirigea vers la porte. Le roi lui barra le passage.

— Non, vous ne partirez pas, dit-il. Je vous le défends.

— Je partirai, sire, car je ne me sens plus en sûreté ici. Je partirai ne fût-ce que par orgueil. Il ne sera pas dit que j'accepterai une grâce. Ou je suis innocente, et votre mère m'a insultée, ou je suis coupable et je dois partir. Supposez-vous que je m'exposerai une seconde fois à entendre ce laquais Concino vous offrir ses armées.

— Oh! celui-là!... murmura le roi, qui grinça des dents au souvenir de l'offense.

— Celui-là est roi de France... Ménagez-le, dit la jeune reine, lui et ses compagnons, voilà mon dernier conseil d'amie... Estefana, mon carrosse!

— Madame, s'écria Louis, un mot seulement. Vous parliez tout à l'heure d'un homme que vous attendiez, d'une preuve, d'un sauveur... Vous l'attendiez... ne l'attendez-vous plus?

— On me l'aura tué comme les autres!

— Nommez-le moi, du moins?

— Moi! que je le trahisse, que je le livre, s'il vit encore, à ceux qui le cherchent sans doute pour l'anéantir, oh! non! non! Dieu veuille qu'il survive! ce sera au moins un honnête homme, un cœur vaillant que je vous aurai conservé au cas où vous redeviendriez roi.

— Un honnête homme, un cœur vaillant! dit le roi avec ironie... Et cet homme-là, qui vous sauverait d'un mot, ne vient pas à moi, et il n'a pas le courage de me tendre son flambeau, dût la flamme me brûler les yeux! Quelle habile prud'homie, quelle prudente vaillance!

— Si je vous disais son nom, sire, vous seriez moins dédaigneux. Vous le connaissez bien, toute l'armée le connaît, et ce nom était respecté même de votre père!... Mais encore une fois, permettez que je parte; si je tardais trop, on viendrait peut-être m'arracher d'ici!

Soudain, comme pour donner raison à ces paroles amères, Estefana ouvrit la porte, et, avec les démonstrations les plus vives, introduisit M. de Thémines près du roi.

— Qu'y a-t-il, qu'on me poursuive jusqu'ici, Thémines? demanda le jeune prince.

— Sire, un gentilhomme, le lieutenant de roi de Grenoble, le chevalier de Pontis, arrive en toute hâte solliciter audience de Votre Majesté.

— Pontis! s'écria la reine avec un grand cri de joie, il est là?

— Il m'a demandé cette faveur, répliqua Thémines; c'est un ancien compagnon d'armes, je le recommande vivement au roi.

— Pontis!... murmura Louis qui ne perdait pas de vue le visage rayonnant de la reine... un des bons serviteurs de mon père!...

— Oh! oui! s'écria Anne.

— Serait-ce celui que vous attendiez? dit le roi à voix basse.

— Oui, sire, oui; c'est mon dernier espoir.

— Faites entrer M. de Pontis, dit le roi ému par cette joie resplendissante.

— Et que personne ne le voie, que personne ne sache son nom, ajouta Anne.

— Oh! madame, il n'a parlé qu'à moi, moi seul je l'ai vu; soyez tranquille, dit Thémines, qui se précipita vers la galerie.

On comprend si vite à la cour!

— Vous attendrez bien que j'aie reçu votre sauveur, dit Louis avec un reste de sarcasme, destiné à cacher l'agitation de son âme.

— Si j'attendrai! oh! oui, sire, j'attendrai comme on attend la vie; car c'était mourir que me séparer de Votre Majesté.

Anne saisit la main du roi, et la serra de toutes ses forces, comme pour lui communiquer le feu de son âme virile.

Thémines reparut. Il indiquait le chemin à un homme poudreux, défait, pâle; à un de ces hommes dont le pas de bronze fait trembler les parquets, dont le regard rouge illumine l'espace; à une de ces créatures marquées du sceau de Dieu, et devant lesquelles les rois sentent qu'ils ne sont réellement que des hommes.

Pontis s'arrêta, l'œil assuré, le front calme. Il entendit fermer les portes derrière lui. Il vit devant lui le roi, à droite la reine. Un silence solennel prépara longuement cet entretien.

Le roi était troublé. Anne palpitait. Ni l'un ni l'autre ne commandait à Pontis d'élever la voix. Il attendit.

— Parlez, dit enfin Louis XIII.

Pontis commença résolûment.

— Sire, je suis un de vos officiers. Tandis que je vous servais dans mon gouvernement de Grenoble, on assassinait, à quelques lieues de votre capitale, mon beau-frère, l'un de mes neveux; on ruinait, on emprisonnait l'autre. J'ai appris ces atrocités, je viens vous en demander justice.

— De qui voulez-vous parler? répliqua Louis

— Mon beau-frère s'appelait du Bourdet.

— Il n'a pas été assassiné, mais puni, dit le jeune prince; il conspirait pour M. de Vendôme.

— S'il conspirait, répliqua froidement Pontis, c'était pour Votre Majesté. Il conspirait, en effet, contre ceux qui l'ont assassiné.

— Que prétendez-vous dire, monsieur? s'écria Louis.

— Je dis que mon beau-frère avait connaissance d'un crime, d'un crime énorme; qu'il se disposait à révéler ce crime devant la justice, et que, pour prévenir sa révélation, les coupables l'ont mis à mort.

— Vous affirmez bien hardiment, dit le jeune roi subjugué par cette parole brève et hautaine.

— J'affirme, sire, parce que je sais.

— Vous parlez d'un crime commis, de coupables. Mais ne savez-vous pas que ce sont mes gens qui ont arrêté votre beau-frère et se sont vus forcés de le mettre à mort?

— Je crois bien dit Pontis, qu'on aura ainsi conté l'affaire à Votre Majesté. Mais ce n'est pas ainsi qu'elle s'est passée. Vos gens, sire, n'ont pas dû assassiner un vieillard, un homme incapable de se défendre. Je connais les soldats, je suis soldat moi-même. Nous n'égorgeons pas les vieillards, ni les enfants!

Le roi frissonna. Anne dévorait cette scène avec une fiévreuse avidité.

— D'ailleurs, poursuivit inflexiblement Pontis, vos soldats n'étaient pas coupables du crime que connaissait mon beau-frère; ils n'avaient donc pas besoin de le tuer pour étouffer son secret.

— Qui donc alors était coupable? demanda Louis avec résolution.

Pontis soutint la question sans chanceler une seconde.

— Demandez-moi, dit-il, quel était le crime commis, et alors je vous répondrai, sire.

Louis s'arrêta devant ce coup d'œil profond comme un abîme. Anne sentit elle-même le frisson monter de ses épaules à ses cheveux. Cet homme, du premier bond, avait franchi l'effrayante barrière au pied de laquelle dormaient déjà tant de cadavres.

— Eh bien... je vous le demande, dit sourdement Louis, quel était ce crime?

— Réfléchissez encore, sire, dit Pontis, vous pouvez vous arrêter.

— Pourquoi donc m'arrêterais-je, dit le jeune homme frémissant, quand vous ne vous arrêtez pas, vous?

— C'est vrai, repartit Pontis, je vous conseillais une lâcheté; ce n'est pourtant pas mon habitude.

— Je répète donc ma question : quel était ce crime?

Pontis, d'une voix ferme et nette comme un éclat du clairon, répondit :

— Le meurtre d'un roi !

Louis trembla.

— Quel est, dit-il, le meurtre de ce genre qui n'ait pas été puni?

— Celui du roi votre père, répliqua tranquillement Pontis.

Anne ferma les yeux, comme à l'approche du vertige.

Le jeune prince pâlit et balbutia en couvant des yeux l'intrépide accusateur :

— N'a-t-on pas condamné son assassin?

— L'un de ses assassins, peut-être; les autres, non.

— Il y en a d'autres ! s'écria Louis, reculant avec épouvante. Vous osez me dire qu'il y a d'autres assassins!

— Oui, sire.

— Et mes ministres, et mes parlements, et mes officiers ne les connoissent pas?

— Le président de votre parlement est mort pour les avoir trop connus. Mademoiselle de Coman aussi, mon beau-frère aussi!... Sire, tout le monde les connaît en France, seulement, personne n'ose les nommer!

— Et vous? dit le roi, dont les yeux rougirent, parce qu'il se rappelait les dernières paroles de la reine, oserez-vous?

Et il se croisa les bras d'un air de défi.

— Je ne suis venu que pour cela, répondit Pontis avec calme.

— Enfin!... vous êtes satisfaite, madame, s'écria Louis XIII. Voilà un homme qui s'avance!

— Un honnête homme, répondit Anne enthousiasmée; monsieur de Harlay le connaissait bien!

— Un homme qui joue gros jeu, continua le roi.

Pontis sourit avec une douce pitié.

— Vous jouez plus gros jeu que moi, dit-il, ô mon maître! car il ne s'agit que de ma tête. Vous la tenez, elle sera facile à prendre; mais vous, sire, c'est de votre couronne qu'il s'agit, c'est de votre honneur.

— De ma couronne?...

— Oui. Ceux qui ont tué votre père ne sont pas des scélérats vulgaires, dont le bourreau oublie le nom quand il a déchiqueté leurs membres. Ce sont... faites bien attention, sire, ce sont des grands, ce sont des princes, plus que cela... Oh! leurs têtes feraient tant de bruit en tombant, que vous aimerez mieux vous contenter de la mienne!

— La tienne, murmura le jeune homme, livide, en étreignant la main de Pontis comme un ressort d'acier, la tienne tombera demain comme celle d'un lâche et d'un sacrilége, si tu ne m'as pas prouvé ce que tu viens de dire, si tu ne m'as pas désigné un à un tous les meurtriers.

— J'y compte, fit Pontis avec un dédain superbe. Mais si j'ai prouvé, que ferez-vous des têtes des autres?... Ah! sire, prenez-y garde! il s'agit de venger votre père. Si vous reculez, lequel de vous ou de moi sera le lâche et le sacrilége?

— Les têtes coupables tomberont! dit le roi, effrayant de volonté comme de pâleur.

— Votre parole? demanda Pontis, dont les yeux, errant pour chercher une croix dans la chambre, s'arrêtèrent sur le portrait de Henri IV, peint par Porbus.

Louis comprit l'intention et le regard. Il étendit la main vers cette image sacrée.

— Bien. Tous seront punis? dit tout bas Pontis. Ne baissez pas encore la main, sire. Quels qu'ils soient, n'est-ce pas?... Tous?...

— Tous ceux que tu convaincras! repartit le roi la main roidie avec un tremblement menaçant.

Anne courut à son époux, et le serra dans ses bras avec transport.

— Eh bien ! sire dit Pontis, il n'y a pas de temps à perdre. Mon neveu est en prison, et je ne veux pas qu'on me le tue. Qu'ordonne Votre Majesté ?

— C'est à vous de disposer, monsieur.

— Je n'ai qu'un seul moyen d'arriver aux preuves, dit le chevalier méditant. Il est sûr, mais il est difficile, et puis conviendra-t-il à Votre Majesté ?

— Tout me conviendra, pourvu que j'aie cette preuve.

— Même, interrompit Pontis, s'il vous fallait me suivre seul, la nuit, dans quelque réduit sombre, dans un endroit capable d'inspirer de la défiance au plus insignifiant traînard de vos armées ?

Le roi le regarda fixement.

— Seul ! pourquoi seul ? dit-il.

— Parce que, répliqua solennellement Pontis, je dois vous faire entendre ce qui ne peut être entendu que de vous seul. Oui, vous assisterez à une scène terrible, fils de Henri IV et de Marie de Médicis ! Si votre âme n'est pas de marbre, ne venez pas !

— J'irai, dit le jeune roi sans frisson ni jactance. Le lieu du rendez-vous ?

— Près des Célestins, rue du Petit-Musc.

— L'heure ?

— Huit heures, s'il plaît à Votre Majesté.

— Maintenant il importe que personne ne vous voie sortir, dit vivement la reine à Pontis. Venez !

Pontis s'inclina devant le roi et suivit Anne d'Autriche.

— La reine vient de se trouver mal, dit Louis XIII en repassant par la galerie ; qu'on dételle ses chevaux ! elle ne partira pour Amboise que demain.

CHAPITRE XXI

Le passage de marbre.

Il y avait rue du Petit-Musc, attenant à l'enclos immense des Célestins, entre leur jardin même et la rue de la Cerisaie, une petite maison que personne ne remarquait et qui paraissait être une dépendance du couvent.

Vieillie, lézardée, négligée, elle se laissait envahir peu à peu par les grands arbres ses voisins, qui, d'année en année, la repoussaient, la tournaient, et allongeant hors du mur jusque sur elle leurs rameaux égoïstes, lui confisquaient une partie de son soleil, et menaçaient de la masquer complétement.

Il faut croire que ces arbres, pour en user avec tant de sans-façon, n'étaient contrariés par personne. Les fenêtres, en s'ouvrant, eussent réclamé : elles ne réclamaient pas, par la raison qu'elle ne s'ouvraient jamais. En effet, on disait la maison inhabitée. Son maître, un officier toujours occupé en province, ne l'avait pas visitée depuis cinq ans. Portes closes, volets barrés, cette façade blafarde et morne dormait comme le visage d'une momie. C'était un voisinage dont s'accommodaient à merveille les Célestins, religieux paisibles et travailleurs, vrais disciples de saint Benoît.

Cependant, vers la fin du jour où Pontis était rentré à Paris, un homme d'une tournure militaire, le chapeau sur les yeux, arriva par le quai, se glissa dans la rue du Petit-Musc, longea le couvent, et après s'être assuré que nul ne passait, il tira une clef, l'introduisit dans la serrure de cette maison abandonnée, et s'aidant d'un vigoureux coup d'épaule, acheva de décider la porte, que le temps et la moisissure avaient comme calfeutrée dans son châssis.

Une fois entré, il ne donna plus signe de vie, et tout redevint, comme auparavant, désert et silencieux. Pourtant, un observateur attentif eût pu remarquer qu'une des deux fenêtres du rez-de-chaussée avait l'un de ses volets un peu moins hermétiquement fermé qu'à l'ordinaire. Ce fut la seule trace manifeste de l'arrivée dans la maison de ce mystérieux personnage.

Aux approches de huit heures, le volet s'ouvrit un peu plus, et lorsqu'à l'extrémité de la rue, en face des Célestins, parut un homme jeune de tournure, caché plutôt que couvert de son manteau, dont le pas ferme dissimulait mal sa légèreté aristocratique, alors le volet se ferma et la porte s'ouvrit à son tour, de sorte qu'au moment où le nouveau venu arrivait en face de la maison abandonnée, l'hôte singulier de cette maison n'eut qu'à se montrer sur le seuil et dit :

— Sire, c'est ici, entrez.

Le jeune homme leva la tête, écarta son manteau par

un mouvement de l'épaule gauche, et ayant ainsi dégagé la poignée de son épée, il gravit un perron de pierre et entra dans la maison.

Tandis que le roi, — car c'était bien lui, — examinait en silence chaque objet, chaque détour, à la lueur d'une lampe cachée dans l'âtre, Pontis lui demanda s'il était venu seul.

— Telle a été ma volonté, répliqua le jeune prince. Je n'ai rien dit à personne. On me croit couché au Louvre. Je me suis relevé, habillé seul, et comme je suis sorti par la cour des écuries, nul ne peut soupçonner que je sois dehors. Seulement, tantôt j'ai aperçu Luynes à son poste ordinaire près de mon cabinet. S'il est revenu, malgré le danger, c'est pour quelque chose, c'est pour m'être utile, et je ne répondrais pas, le sachant si dévoué, si intelligent, qu'il ne m'eût épié, vu sortir et peut-être suivi.

— Il y a, en effet, trois hommes arrêtés au bout de la rue du Petit-Musc, répondit Pontis. Il nous importe de les connaître, ils peuvent me gêner beaucoup. Tenez, sire, voyez par la fente du volet. Ils s'avancent dans la rue... Quel air effaré !... Ils approchent, ils cherchent la trace de Votre Majesté.

— Pauvre Luynes ! si c'est lui, murmura le roi, quelle doit être son inquiétude de m'avoir vu ainsi disparaître. Eh oui ! c'est lui avec ses frères.

Pontis crut démêler dans ces paroles un vague désir. Louis eût aimé sans doute à tenir près de lui trois bonnes épées.

L'un des jeunes gens vint, comme un limier sur une piste, coller son visage à la fente du volet.

— Pardieu! monsieur de Luynes, lui dit Pontis, qui regardait de l'autre côté, voilà une grave imprudence. Allons, puisque vous voulez entrer, entrez.

Cette voix soudaine, imprévue comme un coup de feu, faillit renverser Luynes.

— M. de Pontis! dit Cadenet stupéfait.

Pontis alla leur ouvrir la porte.

— Vous les appelez? dit le roi, enchanté au fond du cœur.

— J'aime mieux les avoir ici que dans la rue, répliqua Pontis. Eh quoi, messieurs, ajouta-t-il en introduisant les jeunes gens, vous êtes assez fous pour rôder par ici à pareille heure, à cent pas de chez la Vienne! Malheureux! vous ne savez pas le mal que vous pouviez me faire si quelqu'un de ceux que j'attends vous eût rencontrés en ce quartier.

— Mais où peut-être le roi? murmura Luynes.

— C'est bon! me voici, dit le jeune prince du fond des ténèbres.

— Et puisque vous savez que Sa Majesté ne risque plus rien, ajouta Pontis, tenez-vous ici tous trois, muets, immobiles. Attendez mon retour, et n'ouvrez plus cette porte, même si l'on vous menaçait du canon.

Il rejoignit alors le roi, prit la lampe et disparut avec le jeune prince dans une salle voisine.

— Où sommes-nous, et que faisons-nous? demanda

Louis, à qui le renfort de ses amis avait rendu plus que de la confiance.

— Sire, répliqua Pontis, la maison où vous êtes faisait partie autrefois du palais qu'un de mes amis, un jeune seigneur vénitien, avait fait construire en 1598 sur ce grand espace compris entre l'Arsenal et la maison de M. Zamet. Ce seigneur mourut d'une mort prématurée. Le palais ne survécut pas au maître, il fut rasé, effacé par les serviteurs de ce noble seigneur. Mais son intendant voulait, sur l'emplacement, faire bâtir une chapelle, et la maison où vous venez d'entrer eût été le logement du chapelain. Sire, il se passa alors quelque chose d'inique. Madame de Verneuil extorqua au roi votre père le don de cet immense terrain. Elle y fit construire la maison du baigneur, qu'elle afferme à la Vienne, et, de plus, certain pavillon où elle donne ses rendez-vous de plaisir. Seulement, dans sa précipitation de s'approprier la dépouille d'un ennemi, — le seigneur mort était son ennemi, sire, ou plutôt elle était l'ennemie de ce seigneur, — dans sa hâte, dis-je, de faire construire un repaire pour ses débauches sur les ruines mêmes du palais exécré, elle oublia la maison où nous sommes, et l'intendant me la donna. Dieu permet toujours que les méchants oublient de balayer un grain de sable qui, avec le temps, devient roche et les écrase.

— Qu'y a-t-il donc en cette maison de si menaçant pour la marquise? demanda le roi.

— Des mots ne vous apprendraient rien, sire, dit Pontis. Quelques pas et quelques regards vont vous instruire. Votre Majesté consent-elle à me suivre?

— Partout, répondit le jeune roi.

Pontis prit sa lampe, descendit plusieurs marches comme pour aller trouver un caveau; puis, ayant ouvert une porte de chêne massif qu'il referma derrière lui, il s'engagea dans un long corridor souterrain sablé de sable fin, et dont les murailles polies comme du stuc reflétaient la lueur de la lampe.

— Nous traversons en ce moment la rue de la Cerisaie, dit Pontis au roi étonné. Nous sommes sous la rue elle-même.

Plus loin, le corridor prit une pente assez douce; il était dallé de marbre. Les parois en granit scintillaient au passage de la lumière, qui caressait leurs diaprures micacées.

— Où sommes-nous maintenant? dit le roi.

— Sous le jardin de la Vienne. Nous touchons au pavillon de madame de Verneuil. Ce passage, sire, était destiné par l'architecte de mon ami à favoriser une fuite en un cas de danger pressant. On gagnait ainsi la rue du Petit-Musc par la maison que vous connaissez. Le trésor du jeune seigneur était, à ce qu'il paraît, déposé au bout de cette galerie. Je ne l'ai su que plus tard. En bâtissant son pavillon, madame de Verneuil se servit des fondations de l'ancien palais, et négligea de poursuivre les fouilles qui lui eussent fait connaître l'existence de cette galerie. Sensuelle et avare, elle voulait jouir vite et à bon marché.

Son pavillon fut terminé en deux mois. Vous en voyez devant vous le mur séparatif, au-dessus des huit marches de marbre dont votre pied touche la première.

— En sorte, ajouta le roi, que cet endroit du mur communiquerait, si on le perçait...

— Avec le salon même de la marquise... Attendez, sire, je n'en ai pas fini avec les singularités de ce voisinage. Vous plaît-il d'examiner la pierre dont cette muraille est faite, une belle pierre nacrée et fine comme de l'agathe? C'est une sorte de lave volcanique indienne, solide et presque aussi pesante que la pierre ordinaire; mais, en de certains endroits, elle est tellement poreuse et perméable qu'elle laisse filtrer la lumière, et par conséquent le son. Il y avait dans l'ancien palais huit de ces pierres rares, destinées au tombeau du maître. Les manouvriers qui les ont ramassées dans les décombres, sans connaître leur valeur, en ont placé deux ici, par hasard. Votre Majesté appréciera tout à l'heure les effets de ce hasard providentiel. Ces pierres, qui devaient servir de tombeau à mon malheureux ami, vont ruiner aujourd'hui peut-être l'abominable créature qui l'a poussé dans la tombe à force de crimes.

Louis promenait autour de lui un regard surpris. Il lui semblait assister aux scènes d'un monde surnaturel.

— Rentrons, s'il vous plaît, sire, dans la vie, dit gravement Pontis, l'heure approche. Il faut que Votre Majesté comprenne enfin le but et la valeur de ma mission. Il faut qu'elle prenne confiance dans le révélateur pour accueillir convenablement la solennelle révélation qui va être faite. Et d'abord, sire, cherchez dans vos souvenirs. Permettez-moi de vous interroger... Le jour de la mort de votre glorieux père, au moment fatal, lorsqu'il fut arrêté rue de la Ferronnerie, n'avez-vous pas entendu parler quelquefois de ce que faisait au Louvre la reine votre mère?

— Mille fois, répliqua le roi. Ma mère l'a dit elle-même, soit à moi, soit à d'autres personnes. Elle était dans sa chambre, écrivant une lettre.

— A qui?... Pardon, sire, je dois vous adresser cette question.

— A son frère, le grand-duc.

— Et cette lettre, sire?...

— Cette lettre, m'a dit la reine, s'est trouvée égarée, dans le désordre où l'affreuse nouvelle plongea tout le palais. Cette lettre inachevée disparut, et jamais nul n'a su ce qu'elle était devenue, bien que personne, assurait ma mère, n'eût pénétré alors dans sa chambre.

Pontis écouta religieusement ces détails.

— La mémoire de Votre Majesté, dit-il, est fidèle.

Il tira de son pourpoint une enveloppe épaisse, cachetée, qu'il déposa entre les mains du roi.

— Veuillez ouvrir, dit-il, sire.

Et il éclaira de sa lampe.

Le roi brisa le sceau et tira de l'enveloppe une double feuille qu'il parcourut avec stupeur.

— L'écriture de ma mère, murmura-t-il, une lettre commencée...

— La date, s'il vous plaît, sire ?

— Elle y est... 14 mai 1610... Fratello carissimo... C'est la lettre même dont nous parlions!

— Oui, sire.

— Comment est-elle entre vos mains?

— C'est ce que vous allez apprendre dans un moment, en approchant l'oreille de cette muraille. Il me semble qu'il est temps, car on distingue comme des voix dans le salon de la marquise.

— Oui, fit le roi.

— Ces voix, glissa Pontis à l'oreille du jeune prince, ne vous sont-elles pas familières?

— Il me semble que oui, dit plus bas encore Louis XIII. L'accent gascon de d'Espernon?

— Oui, sire.

— Et l'accent espagnol du comte Siete-Iglesias?

— Vous entendrez tout à l'heure la voix de la marquise, sire, et celle de M. le maréchal d'Ancre, reconnaissable aussi, n'est-ce pas?

— Je les entends! je les entends!

— Eh bien! sire, dit Pontis se relevant avec noblesse, à côté de ces quatre voix, vous allez en entendre une cinquième, celle d'un homme qui se dévoue pour votre salut, pour votre honneur et pour la vengeance de son ancien maître. Sire, le moment est venu ; armez-vous de courage, éteignez le battement de votre cœur, pour qu'il ne couvre point ces voix, que l'effroi, la colère, vont bien altérer tout à l'heure. Vous voilà juge. Ce degré de marbre est votre tribunal, et je vais faire comparaître quatre grands coupables devant votre suprême justice. Écoute sire, écoutez.

En disant ces mots, Pontis posa la lampe sur la dernière marche de l'escalier. Il jeta son manteau comme un tapis pour le roi, assura deux pistolets dans sa ceinture, pris son épée dans la main gauche, et s'enfuit à grands pas, laissant le jeune prince tout vêtu de noir, assis sur cette estrade de marbre, et penché vers la muraille, où la lampe estompait son ombre gigantesque.

Le roi ne s'était pas trompé : c'étaient bien les quatre inséparables qu'il venait d'entendre chez la marquise. Exacts au rendez-vous qu'un avis imprévu leur avait assigné, tous étaient venus à peu de minutes de distance.

D'Espernon et l'Espagnol, arrivés les premiers, supposaient qu'ils avaient été convoqués par la marquise.

— Rien de plus naturel, dit Siete-Iglesias, je m'y attendais. La journée d'aujourd'hui a été si singulière... — Le départ de la reine suspendu par une indisposition au moins équivoque, ce grand festin contremandé ; l'absence du roi, que personne n'a pu voir, pas même la régente, à qui il a fait refuser sa porte!... Tout cela cache quelque chose, et la marquise ou le maréchal ont prudemment agi en nous convoquant ce soir.

Il parlait encore lorsque le maréchal entra. Concino fut bien surpris quand Iglesias et d'Espernon lui affirmèrent qu'ils n'étaient pas les auteurs de la convocation. Tous trois alors l'attribuèrent à la marquise.

Mais celle-ci, qui entra presque au même moment les détrompa bien vite, car elle débuta par les féliciter de l'idée qu'ils avaient eue de se réunir, vu l'importance des événements.

C'est alors que la scène commença à devenir intéressante. Cette convocation, personne ne l'avait faite, et tous quatre avaient été convoqués.

Tous avaient reçu à leur domicile l'invitation convenue dans la forme ordinaire, c'est-à-dire l'heure de la réunion, un chiffre inscrit purement et simplement sur une feuille de papier. C'était le mode de convocation convenu depuis longtemps entre les associés, comme le moins compromettant, le plus sûr, le plus clair, attendu qu'on n'a besoin que de connaître l'heure quand on sait invariablement le lieu du rendez-vous.

— Savez-vous que voilà une bizarre aventure, dit la marquise.

— Une mystification, dit Iglesias en haussant les épaules.

— Il faudrait consulter vos souvenirs, madame, interrompit le maréchal d'assez mauvaise humeur ; n'avez-vous jamais confié la formule de nos convocations?...

— A qui? dit fièrement la marquise.

— Madame n'est pas indiscrète, se hâta de répondre Iglesias, à qui ce secours valut un regard bienveillant.

— Cependant, dit d'Espernon également troublé, ces billets ne sont pas venus tout seuls, et s'ils n'ont été envoyés par aucun de nous, il y a donc une cinquième personne dans la confidence?

Un silence de perplexité, sinon d'inquiétude, accueillit ce raisonnement qui ne manquait pas de logique.

— Si ce n'est qu'une mystification, reprit la marquise, je vois mal le but du mystificateur. On aurait surpris, de manière ou d'autre, notre mode de convocation, soit; c'est assez vraisemblable. Nous voilà réunis, bien. Mais qu'espère-t-on induire de notre réunion? Il n'y a parmi nous ni intrigues d'amour à surprendre, ni, si nous le voulons, d'intrigues d'un autre genre. N'entre pas ici qui veut, et pour peu que nous nous mettions sur nos gardes... le mystificateur sera mystifié.

— N'importe, dit Iglesias, j'aimerais assez à savoir d'où vient le coup. Questionnons la Vienne. Je l'appelle.

— Et assurons-nous des environs, interrompit d'Espernon, tandis que Concino s'approchait de la fenêtre.

Comme le duc parlait et se dirigeait vers la porte voisine, cette porte s'ouvrit.

— Voilà la Vienne probablement, dit la marquise sans se retourner.

Mais ce ne fut pas la Vienne qui entra. A la place de sa figure large et placide, ce fut un visage sévère, aux traits mâles, au front d'airain, ce fut un homme armé, du talon aux yeux. Ce fut Pontis. A sa vue un triple cri retentit dans le salon, le marquise tourna la tête et resta muette, béante, en présence de cette statue plantée sur le seuil, et dont le coup d'œil perçant faisait face à quatre regards à la fois.

— Qui êtes-vous? que voulez-vous? demanda Iglesias, le plus hardi, le premier.

— La Vienne!... cria le maréchal.

— N'appelez personne, personne ne viendra, dit froidement Pontis ; je suis entré par la fenêtre et j'ai fermé les verrous des portes. Ne remuez pas non plus, ni les uns ni les autres, car au premier geste que vous feriez, vous, messieurs, pour aller à vos épées, vous, madame, pour donner quelque ordre, je croirais que vous m'êtes hostiles, à moi qui viens vers vous dans des dispositions tout amicales, et alors, ma foi, madame et messieurs, la peur me ferait commettre quelque maladresse, je serais capable de vous tuer tous pour vous empêcher de me faire du tort.

Après ces mots, soutenus par la menace de cet arsenal qu'il portait à sa ceinture, Pontis prit un air presque gracieux et fit signe aux quatre qu'il désirait les voir s'asseoir. Trois obéirent. L'Espagnol voulut braver un moment et dessina un geste assez résolu. Pontis mit le pistolet à la main et lui dit d'un ton bref :

— Ne jouez pas avec mes paroles. Si vous n'êtes pas assis dans cinq secondes, je vous casse la tête.

— Asseyez-vous, murmura la marquise palpitante, froide, en saisissant le comte par le bras pour le faire plier. Asseyez-vous, vous dis-je ; c'est M. de Pontis!

L'Espagnol céda ; il s'assit.

— Qu'est-ce donc que M. de Pontis? dit-il dédaigneusement ; un coupeur de bourse?

— Madame me connaît parfaitement, répliqua le chevalier ; mais il est possible que vous ne me connaissiez pas, vous autres. Je vais me faire connaître.

— Vous commencerez par nous dire ce que vous espérez de ce guet-apens, dit le comte.

— Ne vous effrayez pas, répliqua Pontis, et surtout ne me jugez pas trop mal. Ce que je fais en ce moment peut, si vous êtes maniables, tourner à un dénoûment comique. Ce sera un tour de page. Mais si vous vous révoltez, gare les conséquences!

— Mais c'est un fou! dit l'Espagnol à la marquise.

— Un terrible! répondit-elle, plus pâle à mesure que Pontis paraissait plus tranquille.

Siete-Iglesias baissa la tête et se mit à chercher un expédient; le maréchal et d'Espernon se consultèrent du regard, chacun d'eux croyant à une trahison de l'autre.

— Eh bien! que voulez-vous de nous, monsieur? dit la marquise, car c'est vous qui nous avez envoyé ces billets de convocation, je pense...

— Moi-même, répondit Pontis.

La marquise tressaillit si visiblement, que le frisson se communiqua aux autres conviés. Un mystificateur de cette mine, de ce nom et de cette envergure n'était pas celui qu'ils eussent choisi, si on leur eût laissé le choix.

Pontis sentit bientôt qu'il dominait son auditoire, sinon encore par la terreur, du moins par une immense curiosité. Il haussa la voix pour établir un diapason capable d'aller sûrement jusqu'à l'oreille invisible à laquelle toute la scène devait aboutir.

— Vous allez juger, dit-il, madame, et vous, messieurs, si l'idée que je viens d'avoir a été bonne pour moi. Elle est, pour vous, inoffensive au fond et presque salutaire si vous ne vous arrêtez pas trop à la surface. Je suis un officier, qui compte déjà quelque vingt ans de services, — de services pénibles, — j'ai versé mon sang une douzaine de fois. L'on s'accorde à dire que j'ai fait convenablement mon devoir, et voilà M. d'Espernon, le colonel général de l'infanterie, qui se souvient, j'en répondrais, que mon nom a quelque réputation dans l'armée. Eh bien! je n'en suis pas plus avancé; mon gouvernement de Grenoble ne me fait pas vivre. On ne me paye ni solde ni pension, et comme je venais réclamer à Paris, on m'a donné en aumône une vingtaine de pistoles. C'était ce matin, cela. Justement, Paris était encore tout bouleversé. On n'y parlait que du dernier million que la régente a pris hier dans la Bastille. On ne nommait pas sans envie, je dirai même sans colère, les heureux à qui Marie de Médicis a partagé ce dernier million. Le dernier!... plus rien dans les coffres... Comment payera-t-on les troupes, et moi-même? me suis-je dit. Chacun en eût dit autant, n'est-ce pas?

Une parfaite impassibilité de l'auditoire prouva surabondamment à Pontis que quatre personnes en France étaient d'un avis opposé.

— Ah! je comprends, reprit-il, vous ne pouvez penser comme moi, puisque vous êtes les quatre privilégiés entre lesquels ce million a été partagé, puisque c'est vous que désigne l'animadversion populaire, impopularité que vous bravez parfaitement, je le sais, et qui vous fait rire, car vous êtes très-courageux et pas Français. Mais, cependant, écoutez un peu le raisonnement de ce peuple : Quoi, dit-il, voilà des gens déjà riches à millions, à qui l'on distribue notre argent, et ils n'ont rien fait pour le gagner ! Ah ! pardon ! c'est le raisonnement de la multitude. Pardieu ! je sais bien, moi, que vous avez fait quelque chose, et je sais surtout ce que vous avez fait ; mais nous traiterons ce chapitre tout à l'heure. Qu'il vous suffise de savoir que ces réflexions du peuple m'ont frappé et que je me suis dit : Voilà quatre personnes trop riches ; moi, je suis trop pauvre. — J'irai leur demander une petite part de leur bien ; elles me l'accorderont, et nous vivrons les meilleurs amis du monde.

Pontis s'arrêta, son exorde était terminé. Il s'arrêta d'abord pour cela ; ensuite parce qu'il fut interrompu par des ricanements et une sorte de huée.

Madame de Verneuil seule ne rit pas. Elle connaissait l'orateur.

— Ce n'est qu'une spéculation, dit M. d'Espernon rassuré à ses amis.

— Voyons, monsieur l'officier, dit le maréchal, vous avez donc besoin d'argent ? C'est une mauvaise façon d'obtenir que de se présenter avec tant de fracas. C'est le procédé des larrons, convenez-en. Ne valait-il pas mieux m'adresser une requête chez moi ? Je suis charitable, aumônier, je vous assure.

— Et, continua Iglesias, la peur que nous avons de vos pistolets n'est pas telle, et ne sera pas tellement durable, que votre fortune soit assurée après l'entretien que vous nous forcez d'avoir avec vous. Car enfin, admettez que nous vous refusions, que ferez-vous? Nous tuerez-vous pour cela tous quatre? Ce ne serait pas raisonnable.

Pontis écouta tranquillement injures et sarcasmes.

— Vous ne me refuserez pas, répliqua-t-il, et voilà précisément le beau côté de la démarche que j'ai faite : c'est qu'elle est faite à coup sûr.

— Je crois qu'il retombe dans sa folie, dit le comte.

— Je dis que vous ne me refuserez pas, et je le prouve, ajouta Pontis; car ce que j'ai à vous demander, si considérable que puisse être la somme, ne sera pour vous qu'un fétu en comparaison du tort qui résulterait pour vos seigneuries d'un refus, refus impossible.

— Eh bien! répliqua d'Espernon chez lequel la vanterie gasconne venait de reprendre le dessus, je serais curieux de savoir comment vous vous y prendrez pour me convaincre.

— Vous l'allez voir tout de suite, dit Pontis froidement.

Et il fit un pas vers le duc.

— Je vous dirai, continua-t-il, — monsieur, la part que je réclame dans ce million n'est pas plus à vous qu'à moi. Elle est plus à moi qu'à vous, car c'est un argent amassé par votre ancien maître, le roi Henri IV, et vous savez parfaitement que s'il ressuscitait il ne vous donnerait pas cet argent.

— Et pourquoi, je vous prie? dit le duc, frappé au milieu de son insolence par le regard profond et fixe de son interlocuteur.

— Parce que si le feu roi sortait de la tombe, monsieur le duc, il se souviendrait que c'est vous, gouverneur de Guienne, qui avez dressé, armé et envoyé à Paris François Ravaillac !

— Monsieur ! s'écria d'Espernon, rougissant et prêt à bondir.

— Vous, continua Pontis, qui l'aviez d'abord envoyé à Naples pour y être confirmé dans le crime ; vous qui avez payé le voyage et fixé le jour de l'assassinat ; vous enfin qui, dans le carrosse, côte à côte avec ce pauvre roi, l'occupiez à vous entendre pour qu'il ne se retournât pas tandis que Ravaillac le frappait.

Une explosion de la noble assemblée couvrit la voix de l'accusateur.

— Oh ! dit le duc avec menace, misérable imposteur !

— Vous savez, interrompit froidement Pontis, qu'au premier mouvement des uns ou des autres, j'en couche deux sur ce parquet, M. d'Espernon et M. le comte, et je crois, sans vanité, que j'aurai raison avec ma seule épée de M. le maréchal de France. Silence donc ! et poursuivons.

La marquise s'agitait comme une vipère à qui l'homme tient le pied sur la tête.

— J'abrégerai vos incertitudes, madame, dit Pontis. Vous serez, d'ailleurs, la moins récalcitrante avec moi. Nous nous connaissons depuis si longtemps !... tant de sang, tant de larmes coulent entre nous deux! Mais si vous m'accordez ce que je demande, ce ne sera ni pour me faire oublier l'ami que je pleure encore et que vous m'avez fait tuer, — remords de toute ma vie! — ni pour m'empêcher de dire à M. de Vendôme le nom de l'assassin de Gabrielle sa mère, tout cela est trop loin!... Non, je ferai appel à de plus récents souvenirs, et vous me direz si je n'ai pas droit à votre munificence pour n'avoir pas révélé encore ce que je sais de vos privautés avec Ravaillac, du logement que vous lui payiez chez la Vienne, des bons repas que vous lui faisiez faire pour fortifier son cœur et son bras... Ne m'interrompez pas, je vous prie, car j'ai à citer les dates des rendez-vous que vous lui donnâtes, vous et M. d'Espernon, dans le jardin qui est au bas de ces fenêtres.

— Monsieur! monsieur! balbutia la marquise, qui se serra éperdue contre Siete-Iglesias.

Celui-ci se leva les poings fermés, l'œil étincelant.

— Ah! dit sourdement Pontis, vous me devinez, vous, comte de Siete-Iglesias; c'est votre génie de deviner. Vous cherchez à me mordre, — à me déchirer, — inutile. Laissez-moi mon sang, je vous laisse le vôtre!... Et pourtant, fut-il jamais un pareil monstre d'audace et de perversité! Oh! je flatte votre orgueil. Excusez-moi, j'ai besoin de vous... Et c'est parce qu'il me faut une part de votre butin que je vous dis : Tu es celui que l'Espagne, incendiaire et empoisonneuse, a vomi sur cette terre de France, comme un volcan jette le soufre, comme un serpent darde le venin. Tu vins chez nous avec ton éternel sourire, avec ton regard aigu et sûr, choisir la place sensible, l'endroit mortel où l'Espagne pourrait frapper sa rivale. Tu as trouvé que c'était au cœur du roi. C'est toi qui, le quatorze mai, déguisé en charretier de Beauce... Ah! tu rugis... tu comprends... c'est toi qui conduisais le chariot de foin qui a barré le passage au carrosse de Henri IV. Et tandis que ce chariot en travers obstruait toute la rue, tu regardais, tu voyais l'assassin monter sur la roue du carrosse, tu le voyais frapper, tu observais s'il frappait bien au cœur. Je t'ai déjà dit de ne pas faire un geste, comte de Siete-Iglesias, ou je t'abats à mes pieds.

Un silence effrayant comme celui de la nuit éternelle succéda dans le salon à ces terribles attaques de Pontis.

La scène avait changé. Une consternation sans bornes courbait deux de ces têtes. La troisième essayait de ressaisir ses idées dispersées sous un pareil coup de massue.

— Ce n'est, reprit Pontis avec un violent effort pour déguiser sa pensée loyale, ce n'est ni pour vous perdre ni pour vous torturer que je viens de rappeler ces noirs souvenirs; vous m'en avez défié; vous l'avez voulu. Vous ne supposiez pas qu'après tant de combinaisons heureuses pour vous délivrer de ceux qui ont su partiellement votre secret à tous, il restât un homme en qui vivaient tous les tronçons de ce secret terrible; vous êtes désabusés. Cet homme est là, cet homme a les preuves, et Dieu lui a donné la force, même sans preuves, de vous convaincre et de vous faire crier grâce!

Ici le maréchal leva sa tête anxieuse et marbrée par la peur. Il avait vu passer l'orage au-dessus de lui sans se sentir touché, il croyait le nuage déjà loin.

— J'ignore, dit-il, ce que ces messieurs auraient à vous répondre, monsieur de Pontis, bien que je ne doute pas qu'ils ne puissent répondre victorieusement; mais, moi, vous m'avez fait venir, ma présence est déjà une accusation. Que me reprocheriez-vous? quel genre de preuves fourniriez-vous contre moi?

— Oh!... vous! répliqua Pontis avec un accent de triomphe qui alla vibrer jusqu'aux murs du salon immense, c'est vous qui m'interpellez!... Quelle faute!... Ce que je sais de vous, monsieur le maréchal, est si grave, si triste; je le sais avec des détails si douloureux, que je voudrais, Dieu m'en est témoin, que pour l'honneur de la race humaine, pas une créature, pas une, ne pût entendre ce que vous me forcez à vous dire!

Les assistants s'oublièrent un moment eux-mêmes pour donner toute leur attention au nouvel accusé traduit à la barre.

— Tenez, dit brusquement Pontis, dont les yeux se voilèrent, épargnez-moi l'horreur de ce récit, faites-vous justice, suppliez-moi de ne rien dire; je recule au moment de parler, je ne savais pas que ce serait aussi affreux. Priez-moi de me taire, je me tairai.

— Eh bien, moi, dit le maréchal, moi qui connais ma conscience et ma vie mieux que vous, j'imagine, moi qui sais que nul regard ne peut se vanter de m'avoir surpris en faute, je vous mets au défi d'articuler autre chose que ces stupides clabauderies dont la populace parisienne m'assourdit tous les jours, et auxquelles j'ai accoutumé mon oreille comme on s'habitue aux bruits de la marée montante.

— J'accepte, répondit Pontis, d'une voix brève, avec un geste de résolution décisive. En 1610, le roi Henri IV conçut quelque soupçons sur les intrigues, politiques assurément, et non autres, que menait la reine son épouse. Ces menées le gênaient fort au moment d'une lourde guerre qu'il méditait. Après le sacre de la reine, il allait partir pour commander ses armées : devait-il laisser derrière lui, en ses États, en son palais même, un libre accès à la trahison? Partout on l'avertissait de prendre garde. La reine, lui disait-on, écrit secrètement aux princes de l'Europe, aux ennemis, et, dans la crainte de la guerre, elle fait partie d'une coalition destinée à contraindre Henri IV à faire la paix.

Ce bon prince aimait sa femme. Trahi toute sa vie, il n'a jamais voulu croire à la trahison. Un jour, il se décida. Arriver aux preuves n'était pas chose facile. Henri ne voulait pas compromettre le repos de sa maison, ni, en cas d'innocence de la reine, l'avoir rendue suspecte injustement à ceux de ses amis qu'il aurait mis dans la confidence. Voici ce qu'il imagina. Ses gardes étaient des gentilshommes braves comme tout soldat l'est en France, mais de plus, intelligents et dévoués. Il en était même quelques-uns parmi eux à qui le roi eût pu confier les affaires les plus délicates. Un entre autres, eût donné mille vies pour lui. Le roi avait besoin de savoir exactement tout ce que faisait la reine en son absence; il fit donc venir ce garde, lui expliqua sa pensée et le cacha dans l'appartement de la reine, au besoin sous le lit même de Sa Majesté.

Pontis fit une pause. Le maréchal devint plus blanc que le mouchoir avec lequel jusque-là il avait joué nonchalamment. Les regards de ses amis tombaient sur lui lourds comme des montagnes.

— Oh! vous voudriez peut-être maintenant que je m'arrêtasse, dit Pontis. Mais j'ai commencé, il est trop tard! je poursuis. — Pendant trois jours le garde ne vit rien. Les apprêts du sacre, les triomphes de sa beauté, le soin de ses splendides parures paraissaient occuper seuls la nouvelle régente. Mais le quatrième jour, — c'était le 14 de mai, monsieur le maréchal, — le roi sortit vers deux heures, après son dîner. Il sortit navré d'une tristesse incompréhensible, et le garde, à son poste d'observation, le vit embrasser à dix reprises, avec des soupirs et des larmes, ses enfants et la reine, qui recevait presque impatiemment ces déchirants adieux. Le roi sortit. Il ne devait plus revoir sa maison. Quand la reine le sut hors du Louvre, elle renvoya les enfants qui jouaient bruyamment autour d'elle et faisaient grand'peur au garde, caché sous le lit. Car, si un de ces chers enfants, qui se baissaient et se roulaient à chaque minute, l'eût aperçu et signalé à leur mère, c'était fait de lui! La reine, offensée, l'eût fait tuer sur place. Mais Dieu en disposa autrement. Les enfants sortirent. Marie de Médicis resta seule. Longtemps elle se promena pensive, agitée, fiévreuse, puis elle se mit à sa table et commença une lettre, interrompue souvent par de soudains accès d'inquiétude, tantôt se soulevant pour regarder à la fenêtre, tantôt écoutant comme de vagues rumeurs. Il était quatre heures, l'heure même, l'heure précise à laquelle Ravaillac frappait, à laquelle votre cœur battait d'espoir, madame la marquise; à laquelle, vous, monsieur d'Espernon, vous détourniez l'attention du roi; à laquelle, vous, monsieur le comte, vous regardiez de loin, adossé à votre charrette. Eh bien, à cette même heure qui sonnait dans la chambre, bien avant qu'un oiseau eût eu le temps d'apporter la nouvelle, la porte d'un cabinet voisin s'ouvrit. Une tête d'homme s'y encadra, pâle, effarée, comme l'est en ce moment la vôtre, monsieur le maréchal, et cet homme, montrant du doigt l'horloge, jeta à voix basse à la reine ces deux mots italiens : *E ammazzato!* Il est assassiné !

— Mensonge ! s'écria le maréchal, se dressant épouvanté et livide... Mensonge !

— Eh bien ! dit tranquillement Pontis, voilà que vous vous accusez vous-même. Car ces trois personnes sont témoins que je ne vous ai pas encore nommé.

Fut-ce un murmure des complices eux-mêmes, fut-ce un écho sinistre des derniers mots prononcés par Pontis, on entendit comme une plainte funèbre traverser le salon et passer dans l'air !

— Voilà un audacieux blasphème, bégaya le maréchal, au front duquel montait la sueur qui précède un évanouissement.

— Le garde, continua Pontis, ne cessa pas d'observer, bien que glacé d'horreur. Qui donc était assassiné? de qui parlait-on?... Pourquoi la reine était-elle si tremblante et si pâle?... L'homme qui avait prononcé ces deux mots disparut. La reine, muette pendant plus d'un quart d'heure, et incapable d'assembler deux pensées, quitta enfin la chambre et s'enfuit. Alors le garde, pour obéir aux intentions du roi, alla sur la pointe du pied voir la lettre commencée par la reine. Il la lisait, lorsque les cris éclatèrent dans le Louvre : « Le roi est mort! le roi est mort! » On le rapportait sanglant, inanimé. Le malheureux garde comprit alors quel était celui dont on avait sitôt annoncé le meurtre, et, dans une inspiration envoyée par Dieu, il prit sur la table de la reine la lettre commencée, il la serra dans sa poitrine, supposant que cette lettre lui servirait un jour! Eh bien, ce garde, c'est moi, monsieur le maréchal. J'ai la lettre commencée le 14 mai par la reine, et je vous demande si le récit que je viens de vous faire, appuyé sur cette lettre précieuse, ne vaut pas quelque morceau du million dans lequel vous avez mordu tous les quatre. Arrangez-vous entre vous, car je ne veux pas m'adresser à la reine mère. Quelque chose me dit pourtant qu'elle payerait cette lettre-là bien cher!

Pontis avait achevé sa tâche. La consternation s'était changée autour de lui en anéantissement. Mais là commençait le danger. Ces élans si nobles, cette généreuse indignation auxquels il venait de se laisser entraîner, ses ennemis les attribueraient-ils à une avidité sordide ? Ne soupçonneraient-ils pas son dévouement, et alors tout était perdu. Des ennemis au désespoir sont capables de tout, et Pontis voulait vivre assez pour jouir de son triomphe, sauver Bernard et servir encore son maître.

Il calcula tout avec son coup d'œil infaillible.

Le grand capitaine est celui qui assure sa retraite après avoir assuré sa victoire. Ramenant donc les esprits encore flottants sur un point lumineux, c'est-à-dire sur une espérance de salut :

— Vous ferez bien de ne pas discuter avec moi, dit-il d'un ton plus doux, presque conciliant. J'hérite de M. de Harlay, j'hérite de mademoiselle de Coman, j'hérite du malheureux du Bourdet.... de tant d'autres, payez-moi mon héritage... Le crime, il est oublié, nul n'y songe plus. Le roi l'ignore, qu'il l'ignore toujours ! Pourquoi troubler sa quiétude, et lui jeter au cœur des haines qu'il ne saurait ni n'oserait satisfaire ? Vous êtes les puissants, vous êtes les invincibles, tout vous sourit, je ne me risquerai pas à vous heurter dans votre chemin. Si vous m'y forcez, ce sera une grosse faute. Vous me perdrez, mais vous aurez la chance d'être engloutis avec moi, car je me défendrai, c'est incontestable. Voici donc mes conditions...

Ici Pontis s'arrêta encore. Son cœur se révoltait devant les mots qui lui restaient à dire pour compléter son rôle;

mais l'impérieux besoin de vaincre lui donna la force d'aller jusqu'au bout.

— Allons, pensa-t-il, un dernier sacrifice, il ne faut pas qu'ils soupçonnent le piége avant demain !

— Je veux, reprit-il cent mille écus pour me taire et quitter la France. Je les veux, non pas tout de suite, car vous ne les avez pas là tout prêts, mais demain dans la matinée. Je serai au pont tournant du Louvre à huit heures, attendant celui de vous qui m'apportera la somme ; à celui-là je remettrai la lettre de la reine et me voilà désarmé. Je n'aurai plus aucun intérêt à vous trahir. Mais si à huit heures, je ne vois personne, je traverse le pont du Louvre et vais tout raconter au roi. Il en sera ce qu'il en sera, mais j'ai de la peine à croire que le jeune prince, tout faible de cœur qu'on le dise, supporte patiemment mon récit, et je suis curieux de savoir ce qui arriverait s'il apprenait, par exemple, que sa mère, votre confidente au 14 mai, monsieur le marquis d'Ancre, vous a gardé près d'elle, comblé d'honneurs, et nommé maréchal de France... Tenez, cela ne me rapporterait certainement pas cent mille écus, mais vous n'en auriez pas de bénéfice ni les uns ni les autres. Ainsi, pas de dénégations, de protestations ; je ne vous demande pas d'aveu, moi, peu m'importe, ma conviction est faite ; dites-moi seulement si demain à huit heures quelqu'un de vous sera au pont tournant du Louvre avec la somme convenue.

Il y eut un moment solennel. Pontis s'arma de tout son sang-froid, de toute sa vigueur, pour ne pas laisser transparaître dans ses yeux la joie de ce premier triomphe, — leur silence !

Les quatre s'entre-regardèrent, se comprirent. Il était évident pour tous qu'il fallait conjurer le premier péril, quitte à aviser après.

— Rien que la lettre de la reine, dit Concino, cette lettre seule, bien qu'elle ne prouve absolument rien, suffirait à compromettre notre illustre et innocente maîtresse ; rien que cette lettre vaut plus de cent mille écus ; apportez-la, vous recevrez cinq cent mille livres.

Pontis appuya une main sur son cœur pour l'empêcher d'éclater. Il envoya un regard furtif à la muraille. Sa cause était gagnée.

— C'est dit, répliqua-t-il. A huit heures, au pont tournant.

— Vous y serez seul, dit Siete-Iglesias, c'est indispensable.

— Oh ! tout seul, répondit Pontis, vous le verrez bien.

— Moi, dit Concino, je ne puis aller seul par les rues, j'ai toujours ma suite ; mais qu'importe la suite ?... nous n'avons pas à nous parler, il suffit de l'échange de cette lettre contre une obligation des cinq cent mille livres.

— Parfaitement. A huit heures, dit Pontis.

— Sonnant, repartit Concino.

Pontis alors comprit qu'il lui restait le plus difficile à faire, sortir. Il plongea ses yeux ardents jusqu'au fond des huit regards qui le guettaient et dessina sa retraite à reculons vers la porte par laquelle il était apparu. Nul ne remua. Iglesias seul laissa jaillir, comme un coup de pistolet, l'éclair de son œil fauve ; un éclair ne tue pas ; à plus forte raison un coup d'œil.

Pontis en deux bonds fut derrière la porte qu'il ferma. Il traversa le palier d'un élan, s'élança par la fenêtre où il retrouva son échelle, renversa celle-ci dès qu'il fut en bas et disparut. Une fenêtre du salon s'était ouverte, les quatre conjurés s'y étaient précipités, espérant voir quel chemin leur ennemi prendrait dans les ténèbres.

Mais la nuit, complice de cette tardive vengeance, enveloppa dans ses voiles le soldat héroïque. Il échappa. Cinq minutes après il rentrait dans le corridor de marbre où, de loin, il vit le jeune roi encore prosterné, comme ces corps calcinés par la foudre qui demeurent entiers, effrayants, dans l'attitude où les a pris la mort.

Au bruit du pas discret et presque chancelant de son serviteur, Louis se souleva ; son visage portait l'empreinte ineffaçable d'un de ces désespoirs qui flétrissent à jamais un front et dessèchent à jamais un cœur. Il parut à Pontis avoir grandi depuis cette absence d'une heure.

— Sire, lui dit le chevalier, j'ai tenu ma promesse. Vous savez maintenant pourquoi tous vos amis et les miens sont morts, et pourquoi moi-même je serai mort demain si mon prince ne défend ma vie.

— Monsieur, répliqua le roi d'une voix brève et sourde comme des coups de hache, vous coucherez ce soir au Louvre, dans ma chambre. On ne vous tuera pas à mes côtés, je pense, et demain... oh ! demain, à huit heures, je serai roi !

Il essuya son front et ses joues brûlantes, où Pontis vit le sillon dévorant d'une larme, et appuyant un doigt sur ses lèvres tandis que Pontis levait la lampe pour lui éclairer le chemin :

— Monsieur, murmura-t-il, que cela reste entre Dieu, moi, et vous !...

Pontis se courba. Il se sentait devant le maître.

Le roi retrouva ses gardiens dans le vestibule, prit le bras de Luynes, fit signe aux autres de le suivre, et la petite troupe rentra silencieusement au Louvre. Dix heures et demie sonnaient à Saint-Germain-l'Auxerrois.

— Mon Dieu ! pensa Luynes, dans quelle fureur est le roi. Comme il tremble !

Louis évita la galerie où l'attendait la petite reine ; il s'enferma chez lui et dit à Pontis :

— Je cherche un homme qui demain, à huit heures et un quart, ait gagné en un seul coup d'épée son bâton de maréchal de France. Cet homme-là, le connaissez-vous ?

— Prenez Vitry, sire, dit froidement Pontis.

Louis s'attendait sans doute à une autre réponse du chevalier. Il comprit le loyal soldat qui refusait de devenir assassin, et le regarda avec une sorte de respect.

— Amenez-moi sur l'heure le baron de Vitry, dit-il à Luynes, et que personne ne bouge d'auprès de moi jusqu'à demain ! Nous avons bien des choses à faire cette nuit.

CHAPITRE XXII

Le pont du Louvre.

Si la nuit fut bien employée au Louvre, elle ne fut pas perdue pour les conjurés.

Pontis une fois parti, le brouillard sembla se dissiper devant leurs yeux. Délivrés de cette obsession magnétique, secouant l'étourdissement que leur avait causé le dangereux révélateur, ils commencèrent à songer aux moyens de le paralyser ou de le détruire.

Sicte-Iglesias, un flambeau à la main, avait essayé de reconnaître et de suivre ses traces. Elles aboutissaient au mur de la rue — rien au delà.

La marquise, génie inspiré par le mal, affirma que Pontis ne venait pas chercher une somme d'argent.

Sicte-Iglesias soutenait cet avis. Il ajoutait que la seule crainte d'une mort inévitable, ridicule, l'avait empêché de se jeter sur cet homme et de l'étouffer.

D'Espernon et le maréchal, fort troublés l'un et l'autre, étaient d'un avis contraire.

— Et d'abord, disaient-ils, s'il n'est pas venu nous demander de l'argent, qu'est-il venu faire ? Ou il poursuit une vengeance personnelle, et alors il a laissé échapper l'occasion, nous tenant tous quatre et pouvant nous tuer; ou il agit pour quelqu'un, et, en ce cas, quels résultat a-t-il obtenus ? Il nous a accusés, c'est vrai. Nous n'avons pas nié, nous ne nous sommes pas défendus, c'est encore vrai, mais à quoi bon nous défendre ? Devant qui ? Nul n'est caché ici. La maison est sûre. En nous attaquant avec cette violence, Pontis se satisfaisait peut-être lui-même, assurément il ne servait personne.

Ces hommes, on le voit, dans leurs calculs ne faisaient point la part de la Providence.

— Mais, répliquait le comte Siete-Iglesias, nous n'avons pas moins consenti une transaction avec cet accusateur. Une transaction, c'est un aveu.

— D'accord, dit le maréchal ; mais de nous à lui, de lui à nous. Quel danger résultera-t-il pour nous de cette transaction ? Elle ne saurait nous compromettre. Elle ne peut même être connue. Ou Pontis sera demain au pont tournant du Louvre, ou il n'y sera pas. Admettons qu'il y soit, et que j'y aille. N'est-ce pas mon habitude d'entrer tous les matins au Louvre par le pont tournant? Un homme s'approchera de moi et me remettra un papier que je lirai. Ne lis-je pas chaque jour cent placets qu'on me présente ? Je lui donnerai une obligation ou un bon sur l'Épargne. Ne l'ai-je pas fait mille fois ? Reste la question de savoir si nous laisserons en repos le détenteur de ce billet, et si nous lui permettrons de toucher tranquillement les cinq cent mille livres. Délibérons à cet égard.

— Vous avez oublié, dit Siete-Iglesias, l'autre branche de votre dilemme. Si Pontis ne se trouve pas au pont tournant ?

— S'il a préféré aller chez le roi ? dit la marquise.

— A quoi bon serait-il venu ici, ce soir ? interrompit d'Espernon. Eût-il été adroit de nous prévenir ?

— Il y a plus, reprit le maréchal. Une dénonciation au roi n'est plus à craindre, du moment où nous sommes prévenus. D'ici à demain, cet homme n'entrera pas chez le roi, et à partir de demain, la régente aidant, le roi ne recevra personne sans notre contrôle. Croyez-le bien, Pontis a senti son côté faible. Nous tenons la bonne position. Il vous l'a dit, c'est un cri de vérité qui s'échappait de sa bouche. Il sent qu'il n'a que de l'argent à tirer de nous. Mon avis est que nous lui en donnions, ne fût-ce que pour ravoir la lettre. Après comme après.

La marquise revint à la charge avec opiniâtreté.

— Vous ne supposeriez pas, dit-elle, certaine coïncidence entre cette démarche de Pontis et le retard du voyage de la petite reine Vous n'admettez pas que le coup puisse venir de là ?

— Je me demande où est le coup, répondit Concino. Certes, si le roi eût été un homme énergique au lieu d'être un enfant poltron, si la force armée n'eût pas été tout entière dans les mains de la régente, peut-être eussions-nous eu sujet de craindre ; mais en supposant même une intelligence entre la petite reine et ce Pontis, même l'initiation du roi au secret, même un complot de la jeune cour contre la nôtre, que voulez-vous qu'ils fassent, sans amis, sans soldats, sans argent, sans volonté ? Qu'aurions-nous à redouter de ces deux ennemis ? L'une s'en va quand nous la chassons, l'autre nous aide contre sa compagne !

— La petite reine n'est pas encore partie, dit Siete-Iglesias, et il ne faut pas beaucoup de temps à un poltron et à une femme poussée à bout pour tenter quelque grande aventure.

— Demain, répliqua le maréchal, malade ou non, Anne d'Autriche sortira du Louvre, et je donnerai au roi une garde de ma main.

— Demain, dit d'Espernon, j'aurai rassemblé tous mes colonels, tous les chefs de corps chez la régente, et nous verrons qui est le maître en France. D'ailleurs, que pourrions-nous faire ? Nous enfuir, ce serait nous dénoncer.

— Fort bien, messieurs, répliqua l'Espagnol ; mais ce Pontis, qu'en fera-t-on ? Fixons-nous à son sujet, je vous prie.

— Il me semble, dit la marquise avec un sang-froid féroce, qu'il nous a fixés lui-même, en désignant le lieu du rendez-vous. Ne voyez-vous pas que cet homme, à qui vous donnez cinq cent mille livres aujourd'hui, en demandera demain le double, et le double encore après-demain, si tel est son caprice. Il vous a fait plier une fois, pourquoi ne recommencerait-il pas ? N'oubliez pas si vite la peur que vous avez eue tout à l'heure !

— Oh ! s'écria d'Espernon, les circonstances auront changé, et puis il ne nous surprendra plus.

— N'importe, madame a raison, dit Siete-Iglesias même hors de France, cet homme nous gênera toujours, et, d'ailleurs, il transmettra ce secret à d'autres sangsues plus dangereuses encore, en ce qu'elles seront plus affamées. Pourquoi n'en pas finir une bonne fois ?

— Ce serait le meilleur, sans doute, dit le maréchal pensif, mais... quel moyen?...

— Ce n'est pas à une femme de conseiller en pareil cas des gens de guerre, répliqua la marquise.

— Oh! mon Dieu, interrompit d'Espernon qui se crut interpellé, tandis qu'il s'en ira toucher ce bon de l'Épargne, j'aposterai cinq gardes.....

— Mettez en dix, s'écria la marquise, c'est un rude jouteur.

— Il aura prévu vos gardes, dit l'Espagnol, et il se sera ménagé du renfort, tandis qu'il ne joutera pas, j'en réponds, contre une balle du calibre de celles dont il nous menaçait tout à l'heure. Qu'il donne la lettre de la reine, la vraie lettre, vous vous en assurerez, monsieur le maréchal, et tandis que vous lui présenterez votre billet de l'Épargne ayons quelqu'un qui lui loge la balle en question dans la tête. Après, on s'expliquera.

— Eh bien, chargez-vous-en, dit le maréchal. Vous êtes précieux pour ces sortes d'expéditions.

— Soit, répliqua Iglesias en haussant les épaules.

Le conseil se sépara sur cette résolution. Il fut convenu que le lendemain, on se rendrait chez la reine mère à huit heures.

Il arriva, ce lendemain qui devait trouver les deux partis en présence, comme deux armées qui combattent, non pour la victoire, mais pour le salut.

Au point du jour, Louis XIII sortit de sa chambre avec tous ses amis, qui ne l'avaient pas quitté. Les plus intimes, Luynes, ses frères, Vitry, Thémines, connaissaient le plan du roi. Pontis avait passé la nuit dans le cabinet des armes, avec les gardes et officiers de service, qu'il avait l'ordre d'empêcher de sortir. Il s'attendait à tout, et ne savait rien.

Louis, très-fatigué, mais l'œil brillant, passa chez la petite reine, qui, elle non plus, n'avait pas dormi, Luynes ayant trouvé moyen de l'avertir qu'il se préparait de gros événements.

— Madame, lui dit le roi, ne sortez pas avant de m'avoir revu. Si vous entendez quelque bruit dans le Louvre, ne vous effrayez pas. Tenez-vous prête, cependant, à m'accompagner, si je vous en priais ; j'ai en bas un carrosse tout attelé.

Et il ajouta très-haut, pour que les gens du service pussent entendre :

— Je chasse aujourd'hui ; grande chasse.

La reine s'inclina ; une joie sans mélange se répandit sur son visage. Ce cœur vaillant appelait la lutte, et ne trouvait pas le péril en proportion du profit et de l'honneur.

Louis traversa la galerie. De partout accouraient en silence, avec un air résolu, les jeunes gentilshommes recrutés par Vitry, par Luynes, pour cette chasse prétendue, sous laquelle tous entrevoyaient une expédition dangereuse, mais commandée par le roi. Le plan du roi, nul ne le connaissait, et chacun le construisait dans sa tête.

Il régnait dans cette partie des Tuileries un mouvement sinistre. Vitry distribua des armes, non pas des épieux et des arquebuses de chasse, mais de bonnes hallebardes, des mousquets, des pistolets. Le roi surveillait ces détails, marchant à grands pas au milieu des rangs, parfois sombre comme s'il évoquait un souvenir, parfois illuminé par une espérance. Il avait fait partout fermer les portes; nul au dehors, nul chez la reine mère ne soupçonnait ces préparatifs, non plus que la quantité de gens armés qui allaient s'élancer à un moment donné des flancs de ce cheval de Troie.

Luynes et ses frères se multipliaient, animant l'un, équipant l'autre, enflammant tous ces jeunes esprits d'une inextinguible ardeur de vengeance et de victoire.

— Nous touchons à un moment, disaient-ils, où c'est fait de nous si nous succombons. Vainqueurs, nous partageons la France !

Sept heures et demie venaient de sonner. Le roi poussa brusquement la porte de son cabinet des armes et appela Pontis.

Celui-ci commençait à douter. Il arriva comme un soldat à l'ordre.

— Il est temps, lui dit le roi, d'aller prendre votre poste, M. de Pontis.

— Où cela, sire?

— Au pont tournant. L'avez-vous oublié?

— J'attendais votre décision, sire, répliqua le chevalier. Mais que ferai-je au pont? Votre Majesté a-t-elle l'intention de me rendre la lettre pour que je la remette?...

— Non, vous attendrez simplement l'arrivée du maréchal.

— Très-bien. Et quand il me demandera du regard cette lettre?

— S'il vous regarde, eh bien! vous le regarderez aussi.

— A merveille, sire, dit froidement Pontis, mais il ne se contentera pas de me regarder.

— Que fera-t-il donc?

— Il me tuera. Est-ce compris dans les combinaisons de Votre Majesté?

— Ne vous inquiétez de rien, répondit Louis XIII. Le reste me regarde.

Pontis courba la tête avec respect, et sans ajouter un mot se dirigea vers la porte du Louvre.

— Non, s'écria le roi, par les jardins... Ces gens ont posé des espions, il ne faut pas qu'on vous voie sortir de chez moi.

Pontis obéit, sortit par les fossés sans que personne l'eût pu voir. La place était déserte : s'il y avait des espions, ils étaient certes bien cachés. Pontis, après de longs détours, arriva près du pont tournant, s'adossa, les bras croisés, au parapet de bois et attendit.

Il était là depuis cinq minutes à peine, quand un exprès, une vedette sans doute, annonça au roi qu'on apercevait sur le quai le maréchal suivi d'une grosse escorte. Huit heures sonnaient.

Bon nombre de gentilshommes attachés à Concino ou simples courtisans, le précédaient, causant ensemble, riant, et ne se doutant pas qu'une tempête pût sortir tout à coup de ces belles couches d'azur, sourires du printemps qui soufflait sur terre ses premiers parfums, ses tièdes haleines.

Tous ces gens se préparaient comme d'habitude à passer le pont pour entrer au Louvre. Sur la place comme sur le quai accouraient femmes, enfants, gens de travail, écoliers, bourgeois, toujours avides du spectacle d'un cortége de velours, d'or et de dentelles.

Derrière ses premiers gentilshommes marchait Concino recueilli, les mains pleines de papiers, que Corbinelli, son secrétaire, lui prenait à mesure qu'il les avait parcourus. Concino avait la vue un peu basse, et n'eût pu distinguer le pont tournant de l'endroit où il se trouvait alors. Mais il cherchait souvent à droite et à gauche, s'étonnant de ne pas avoir encore aperçu ses trois amis.

Tout à coup Siete-Iglesias descendit de cheval et vint à lui. L'escorte fit un peu de place par discrétion à ces deux maîtres, qui allaient sans doute s'entretenir de sujets importants.

— Vous arrivez bien, comte, dit le maréchal, voici une singulière lettre que m'envoie ce matin le gouverneur de la Bastille. Lisez-la, elle vous intéresse autant que moi, pour le moins.

C'était, en effet, un avis de du Thiers au maréchal. Le gouverneur racontait la visite de la comtesse Siete-Iglesias, ses instances, ses offres pour enlever le prisonnier, la coopération de Sylvie et sa résistance, à lui du Thiers. Honnête des deux côtés, le gouverneur tenait rigoureusement parole; au maréchal, en dénonçant la comtesse Siete-Iglesias; à Marguerite, en ne la dénonçant qu'après vingt-quatre heures. Du Thiers ajoutait que la comtesse, en habit de voyage, avait monté à cheval près du rempart.

Un pli sinistre se creusa au front de Siete-Iglesias.

— Fort bien, murmura-t-il. Je comprends tout. Ah! ces femmes complotaient ensemble! Elles me jouaient, les deux amies du couvent! Ah! douce Marguerite! ah! rusée Sylvie! Elles payeront toutes deux; que dis-je, ils payeront tous trois! Je n'oublierai personne.

— C'est un détail sans importance, reprit-il en se remettant à marcher près du maréchal. Ma femme est partie, tant mieux. Je saurai toujours trop tôt où elle est allée. Occupons-nous du présent.

— Voyez-vous notre homme au pont tournant? demanda Concino.

Siete-Iglesias se haussa sur la pointe des pieds.

— Oui, pardieu! dit-il, il y est, roide comme un des pieux qui l'entourent.

— Vos mesures sont prises?

— Oui. Un homme à moi se placera derrière vous et attendra votre signal.

— Marchons... reprit le maréchal en soupirant. Mais pensez-vous que tout cela tourne bien?... Ah!... j'ai eu beaucoup de larmes à essuyer ce matin.

— De qui? bon Dieu.

— De Léonora, qui ne voulait pas que j'allasse au Louvre; de Léonora, qui, au seul nom de Pontis, est devenue blême, a jeté mille cris et prétend que cet homme nous perdra tous. Madame de Verneuil le connaît comme moi, a-t-elle ajouté, consultez-la encore... Mais, à propos, la marquise devait venir; je ne la vois pas; d'Espernon non plus...

— M. d'Espernon ira droit chez la régente. Quant à la marquise, voilà, si je ne me trompe, son carrosse qui s'arrête à droite, à cent pas du pont tournant.

— Bien! dit le maréchal assombri... Ah! je voudrais déjà tenir cette lettre... Que d'affaires en ce malheureux monde!... Pourquoi tant se remuer?... N'aurais-je pas bien fait d'aller vivre en Italie, comme Léonora le voulait ce matin... tranquille... avec une honnête aisance... Oui, je commence à distinguer : je vois l'homme appuyé sur la barrière du pont... Rien de suspect aux environs, n'est-ce pas?

— Absolument rien. Voyez, la terrasse se garnit de gens comme à l'ordinaire... des visages fort naturels. Allez donc droit à votre homme, assurez-vous bien qu'il vous a donné la véritable lettre et tendez-lui le billet.

— Le voici tout préparé dans ma poche, repartit le maréchal. Est-ce que vous ne m'accompagnez pas?

— S'il nous voyait deux ensemble, il se défierait peut-être. Cependant, si vous y tenez...

— Non... à moins que... enfin, comme il vous plaira,

balbutia Concino troublé... Quelle raison donnera-t-on de ce coup de pistolet? ajouta-t-il.

— J'ai réfléchi ; au lieu d'un pistolet, mon drôle a pris une arquebuse ; cela part naturellement, et le canon est à hauteur d'homme sans qu'on ait visé. Nous appellerons cela un accident, si vous voulez bien.

Siete-Iglesias achevait ces mots, quand un écuyer vint l'avertir que la marquise l'attendait pour lui parler dans son carrosse. Elle envoyait par la même occasion tous ses compliments au maréchal. L'Espagnol échangea les dernières recommandations avec Concino, sortit du cortége, et suivit cet écuyer.

Le maréchal d'Ancre continua sa route, poussé par l'inexorable destinée. Il se retourna au moment d'aborder le pont tournant, et vit derrière lui, à trois pas de la foule de ceux qui lui faisaient escorte, l'homme de Siete-Iglesias, avec son mousquet sur l'épaule.

Pontis, imperturbable, debout, l'œil fixé sur cette masse en mouvement dont les premiers anneaux l'avaient déjà coudoyé et dépassé pour entrer au Louvre, Pontis, embrassant chaque détail de ce dramatique ensemble, vit le maréchal tirer de sa poche le billet promis. L'œil de Concino était rivé sur le sien. Pour l'un comme pour l'autre de ces deux hommes, tout le reste fut un moment oublié. Ils étaient à deux pas de distance de l'autre.

L'homme à l'arquebuse descendit son arme obliquement sur son bras. Ce mouvement frappa Pontis, qui vit la gueule du mousquet béante dans la direction de son visage.

C'est pourquoi il ne remarqua pas un homme qui s'était faufilé dans les rangs du cortège, coudoyant sans façon quiconque ne lui livrait point passage. Cet homme était le baron de Vitry, que Pontis aperçut soudain à ses côtés au moment où Concino, surpris de ne recevoir de Pontis qu'un regard au lieu d'une lettre, commençait à se croire trahi et s'apprêtait à donner le signal à l'arquebuse.

Un clin d'œil et Pontis était mort.

Vitry allongea la main vers l'épaule du maréchal, et lui dit :

— Je vous arrête !

— *A me?* s'écria Concino stupéfait, et il abaissa la main pour rendre son épée.

Un coup de pistolet partit et lui traversa la tête. Plusieurs autres éclatèrent simultanément. Le malheureux tomba sur les genoux.

Il avait reçu trois balles : l'une entre les yeux, l'autre à l'oreille droite, la dernière avait traversé le gosier.

Concino roula sur le pont, et vint expirer aux pieds de Pontis, pâle et muet spectateur de l'effrayante exécution. Ainsi croulait cette fortune colossale, ainsi avortait ce rêve, un des plus prodigieux éblouissements de l'humanité.

— Vive le roi ! cria Vitry, levant son pistolet en l'air.

— Vive le roi ! répétèrent les conjurés.

Le roi parut au balcon, tremblant de joie et d'impatience. Il vit le cadavre, il entendit les acclamations de ses amis.

— A cette heure, je suis roi ! cria-t-il d'une voix retentissante. Ça, ma carabine ! A moi, les gardes ! à moi !

Tout ce qu'il y avait d'épées au Louvre accourut, vint saluer et servir le vainqueur.

L'escorte du maréchal s'enfuit dispersée dans toutes les directions.

— Que vous disais-je, dit la marquise frissonnante à Siete-Iglesias, avais-je raison de vous retenir ici... avais-je deviné le piége?

— C'est vrai, murmura l'Espagnol atterré.

— On l'a tué, c'est à notre tour, continua-t-elle. Attendrez-vous si patiemment la mort?

Siete-Iglesias réfléchissait.

— Dans une heure les portes seront fermées, continua-t-elle, et maintenant peut-être on nous cherche; j'ai tout prévu dès cette nuit; je pars, de bons relais m'attendent, voulez-vous en profiter?

— Oh! dit Siete-Iglesias, mais fuir ainsi, quand j'ai à Paris des millions, c'est la ruine, et retourner chez moi pour les prendre, c'est la mort!

— Comte, reprit Henriette, vous avez toujours votre part de nos épargnes dans la chambre des coussins. Que n'allez-vous y prendre quelques sacs de pistoles. La maison de la Vienne est près du rempart; vous serez hors de Paris avant qu'on sache là-bas ce qui vient de se passer ici.

— Vous avez raison, marquise. La clef du placard, s'il vous plaît?

Henriette arracha de son col une petite clef.

— La voici, dit-elle. Adieu! Je vais courir droit devant moi jusqu'à la liberté, jusqu'au salut.

— Et moi jusqu'à la vengeance! s'écria Siete-Iglesias.

Le carrosse prit sa course vers la porte la plus voisine.

Le comte se jeta dans la foule, qui grossissait aux alentours du Louvre.

CHAPITRE XXIII

Justice.

Les coups de feu du pont tournant avaient retenti jusque dans le Louvre et appelé aux fenêtres, à chaque extrémité du palais, deux femmes, qui virent relever un cadavre.

L'une de ces femmes était Anne d'Autriche, qui s'agenouilla silencieusement pour rendre grâces à Dieu de sa victoire. L'autre était Marie de Médicis, qui tomba écrasée sur son lit et murmura, empruntant la devise de son prédécesseur Henri III :

— J'ai porté sept ans la couronne. Il ne me reste plus désormais que la couronne du ciel.

Mais cette pensée religieuse et noble fit place aux plus honteux mouvements de peur et de bas égoïsme.

Corbinelli, effaré, taché du sang de son maître, avait réussi à rentrer chez la reine mère, il venait se jeter à ses pieds; il croyait, le misérable, que là seulement était le salut... peut-être même y rêvait-il la vengeance. Corbinelli n'avait pas osé retourner vers Léonora. Sachant sa tendre affection pour le maréchal, il se préoccupait avec tout le monde, non du sort de la veuve, qui paraissait inattaquable sous la protection de son amie la régente, mais de l'effet que produirait sur elle l'affreuse nouvelle.

Corbinelli vint donc se jeter aux pieds de Marie, et avec des larmes, des cris, avec tout le luxe de la mimique italienne, il demanda quel moyen elle lui conseillait de prendre pour annoncer à la maréchale la mort de son mari.

— Eh! s'écria la régente avec colère, qu'ai-je affaire de ces gens-là? Tant pis pour eux; je leur ai prédit moi-même qu'il leur arriverait malheur. *Si on n'ose pas dire à la Galigaï la mort de son mari, qu'on la lui chante!*

Et sur ces mots, qui suffiraient seuls à souiller une mémoire, la reine mère passa dans une autre chambre pour mieux oublier des amis si chers la veille encore, et pour ne plus s'occuper que d'elle-même.

Corbinelli, stupéfait, navré, sortit. Il erra quelques moments dans le Louvre, puis, rencontrant la Vienne, qui sortait chantant de chez le majordome, pour quelque compte, et ne savait encore rien, il se cramponna au bras de ce camarade et lui apprit l'événement.

Pâlir, reculer d'effroi, puis chercher rapidement du regard une issue pour s'échapper de ce guêpier, fut pour le baigneur une seule et même action résultant d'une idée unique : sa propre conservation.

Il rompit avec Corbinelli, que çà et là dans le palais on regardait de travers, il gagna un guichet à lui connu, celui des cuisines, et sauta dehors avec une agilité dont il ne se fût pas cru capable. Corbinelli, plus troublé ou plus lent, n'eut pas le même bonheur. Un ordre du roi venait de faire placer des sentinelles à toutes les portes du Louvre : la reine mère et ses gens étaient prisonniers.

A peine dans la rue, la Vienne entendit le son des trompes. Des crieurs royaux annonçaient au peuple que tous les amis, familiers et serviteurs du maréchal d'Ancre, eussent à quitter Paris immédiatement, sous peine de la hart.

La Vienne avait été serviteur de Concino, son familier même. La hart!... Ce mot l'épouvanta; il perdit la tête et courut au hasard dans des tourbillons de peuple échauffé qui ondoyaient çà et là. Combien de temps courut-il ainsi, combien de temps se cacha-t-il, ou demeura-t-il paralysé le long de quelque muraille? Le fait est que, sans s'en douter, il se réveilla dans l'église Saint-Germain-l'Auxerrois, qu'un bon instinct lui avait fait prendre pour lieu d'asile. Des hommes affairés soulevaient, sous l'orgue, une dalle de l'église et y descendaient, dans une fosse creusée à la hâte, un cadavre enveloppé d'un mauvais manteau de serge. C'était le corps du maréchal. Ils comblèrent cette fosse précipitamment, replacèrent la dalle et s'enfuirent, laissant la Vienne plongé dans un degré de plus de fièvre et d'épouvante.

Ainsi reposait là, misérablement, ce puissant à qui, lui, la Vienne, avait fait si souvent de si chères cuisines !

Tandis qu'il essayait d'aligner ces idées philosophiques, un effroyable bruit qui semblait à lui seul enfoncer les portes de l'église, retentit sur la place, puis dans l'église elle-même, où se répandirent, torrent furieux, une foule d'hommes armés, hurlants, en guenilles, que précédait un des leurs, frénétique, vociférant, effrayant comme tous les autres ensemble. C'était Picard.

— Par ici ! par ici ! criait-il, je suis sûr qu'ils l'ont apporté ici.

En l'apercevant, en le reconnaissant, la Vienne souhaita un moment d'être sous la dalle à la place de Concino, et il se blottit derrière un pilier. Mais le cordonnier, de son œil rond et sûr comme celui d'un milan, aperçut cette ombre inquiète et fondit dessus en hurlant :

— Tu sais où ils l'ont mis, dis-le moi !

La Vienne tomba moins encore de peur que du choc de cent hommes qui l'écrasaient. A son premier cri, Picard le reconnut, et, changeant de sentiments :

— Le compère la Vienne, dit-il, c'est un ami. On lâcha la Vienne : Picard seul s'en empara, redoublant ses questions, ses amabilités funèbres.

— Enfin, disait-il, voilà donc le jour arrivé, le jour que j'avais tant de fois prédit ! Où l'ont-ils mis, compère, où l'ont-ils jeté ?

Partout dans l'église on ne voyait que gens baissés, sondant, auscultant, grattant ; l'un deux allait infailliblement découvrir la place. Picard commençait à passer des câlineries à l'impatience. Le pauvre la Vienne, comme autrefois Philoctète, révéla d'un furtif coup d'œil l'endroit si ardemment cherché.

Picard se précipita.

— Sous l'orgue! dit-il.

Et aussitôt les dalles disjointes, descellées à coups de couteau, à coups d'ongles, volent comme des ardoises; ces gratteurs rugissants trouvent la fosse.

Cent mains de taupes gigantesques déterrent le corps. Picard fond sur sa proie, coupe la corde des cloches, l'attache par un nœud coulant aux pieds du cadavre, s'y attelle, et voilà toute la bande hideuse qui s'ébranle avec d'effroyables cris dont gémit le sanctuaire.

La Vienne se croyait oublié. Il essayait, pelotonné, courbé, de laisser passer le tourbillon; mais Picard n'oublie rien, lui; Picard aime la Vienne et veut le mettre de la fête. Il se retourne, saisit le bras de son ami, l'entraîne de la main gauche tout en tirant sa corde de la droite, et le cortége se répand dans les rues, derrière ce corps rebondissant sur le pavé.

— Cernez! criait Picard. Amassez tout le monde! Au pont Neuf! au pont Neuf!

La foule obéissante, la foule, ivre de ce spectacle, ivre de haine et de vengeance, fermait les rues comme une chaîne immense, et poussait devant elle vers le pont Neuf des troupeaux de recrues, bourgeois, femmes, soldats, gentilshommes. Elle forçait tout Paris à jouer son rôle dans cette exécution du peuple qui succédait à la justice du roi.

Il avait son idée, le cordonnier Picard. Terrible idée, imposante dans son horreur..

Sur le pont Neuf s'élevait une potence dressée par l'ordre de Concino, vis-à-vis la statue de Henri IV. Le cordonnier s'arrêta court devant cette potence ; le flot s'arrêta comme lui. Un formidable hourrah s'échappa des vingt mille poitrines. Tous venaient de comprendre l'idée.

Celui-ci apporte une échelle de la boutique voisine, celui-là clous et marteau. Des soldats qui passent donnent leurs mèches d'arquebuse en guise de cordes ; d'autres achèvent de déchirer le manteau et les habits qui couvraient le malheureux cadavre, et Picard, grimpant le long de la potence, hisse enfin au gibet infamant le maréchal, son ennemi, qui se balance, effrayante justice, devant les yeux de bronze du grand roi.

— Quand j'avais dit, s'écria Picard resplendissant d'orgueil, qu'un jour je le pendrais de ma main ! Malheureusement il est mort. Aux autres maintenant !

Mais la foule n'était pas satisfaite. Ce cadavre était trop entier ; il ressemblait trop encore à un homme. Après la vengeance vint le crime, après le crime l'horreur. Quelques moments après, le corps était déchiqueté, brisé, brûlé, jeté, soit en cendres, soit en lambeaux, dans la rivière.

La Vienne s'échappa. Ses genoux ne le portaient pas, son cerveau l'enlevait ; il ne marchait plus, il volait. Au détour du Pont-au-Change, une troupe de soldats suivie de mille bandits, faisait le siége d'une maison où s'était réfugié, disait-on, un des proscrits de la journée, reconnu sur les quais et trop chaudement poursuivi pour se risquer plus longtemps dehors.

La foule nommait le comte Siete-Iglesias, un Espagnol, que ces soldats venaient arrêter au nom du roi. Un nom espagnol était l'arrêt d'une mort infaillible. La Vienne entendit plusieurs coups de feu, une sorte d'écroulement; les mots : il est mort ! frappèrent son oreille ; il crut voir rouler comme un cadavre avec des décombres poudreux qui tombèrent dans la rivière. Et le baigneur redoubla d'élan, fouetté par cette catastrophe nouvelle.

Quand il arriva, ou plutôt quand il tomba comme une masse chez lui, rue de la Cerisaie, Sylvie était dans la première cour, bondissant, battant des mains, et embrassant deux jeunes gens qui l'embrassaient aussi de toutes leurs forces. Ce spectacle piquant ne tira point la Vienne de sa stupeur. En vain Sylvie lui prit-elle les mains, en vain lui montra-t-elle avec ivresse, avec triomphe, Bernard et Cadenet : l'un, le délivré ; l'autre le libérateur ; en vain cria-t-elle : Vive le roi ! entraînant tous les marmitons dans son enthousiasme, la Vienne, qu'on avait assis, éventé, frotté de vinaigre, ne répondit que ces mots : Il est pendu !... je suis mort ! L'autre est mort, je serai pendu !

— Qui donc est pendu ? demanda Sylvie.

— Le maréchal... pont Neuf... potence ! murmura le baigneur hébété.

— En effet, dit Hugues, qui arriva sur ces entrefaites et embrassa cordialement Bernard, on assure que la populace l'a déterré, pendu et mis en pièces.

— Mais qui donc, l'autre dont vous parlez ? ajouta Sylvie ; celui qui est mort ?

— Le comte Siete-Iglesias, bégaya la Vienne.

— Le comte ! s'écrièrent d'une seule voix Cadenet, Bernard, Sylvie et Hugues avec des sentiments qu'il n'est pas besoin d'expliquer au lecteur.

Sylvie devint si pâle, Bernard aussi, que Hugues fut forcé de soutenir sa sœur, Cadenet son ami.

— Oh ! c'est impossible, murmura Sylvie toute tremblante d'espoir, toute haletante de défiance.

— Je l'ai vu ! dit la Vienne.

— Oui... c'est impossible ! répéta Bernard, à qui un tel bonheur paraissait surhumain.

— J'ai vu ! répéta la Vienne : Pont-au-Change... soldats... coups de feu... puis dans la rivière...

— Eh bien ! s'écria Cadenet, entraînant Bernard, dont il partageait la joie et la fièvre, voilà une de ces nouvelles qu'il faut éclaircir. Oh ! j'étais bien sûr que Luynes ne ferait pas les choses à moitié, et qu'il enverrait quelque courrier au mari tandis que j'en envoyais un à la femme. Marguerite libre ! Allons ! Bernard, allons au Pont-au-Change vérifier le fait ! C'est notre chemin pour aller remercier le roi et la reine au Louvre.

Et il entraîna son ami éperdu. Sylvie, non moins folle, les poussa dehors avec mille serrements de mains et force vœux, inspirés par une haine pour le mort aussi vive que son amitié pour le vivant.

A peine Cadenet et Bernard étaient-ils éloignés qu'on entendit les trompes dans la rue Saint-Antoine, et la voix du crieur qui glapissait lugubrement :

« De par le roi, ordre aux amis et familiers du feu marquis d'Ancre de quitter Paris sur l'heure, sous peine de la hart. Arrêt qui déclare coupables de haute trahison tous ceux de son parti; déclare leurs biens confisqués, fait défense à qui que ce soit de les retirer, ou de détenir leurs meubles et deniers, le tout sous peine de la confiscation et de la hart. »

La Vienne bondit à ces dernières paroles.

— C'en est fait, s'écria-t-il dans un transport d'épouvante, je suis mort!

Et comme Sylvie et Hugues essayaient de le calmer :

— N'étais-je pas, dit-il en claquant des dents, l'ami de ce pauvre maréchal, et ne suis-je point ici, dans le pavillon, le détenteur des meubles et deniers de ceux de son parti ? C'est fait de moi, vous dis-je ! Vous en parlez bien à votre aise, vous deux, les jeunes, qui avez des amis pour vous défendre en cour ; mais moi, moi qui étais de l'ancienne cour !... confisqué, pendu !

A ces mots il s'arracha les cheveux avec des soupirs pitoyables.

— Calmez-vous, lui dit Sylvie, nous allons, Hugues et moi, faire l'inventaire des meubles et deniers du pavillon; nous le déclarerons loyalement au roi, et on vous récompensera au lieu de vous pendre. Donnez-moi toutes les clefs et dormez tranquille.

— Soit, répliqua la Vienne, tu es une bonne tête, mignonne. Voici toutes les clefs du pavillon, notamment....

— Je sais, je sais, interrompit Sylvie sans laisser à la

Vienne, dans le trouble où il était, le temps de faire des commentaires. Couchez-vous, vous dis-je, pour vous rafraîchir le sang, et je ferai l'expédition avec mon frère.

— Je veux bien dormir, répliqua la Vienne, mais en sûreté; pas dans mon lit, grand Dieu! laissez-moi choisir ma cachette.

Il prit la clef de sa cave et s'enfuit, quelques instances que sa femme et son beau-frère fissent pour le retenir.

A travers les émotions de cette terrible journée, les heures avaient passé comme de coutume, le ciel impassible et pur planait au-dessus de ce coin turbulent du globe.

Les dernières convulsions de la joie populaire soulevaient encore les principales artères de Paris. Peu à peu, avec les ténèbres tomba le calme, le silence. Il semblait que la santé revînt dans ce corps gigantesque, secoué par une épilepsie de douze heures.

Une lune splendide se leva derrière Notre-Dame et inonda de sa clarté rafraîchissante les jardins et les toits aigus du couvent des Célestins.

A ce moment, Sylvie entrait avec son frère dans le pavillon de la marquise. Tous deux se disposaient à enlever l'argent et les objets précieux de ce pavillon pour les déclarer, suivant l'ordonnance royale.

Le frère et la sœur se félicitaient du repos qui allait enfin leur échoir, après tant de craintes et de remords. Sylvie avouait que la vie commencerait pour elle depuis la mort de celui qui avait été son mauvais génie. Vivant, ajoutait-elle, jamais elle ne lui eût pardonné.

Hugues respirait aussi. Sa conscience, plus troublée encore que celle de Sylvie, trouvait enfin quelque répit.

— Et je lui pardonne d'autant plus volontiers, disait-il, que sa seule présence, lorsqu'il vivait, m'eût quelque jour conseillé un crime.

— Ne parlons plus de lui, une fois en ce pavillon, dit Sylvie frissonnante, qui arrivait en ce moment dans la chambre aux coussins. Oublions, mon frère, oublions à jamais !

Hugues tenait une petite lampe à la main. Sylvie, le précédait. Une réflexion soudaine lui traversa l'esprit.

— Il nous faudra quelque instrument pour lever la lame du parquet, dit-elle, car je n'en sais pas le secret. Nous avons oublié de prendre dans la serre du jardinier une bêche ou un ciseau.

Hugues retourna aussitôt.

— J'y vais, dit-il.

— Et la lampe, tu emportes la lampe ! s'écria Sylvie effrayée.

— Il faut bien que je trouve mon chemin, répliqua Hugues.

— C'est vrai.

Sylvie se souvint d'avoir vu des bougies dans le salon, elle en prit une qu'elle alluma et posa à terre. Le salon était tiède encore des restes du feu de la nuit. On voyait dans l'âtre les débris, floconneux comme la neige, d'une bûche séculaire, parmi lesquels brillait çà et là une escarboucle sous des monceaux de cendre.

Hugues s'éloigna et disparut. Sylvie demeura seule sur le seuil des deux pièces, non sans un douloureux serrement de cœur; seule elle n'osait entrer dans cette chambre fatale, peuplée pour elle de souvenirs et de fantômes.

La blanche lumière de la lune glissait par les vitres de la chambre aux coussins. Elle arrondissait moelleusement les contours, versait l'azur et l'argent sur l'épaisse fourrure des tapis, diaprait d'écailles lumineuses les reliefs du plafond mystérieux.

Sylvie contemplait et rêvait.

Tout à coup elle entendit comme le bruit d'une porte criant sur ses gonds en bas. Un souffle furieux de vents contrariés s'engouffra dans la maison, vint en sifflant jusqu'à elle, et la bougie s'éteignit comme si on l'eût décapitée.

Sylvie faillit pousser un cri de terreur; mais ce cri expira sur ses lèvres. Du fond de son obscurité, elle entendit un pas dans les chambres voisines : c'était sans doute le pas de Hugues qui revenait.

Cependant Hugues avait une lampe, et la personne qui s'avançait marchait dans l'ombre. Sylvie ne voyait rien qu'une masse noire se détachant sur des teintes grisâtres. Elle distingua un frisson métallique pareil au son d'un éperon. Hugues n'avait pas d'éperons; ce n'était donc pas lui.

Sylvie, roidie par l'effroi, s'effaça derrière la porte qui séparait le salon de la chambre aux coussins. Elle entendait le tintement de son cœur, qui lui semblait sonner

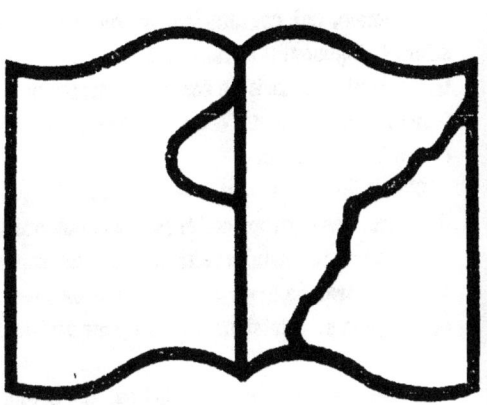

Texte détérioré — reliure défectueuse
NF Z 43-120-11

comme un glas d'alarme, et elle se figurait qu'un pareil bruit devait être entendu partout.

L'homme, qui continuait d'approcher, s'arrêta dans le salon. Il s'agenouilla devant la cheminée et souffla sur deux tisons qu'il réunissait de ses doigts tremblants.

Au reflet rouge de cette lumière, Sylvie reconnut le comte Siete-Iglesias.

C'était lui, — vivant, — horrible de pâleur et de désordre. Ses cheveux collés par l'eau couvraient son front et ses joues. Ses épaules ruisselaient d'eau comme ses cheveux. Un tremblement convulsif secouait ses mâchoires, et ses yeux se dilataient comme pour aspirer la vie avec la flamme.

C'était lui, échappé aux balles, à l'écroulement, au fleuve ; lui, qui avait eu le courage de rester plongé sous une arche, abrité par des pilotis, masqué par de la paille flottante ; lui qui, brisé de fatigue, blessé à deux endroits, mourant de soif et de faim, perdu sans ressources s'il était découvert, était venu, la nuit, à travers mille périls, dans ce dernier gîte, pour y reprendre haleine et chercher l'argent indispensable à sa fuite. Il avait bien souffert, mais il vivait.

La faim creusait ses joues, la douleur lui arrachait parfois un cri. Il essaya d'allumer une bougie à la flamme des charbons ; mais il eût fallu lever les bras jusqu'au lustre : il ne put. Il s'assit et poussa un soupir de bien-être qui alla déchirer le cœur de Sylvie.

— Je vivrai, murmura-t-il, avec un accent pareil au

grondement joyeux du tigre qui, dans son antre, lèche sa patte saignante... J'ai bien faim... j'ai bien soif... je suis bien blessé... mais c'est égal... je vivrai !

Sylvie, dont les yeux le dévoraient dans cette ombre, vit son fauve regard briller plus rouge que les charbons.

— Ici tout près, continua Iglesias, j'aurais la chère la plus délicate, le vin le plus exquis, et je meurs affamé, altéré... Ce la Vienne me trahirait !... cette Sylvie... oh ! comme elle me vendrait avec joie !... Non, non, il vaut mieux souffrir, il vaut mieux aller jusqu'au seuil de la mort !... et rebondir après !...

Il fit une pause effrayante. Elle le vit tordre un pan de son manteau sur ses lèvres, et il but cette eau, mêlée avec son sang.

— Dans une heure, continua-t-il, j'aurai respiré, je risquerais trop à rester ici plus longtemps. Mon argent pris, je gagnerai les champs derrière Charenton. Je trouverai bien un cheval et je suis sauvé... Oh ! les belles vengeances, les beaux coups à frapper... quand de loin, invisible, du fond de la tombe — puisqu'ils me croient mort, — je les exterminerai tous... les choisissant à mon loisir !... Ah ! Pontis... Ah ! Marguerite... Ah ! Sylvie !... Oh ! Bernard !... vous irez rejoindre les autres !... Oui, ces quatre là d'abord. Commençons par mes affaires de famille, ajouta-t-il avec un rire effrayant ; les têtes couronnées viendront après.

Pour peindre ce qui se passait dans l'âme de Sylvie, ce qui bouillonnait dans l'âme du comte, il faudrait être l'immense génie qui a rassemblé dans une même toile les damnés menaçant d'escalader le ciel, les anges épouvantés demandant secours à Dieu.

Soudain un bruit aigu retentit au fond de la maison. Siete-Iglesias fut sur pied en un clin d'œil.

Hugues s'avançait la bêche à la main gauche, la lampe dans la droite ; il chantait ; la lumière inondait son visage. Le comte le vit, le reconnut, s'écria : Hugues ! et d'un bond se précipita dans la chambre aux coussins, dont il attira alors la porte, tournant la clef à double tour.

Sylvie, se sentant seule avec cet homme, poussa un cri, et, tâtonnant le long des tentures, rencontra le bouton du cabinet, la porte s'ouvrit, elle s'y précipita ; ce fut un éclair.

Siete-Iglesias entendit ce cri, cette porte qui se fermait ; il y courut, un verrou claqua dans la gâche.

Au même instant la lueur de la lampe d'Hugues brillait comme un serpent de feu sous la porte du salon.

— Eh bien ! tu t'enfermes, dit Hugues, n'aie pas peur, c'est moi !

— Qui donc était là ? se demanda le comte.

— Ouvre donc, reprit Hugues, j'ai un peu tardé parce que la serre était fermée, il m'a fallu en aller chercher la clef à la maison. — Ouvre donc, — es-tu folle ? — voyons, Sylvie !

— Sylvie ! s'écria Iglesias, c'était Sylvie !

Hugues frappa impatiemment à la porte.

— Sylvie qui m'a vu, entendu... rugit Iglesias... et qui

s'est réfugiée dans ce cabinet où elle m'empêchera d'entrer... et l'autre coquin qui me ferme le passage... Ah ! j'ai la fenêtre, dit-il... mais... l'argent... l'argent !...

Il s'élança vers la porte verrouillée par Sylvie.

— Ouvres-tu ? dit-il. Ouvres-tu ? Non... tu ne réponds pas. Elle est peut-être évanouie là-dedans, la misérable...

Il rencontra sous ses pieds un lourd cangiar persan, le tira du fourreau et attaqua la porte à coups désespérés. Un cri sourd partit du cabinet. Au bruit de ces coups, Hugues, sérieusement inquiet, commençait à ébranler la porte.

— Va, va, grinça Iglesias, en se retournant pour observer le progrès de son ennemi ; j'arriverai avant toi, et si tu ouvres ta porte le premier, tu es mort.

Sous son poignard, le trou s'élargissait, déjà il y plongeait sa main déchirée, sanglante, il arrachait le bois en arrachant ses ongles et n'atteignait pas encore au verrou. Hugues, de son côté, faisait déjà craquer la porte sous les pesées de sa bêche.

— Sylvie, dit Iglesias épuisé, ouvre... je ne te ferai pas de mal ; ouvre, je t'épargnerai ; ouvre, ou si tu m'y forces, je t'arracherai le cœur à toi et à ton frère.

Il entendit comme un bruit sec dans le cabinet. Sylvie ouvrait le verrou, peut-être. Il appuya. Non, le verrou tenait toujours. Le bruit grandit, un roulement rond et sourd résonna dans la muraille ; on eût dit qu'un sifflement partait de la voûte.

Iglesias leva la tête, une sueur froide parcourut ses membres. Il voyait une masse noire, gémissante, s'abattre au-dessus de lui comme une nuit profonde : le plafond descendait.

Le comte courut à la fenêtre, l'ébranla pour l'ouvrir et se précipiter, mais il était trop tard ; déjà le plafond la coupait à sa partie supérieure, et le rayon de la lune diminuait comme dans une éclipse. Le comte mit en pièces les châssis de plomb ; mais derrière les vitres le balcon lui barrait le passage.

La porte du salon se fendit sous les efforts de Hugues, Iglesias vit la lumière. Il s'élança, et, déjà forcé de se courber, courut néanmoins pour achever d'arracher un panneau et se frayer un chemin en éventrant son adversaire ; mais, dans le trajet, la masse toujours plongeante le courbait de plus en plus, il tomba sous l'épouvantable niveau.

A genoux d'abord, puis sur ses mains, se roidissant, comme Encelade, avec des imprécations, des blasphèmes ; puis toujours repoussé par la pression inexorable, il lutta toujours, jusqu'à ce que cet instrument étrange de vengeance, qui empruntait la forme du ciel croulant sur la tête de l'impie, l'eût couché tout de son long parmi les coussins, dans les épaisses toisons, qui bientôt s'affaissèrent elles-mêmes.

On n'entendit plus alors qu'un craquement sans nom, un épouvantable hurlement. La masse de bois et de fer absorba, vibra, frissonna et se tut.

Hugues avait jeté bas la porte et considérait stupéfait les dernières oscillations de ce plancher nouveau.

En face de lui, de l'autre côté, le long de la porte du cabinet, Sylvie, les bras étendus, l'œil hagard, la bouche ouverte, tombait évanouie sur la marche.

CHAPITRE XXIV

La mère et le fils.

La comtesse, résistant à toutes les instances de la Fougeraie, n'avait pas voulu quitter la petite auberge de la route. Elle s'y sentait plus près des nouvelles, elle attendait avec angoisses, avec désespoir.

Enfin elle envoya la Fougeraie à la découverte. Celui-ci rencontra le courrier expédié par Cadenet avec l'agrément de la reine.

Ce courrier n'annonçait que la fin tragique du maréchal, la fuite de d'Espernon, la proscription de tous les autres conjurés et la liberté de Bernard. La mort du comte au Pont-au-Change étant demeurée douteuse, Cadenet, dans le doute, avait jugé prudent de s'abstenir.

Certes, la mort du maréchal n'était pour Marguerite qu'une partie de sa sécurité, mais c'était la sécurité de la reine, et Marguerite, à l'abri d'une protection désormais toute-puissante, pouvait se risquer hardiment à revenir au Louvre. Elle partit donc sur-le-champ: Aubin, joyeux, lui baisait les mains, et répétait dix fois par minute qu'il allait revoir son oncle et son frère, qui le conduiraient à son cher papa.

La pauvre Marguerite ne se sentait pas le cœur aussi libre. Cette révolution, source de bonheur pour tant de gens, la sauvait, elle, de l'exil, et lui conservait peut-être la vie, mais ne lui rendait pas le plus précieux des biens, la liberté. Pour elle, le comte vivait encore. Elle n'avait pas le droit de souhaiter qu'il mourût ; son devoir lui commandait de se prosterner aux pieds du roi et de lui demander la grâce de cet homme, c'est-à-dire l'éternel malheur de sa vie.

Lorsque, au milieu de ces désolantes pensées, la comtesse voyait l'image de Bernard si près de son cœur et à jamais séparé d'elle ; lorsqu'elle le voyait offrant sa jeunesse, son avenir, qu'elle serait contrainte de refuser ; lorsqu'elle se disait que, lassé d'attendre, il se rebuterait et choisirait une autre compagne, Marguerite sentait que de pareilles douleurs seraient au-dessus de ses forces, et que la protection d'une reine ne la sauverait pas du plus réel malheur dont elle eût jamais été frappée.

La route ne se fit pas gaiement, on le conçoit, sous l'influence de ces impressions. Mais l'aspect rajeuni de Paris, l'effervescence du peuple, la fierté des soldats, heureux d'avoir reconquis leur maître, transportèrent Aubin de joie et d'admiration.

Marguerite brûlait d'aller d'abord interroger Sylvie ; si elle s'y fût décidée, un seul mot, un seul baiser de l'héroïne encore effarée, encore malade de son exploit de la veille, lui eût épargné bien des angoisses. Mais Marguerite craignit de faire avec trop d'empressement les affaires de son cœur; Bernard était libre, quoi de plus à désirer? Elle soupira, mais descendit au Louvre chez la jeune reine, comptant la retrouver dans son appartement; on lui apprit qu'Anne d'Autriche était chez le roi pour une audience que Louis XIII allait donner à sa mère, audience au résultat de laquelle s'intéressait toute la cour, avec des sentiments bien divers; car si la reine mère réussissait à se réconcilier avec son fils, comme elle l'espérait, la situation demeurait celle de la veille : et bien des gens avaient intérêt soit à diriger l'avenir, soit à ne rien changer au passé.

Tandis que Marguerite, affligée de ce contre-temps, se préparait à prendre un peu de repos dans sa chambre, cherchait Estefana ou quelque familier, pour avoir des nouvelles plus intimes, et faisait prévenir Cadenet de son arrivée, Aubin, abandonné quelques moments à lui-même, regardait, non sans effroi, ce vaste Louvre, et n'osait s'aventurer bien loin de peur de s'égarer.

Une plainte qu'il entendit du côté de l'escalier l'appela. Il aperçut sur les marches froides, désertes, un enfant comme lui, nu-tête, sans manteau, à peine vêtu, grelottant, et qui pleurait.

Il lui semblait avoir déjà vu cet enfant, l'image délicate et douce était demeurée dans sa mémoire, encadrée d'un lugubre souvenir.

Il s'approcha.

— Qu'avez-vous, dit-il, et pourquoi pleurez-vous?

— On vient, répliqua le pauvre abandonné, de conduire en prison ma mère, et l'on n'a pas voulu me laisser partir avec elle.

— Qui donc est votre mère ? demanda Aubin.

L'enfant, comme s'il eût craint de répondre à cette question, dit bien bas :

— Je suis le comte de la Pène !

— Oh ! s'écria Aubin en frissonnant, le fils du maréchal d'Ancre !

— Oui, dit le malheureux en versant un torrent de larmes.

Aubin le regardait dans une morne saisissement. L'enfance ne saurait comprendre tout à fait des infortunes si immenses.

— Mais balbutia-t-il, pourquoi êtes-vous là, sur cet escalier ?

— Tout le monde m'a chassé, dit l'enfant ; ils m'ont arraché mon manteau de velours, ils m'ont battu.

Aubin prit les mains du pauvre petit et les réchauffa dans les siennes.

— Et puis j'ai faim, ajouta le fils de ceux qui la veille étaient plus riches que tous les rois de l'Europe.

— Oh ! s'écria Aubin, vous m'avez sauvé un soir qu'on voulait aussi me battre... Vous souvenez-vous, monsieur, devant votre bel hôtel... Venez avec moi, je vous mènerai à ma bonne amie, je vous mènerai à mon oncle !... Venez... nous vous défendrons !

Il l'entoura de ses bras, le conduisant vers Marguerite.

La comtesse avait tout entendu. Les larmes aux yeux, elle désignait à Cadenet, qui accourait la rejoindre, cet enfant innocent, chargé des crimes et du supplice de son père, ce triste jouet de la fortune humaine : elle réclamait pour lui la pitié des vainqueurs.

— Cachez-le quelque part, dit Cadenet. Aujourd'hui, le temps n'est pas à la clémence. Cachez-le.

Elle fit entrer le jeune comte dans sa chambre, le recommanda aux soins d'Aubin, promit de revenir bien vite.

Déjà Aubin avait trouvé pour son protégé du feu, du pain, et le soignait en l'embrassant.

Marguerite suivit son guide. Elle allait retrouver la reine ; elle allait assister à la scène solennelle d'une entrevue de la mère et du fils.

Marie de Médicis, après sa brusque défection de la veille, avait réfléchi. Ses idées de résignation religieuse s'effaçaient devant des intérêts plus mondains. Elle n'était pas novice dans les révolutions de cour, elle savait que c'est un souffle au courant duquel il s'agit seulement de se ranger à temps.

Elle s'était promis de ressaisir la confiance de son fils par une entière soumission, par un abandon complet de ses amis. Elle n'attribuait le coup d'État du roi qu'à son désir de reprendre le pouvoir, qu'à l'ambition, à la rancune de la jeune reine. Ces obstacles n'étaient pas insurmontables plus tard, bien qu'on s'y fût brisé en luttan trop tôt.

21.

Marie se renferma chez elle pendant la première chaleur de l'action. Elle attendit que le roi eût consommé sa victoire. Elle affecta une neutralité absolue, et espéra qu'en approuvant tout elle se mettrait hors de cause.

Puis, au bon moment, c'est-à-dire après la nuit, alors que les actions de la veille paraissent énormes à ceux qui les ont commises, alors que le doute succède aux entraînements de la passion, alors que les sentiments naturels reprennent leur empire et qu'une mère délaissée semble plus intéressante, par cela même qu'on la prive de tout soutien, de toute amitié, la rusée Florentine fit demander au roi si elle n'aurait pas le bonheur de le voir.

C'est là que l'attendaient ses adversaires. Les vengeances sont implacables d'Espagnole à Italienne, et Anne d'Autriche, ignorant quelle plaie profonde ulcérait le cœur de son époux, veillait sur les effets d'une première rencontre entre le roi et la régente.

Elle épiait donc les sentiments de Louis. Elle tremblait qu'il ne se contentât du fantôme de l'autorité. Elle sentait la supériorité de sa belle-mère, qu'une longue habitude avait rendue maîtresse de tout, qu'un seul sourire du roi pouvait remettre en un crédit plus grand encore.

Mais elle fut bien surprise quand le roi, faisant signe à Luynes, répondit seulement ces mots :

— Faites ce que j'ai ordonné.

Et il passa dans la galerie où l'attendaient les grands, la noblesse, tout ce qui, la veille, formait trois cours, dont lui, le roi, avait la plus mesquine et la plus rebutée.

Anne, impatiente de s'éclaircir, voulut arrêter Luynes, mais déjà celui-ci était entré chez la régente.

A l'aspect du messager qui apportait la réponse tant désirée, Marie contint son émotion.

— Eh bien, monsieur ? dit-elle.

— Le roi, madame, attend Votre Majesté dans la galerie.

Marie alors contint sa joie.

— Je vais donc pouvoir, reprit-elle, m'expliquer une fois sur ces fatales dissidences que semaient entre nou des ennemis.

Elle en était venue à appeler ennemis ses amis d'hier

— Madame, répondit froidement Luynes, Sa Majesté le roi désire qu'il ne soit prononcé dans cette entrevue que de certaines paroles convenues, auxquelles il fera des réponses convenues également. Voici le libellé de l'entretien, arrêté en son conseil, ainsi que le cérémonial de l'entrevue.

En parlant ainsi, Luynes tendait à Marie de Médicis une feuille de papier sur laquelle étaient écrites deux phrases : l'une de sept lignes, l'autre de cinq ; la première à l'usage de la mère, la seconde à l'usage du fils, avec permission d'une révérence à l'arrivée, d'un baiser au départ.

Elle frémit et regarda Luynes avec une stupeur devant laquelle le favori s'inclina sans répondre.

— Il est impossible, dit-elle, que ce peu de mots insignifiants...

— L'audience est publique, madame.

— Que n'est-elle intime, je le demande, alors, s'écria Marie.

— L'audience doit-être publique, répliqua Luynes, comme il est d'usage pour les adieux de la cour.

— Les adieux ! Quels adieux ? dit la reine de plus en plus épouvantée...

Luynes, avec respect :

— Votre Majesté oublie-t-elle qu'elle part pour Blois et qu'elle a commandé ses équipages ?

— Moi ?...

Et Marie de Médicis, pâlissant, courut à la fenêtre ; elle vit son carrosse attelé dans la cour, ses gardes à cheval, tout un départ organisé.

— Mon Dieu ! murmura-t-elle, éperdue ; mais il faut d'abord que je voie mon fils, il faut que je sache...

Luynes reprit d'un ton pénétré, mais ferme :

— Sa Majesté m'a chargé de vous dire, madame, qu'elle n'entendra d'autres discours que ceux dont la teneur est écrite sur ce papier : si Votre Majesté est prête, je vais l'introduire chez le roi.

— Jamais ! s'écria-t-elle... Jamais ne n'accepterai ces conditions !

— Votre Majesté partira donc sans voir le roi, dit Luynes.

La colère s'empara de la régente. Puis l'espoir revint. Il était impossible, pensait-elle, que cette rigueur étrange résistât aux premiers pas de la mère vers le fils, au son de ses premières paroles. Marie se décida ; elle suivit Luynes chez le roi.

Mais à mesure qu'elle avançait, le doute et la peur envahissaient son âme. Ils étaient donc bien puissants, les conseils qui avaient décidé Louis à une pareille rébellion.

Marie, dit-on, fit bonne mine jusqu'à ce qu'elle eût aperçu le roi au milieu de l'imposante assemblée qui l'environnait. Elle évitait de jeter les yeux autour de lui, de peur de rencontrer le regard de la jeune reine, qu'elle sentait peser sur elle fier et triomphant. Elle redoutait, ainsi provoquée, de ne pouvoir garder le flegme nécessaire au succès de sa démarche. Mais quand elle vit son fils debout, couvert, l'œil sombre, le front calme, armé d'une résolution qu'elle devinait, elle, qui le connaissait si bien, elle ne put retenir ses larmes. Sa douleur éclata d'autant plus amère qu'elle se sentait humiliée par la présence de si nombreux témoins.

Elle essuya ses yeux avec son mouchoir, se couvrit le visage de son éventail, et conduisit Louis près de la fenêtre, dans l'embrasure de laquelle il s'arrêta. Elle vit qu'il cherchait des yeux le papier que Luynes avait dû lui remettre, et ce coup d'œil froid, significatif, la força d'obéir tout d'abord. Elle parcourut ce papier de sa vue troublée, et dit ou plutôt lut avec effort :

— Monsieur, je regrette bien de n'avoir pas, pendant ma régence, gouverné votre État plus à votre gré. Cependant, je vous assure y avoir apporté tout le soin, toute la peine possibles. Je vous supplie donc de me tenir toujours pour votre très-humble et très-obéissante mère et servante.

Louis répondit d'une voix nette et assurée :

— Je vous remercie, madame, du soin et de la peine que vous avez pris en l'administration de mon royaume, j'en suis satisfait, et vous supplie de croire que je serai toujours votre très-humble fils.

Le roi s'attendait ensuite à une révérence, à un baiser, mais le cœur de Marie débordait; cette froideur, cette réserve menaçante l'avaient atterrée, elle ne se connaissait plus, elle sortit du rôle.

— Sire! s'écria-t-elle, je m'en vais donc...

Le roi fronça le sourcil. Ces paroles n'était pas dans le programme. Il resta droit, immobile, et ne répondit rien.

— Monsieur, ajouta la régente désolée, un mot, je vous supplie... J'ai des amis, des serviteurs... j'ai M. l'évêque de Luçon, mon intendant Barbin, me les rendrez-vous?...

Louis détourna la tête, toujours muet, et adressant un furtif regard à Luynes, comme pour lui demander compte de cette infraction au traité.

Marie, deux fois repoussée, avait perdu toute contenance, elle commençait à deviner que cette volonté invincible de son fils tenait à des causes plus graves qu'un conflit d'autorité. Elle cherchait avec effroi dans sa conscience, mais elle n'y descendit pas assez loin pour trouver la vérité.

— Qu'ai-je donc fait? murmura-t-elle d'une voix étouffée, dévorant ses sanglots et ses larmes.

Louis attacha sur elle un inexprimable regard. Puis, se détournant encore sans avoir répondu, il regarda par la fenêtre.

Ce fut le dernier coup. Un silence effrayant planait dans la galerie. Ce dut être un grand spectacle que ces adieux solennels de la mère et du fils.

La régente se releva, elle s'était presque courbée.

— Allons ! dit-elle vaincue.

Elle s'approcha du roi, fit la révérence et déposa un baiser sur son front. Elle s'attendait peut-être à voir fondre tous ces glaces sous le souffle maternel. Louis rendit la révérence et non le baiser, tourna le dos et la laissa partir.

Alors elle tordit l'éventail entre ses mains, chercha comme égarée autour d'elle. Luynes était à sa gauche. En face était Pontis, pâle, et l'observant fixement. Cette figure austère, inconnue, évoqua en elle un vague souvenir. Longtemps ses yeux s'arrêtèrent sur l'auteur ignoré de tant d'événements immenses. Marie soupçonna instinctivement que cet étranger était pour quelque chose dans sa chute.

Elle se pencha vers Luynes et lui demanda le nom de cet homme. Luynes allait répondre, quand le roi appela :

— Luynes ! Luynes !

Le favori se disposa à obéir.

— Monsieur, lui dit la reine mère en le retenant, priez roi de ne me pas garder en sa disgrâce.

— Luynes ! Luynes ! Luynes ! s'écria le roi avec impatience.

Et Luynes salua cette femme, si grande hier, si humiliée aujourd'hui, et il rejoignit son maître.

Marie, en le suivant d'un dernier regard, ne put éviter le rayon brillant qui jaillissait des yeux d'Anne d'Autriche. Ce fut un glaive qui lui traversa le cœur. S'appuyant sur la muraille, elle fondit en larmes. Quelques femmes assez braves pour lui faire escorte, quelques amis généreux l'emmenèrent hors de la galerie et la conduisirent à son carrosse.

Louis avait accompli sa tâche. Anne n'avait pas encore assouvi toute sa vengeance. Elle se mit au balcon, vêtue de blanc, aux acclamations d'un peuple enivré. Elle vit partir sa belle-mère et demeura sur la terrasse jusqu'à ce que le cortége, tournant le quai, le dernier regard de la régente partant pour l'exil la pût voir debout, maîtresse de ce palais d'où elle avait failli être chassée la veille.

Louis XIII appela Pontis à l'endroit que venait de quitter sa mère.

— Eh bien ! dit-il tout bas, que vous en semble ?

— Fils et roi, Votre Majesté a fait son devoir ! répliqua le chevalier.

— Comme roi, pas encore, puisque vous n'êtes pas encore récompensé. Tous mes amis ont leur part de la dépouille des traîtres. Luynes est premier gentilhomme, Cadenet sera duc et riche, Vitry est maréchal de France. Croyez-vous que je n'aie pas aussi un bâton pour vous, Pontis, et ne l'avez-vous pas bien gagné ?

— Non, sire, dit doucement le soldat que la scène des adieux de la mère et du fils avait touché au cœur. Vos amis, pour vous servir, ont attendu vos ordres. Mais moi, je vous ai spontanément désigné des victimes, je les ai jetées sous la hache. Toute récompense que j'accepterais serait le prix du sang. Oubliez-moi, sire, ne me revoyez même plus. Je suis le passé lamentable et sombre ; ces jeunes gens sont l'avenir joyeux. Le grand roi votre père est vengé, vous avez vengé en même temps mon pauvre du Bourdet, délivré mon neveu Bernard, voilà ma récompense. Ordonnez qu'on me paye ma pension dont je vis, laissez-moi mon gouvernement de Grenoble, car j'aime ces noires montagnes, j'aime ma verte vallée du Graisivaudan ; j'y retournerai avec mes neveux dont je deviens le père. Désormais je n'ai plus besoin que d'oubli, de solitude et de silence.

Le roi rêva un moment.

— Ne m'avez-vous pas dit, ajouta-t-il, qu'autrefois une chapelle devait s'élever sur l'emplacement de cette maison du baigneur... à l'endroit où sont aujourd'hui les pierres indiennes que vous savez ?

— Oui, sire, répliqua Pontis avec un soupir.

— Luynes ! cria le roi.

Le favori s'approcha.

— M. de Pontis, dit le jeune prince, veut bien me vendre une maison qu'il a près des Célestins. Il me la vend cent mille livres ; vous lui ferez compter cette somme, et m'enverrez Jacques de Brosse, l'architecte de ma mère, pour qu'à l'endroit que je lui désignerai, il fasse construire une chapelle expiatoire.

Les courtisans se dispersèrent sur un geste du roi. Il

ne resta plus dans la galerie que la reine qui s'appuyait sur Marguerite.

Au seuil de la porte, Cadenet et Bernard allaient retirer comme les autres. Louis dit à Pontis :

— Appelez votre neveu.

Pontis transmit à Bernard l'ordre du roi. Le jeune homme s'approcha humblement. Il ne s'agissait p cette fois de causer petits oiseaux avec un timide oiseleu.

— Monsieur, lui dit Louis, on vous a fait bien des injustices, bien du mal, quand je n'étais pas le maître. Je ne puis tout réparer, hélas ! mais néanmoins, que désirez-vous de moi ?

Bernard savait bien ce qu'il eût désiré. Il voyait à trois pas de lui, il couvait des yeux son trésor ; mais ce qu'il souhaitait, il ne pouvait le demander au roi.

Anne présenta la comtesse plus tremblante encore que Bernard, car les convenances lui faisaient une loi d'intercéder pour son mari, et devant Bernard elle eût mieux aimé mourir.

— Madame, lui dit le roi la prévenant avec une sorte de joie sauvage, je vous annonce une bonne nouvelle. Le comte Siete-Iglesias a échappé à l'échafaud. On l'a trouvé ce matin mort de deux blessures, dans la maison du baigneur la Vienne, où il cachait des richesses que celui-ci m'a dénoncées. Je vous félicite pour l'honneur du nom que vous êtes condamnée à porter.

Étourdie, chancelant sous ce coup imprévu, Marguerite joignit les mains et s'agenouilla devant le roi.

— Comtesse, dit Anne en la relevant, ce nom d'Iglesias ne peut plus se prononcer ici; hâte-toi de l'échanger contre un autre, prends un nom français... Je t'aiderai à chercher si tu es embarrassée.

Bernard faillit tomber prosterné sous le regard malin et presque amical que la reine dirigeait vers lui en ce moment.

— Eh bien! reprit le roi, qui avait tout vu, il n'y plus ici que des gens heureux, n'est-ce pas, madame? Si nous allions chasser à Vincennes? Voilà, en vérité, le printemps!

La jeune reine battit des mains joyeusement. Marguerite et Bernard se regardaient à la dérobée.

Pontis observa de loin, cette fraîcheur, ces joies contenues, ces amours.

— Oh! se dit-il, jeunesse!... éternelle floraison, renaissance éternelle! les pères sont morts, la mère exilée, amis ou ennemis ont sombré dans la tempête; l'horizon noir gronde encore, eh bien! par delà tant de douleurs, tant de ruines, tant de sang, voilà de jeunes cœurs qui se cherchent. — Un rayon de soleil, un sourire, et la vie va refleurir sur les tombes!

FIN.

TABLE DES CHAPITRES

		Pages
Chapitre Ier.	— De Florentine à Castillane, et réciproquement.	1
Chapitre II.	— La maison du baigneur.	16
Chapitre III.	— Une noblesse de jambes.	33
Chapitre IV.	— Salmis à la maréchale.	46
Chapitre V.	— Réveil.	62
Chapitre VI.	— Prélude au combat.	77
Chapitre VII.	— Éclaircies.	94
Chapitre VIII.	— Traces retrouvées.	108
Chapitre IX.	— L'énigme.	124
Chapitre X	— L'explosion.	139
Chapitre XI.	— Ruines et cendres.	151
Chapitre XII.	— Remords.	167
Chapitre XIII.	— Le dernier coup.	182
Chapitre XIV	— La chambre des coussins.	197
Chapitre XV.	— Mécanique et politique.	210
Chapitre XVI.	— Le dernier million de Henri IV.	224
Chapitre XVII.	— Naufrage.	240
Chapitre XVIII.	— Les bénéfices de l'association.	257
Chapitre XIX.	— La chance tourne.	272
Chapitre XX.	— L'ancre de salut.	289
Chapitre XXI.	— Le passage de marbre.	304
Chapitre XXII.	— Le pont du Louvre.	334
Chapitre XXIII	— Justice.	349
Chapitre XXIV.	— La mère et le fils.	365

FIN DE LA TABLE DES CHAPITRES

www.ingramcontent.com/pod-product-compliance
Lightning Source LLC
Chambersburg PA
CBHW060615170426
43201CB00009B/1030